具体的紛争を解決するための
# 要件事実・事実認定・論証責任の基礎

伊藤滋夫［著］

中央経済社

# はしがき

### 本書の基本的趣旨

　筆者は、これまで『要件事実の基礎——裁判官の法的判断の構造を考える』、（有斐閣）、『事実認定の基礎——裁判官の事実判断の構造を考える』（有斐閣）、『要件事実・事実認定入門——裁判官の判断の仕方を考える』（有斐閣）、『要件事実論の総合的展開——その汎用性を説き論証責任論に及ぶ』（日本評論社）など、要件事実・事実認定そして少しは論証責任に関する著書を発表してきた。

　それらは、上記『入門』を除き、理論の中身を具体的に説明するために個別的な具体例を挙げてはきたものの、基本的には、実務に役立つとの視点を入れた理論書であったといえる（上記『入門』は、それらとは趣旨を異にし、詳しい事実関係から出発して検討するという意味では本書と同様の点もあったが、今となっては、具体例の展開の仕方にやや問題があったようにも思う）。

　本書は、そうした従来の著書（上記『入門』を一応別として）とは、まったく様相を異にする検討の仕方をしている。そのような検討は、ある事件の核心的部分を含み、かつ、その背景となる、ある程度広い事実関係を包含するもの、いわば生の紛争の諸事情が複雑に入り込んでいる事実関係を取り上げて、それを検討の出発点とすることから始まる。これを本書では「事実関係の概要」ということとするが、これは、従来の「事案の概要」とはやや異なるものである（そのことが、以下に述べるように、従来と異なる思考方法の修得の出発点となる）。すなわち、従来の実務書や裁判例で、具体的事案の検討のためとして挙げられる「事案の概要」は、もちろん例外はあるし程度の相違はあるが、法的視点の比較的明確な事実関係を題材とする、すまわち、要件事実論や事実認定論の視点から意味のある、ある程度特定した事実関係として整理されたものが多いように思われる。そこでは、目指すべき法的判断の構造（簡単に、法律構成ともいう）は、すでにしてそこに示唆されているということになり、自己の思考力でそれを創造する芽がある意味で摘まれているようにも思われる。

　これと異なり、本書における「事実関係の概要」においては、望ましい法的

構成は示唆されてはおらず、どのような当事者の間で（誰が原告となり誰を被告として）、どのような法的構成を念頭において考えるのが（すなわち、どのような訴訟物、どのような要件事実の構成を考えるのが）当該訴訟において、最も適切な（すなわち、最も事案の実態に即した適正迅速な）紛争の解決を導くことになるかを常に最重要な視点として、自分で考えなければならないことになる。本書は、詳細な「事実関係の概要」を題材として、最も事案の実態に即した適正迅速な紛争の解決を目指し、これを相手方又は裁判官に説得（論証）できる力を具体的に修得することを最大の目的としている。もとより、そうした力の修得自体が最終的目的ではなく、最終的目的は、それによって、実際の具体的紛争に際して最も適切な紛争の解決ができるようになるということである。

　ごく簡単にいえば、一般に、要件事実の議論は、それが構成された後の段階の説明だけを見ると、そのように構成された要件事実の存否のみをやや「形式的」にも見える方法で判断していくようにも見えるかもしれないが、実は、ありのままの具体的紛争を記載している「事実関係の概要」（要件事実論や事実認定論の視点から意味のある、ある程度特定した事実関係として整理された「事案の概要」ではなく）から要件事実を構成していく段階においては、常に、十分に「正当化責任（論証責任）」の視点からの考察がされている（この「考察がされている」との表現は、もしも現実には、この点を軽視しておられる論者があるとすれば、「そのような考察がされるべきものである」という表現になる）ことを理解しなければならない。法制度の趣旨や事案の実態に合うような正当な法的構成を目指して（それでこそ相手方や裁判官に対する説得力を持つのである）考察がされているのであって、実際の考察の表面に表れているのは、いつも、これまでと同様の要件事実の問題であり事実認定の問題であって、論証責任論ではないように見えるかもしれないが、そのような問題の検討の全体を通じて、その根底にいつも論証責任の考え方が流れていることを強調しておきたい（もとより、実務上の訴訟運営の視点からの考慮はいつも留意している点である）。

　本書では、筆者なりにその点に力を尽くして説明をした。ちなみに、本書では、例えば、論証責任に１つの章を割いてその理論を説明するというようなこ

とはしていない。すべての章において、事実関係に争いがあるときには。【ある具体的紛争に関する事実状態をどのように判断できるか、そうして判断した事実状態を前提として、どのような要件事実の構成が適切か、また、言い方を変えれば、ある具体的紛争に関するなんらかの要件事実の構成を仮に構想として考えてみた場合に、当該紛争に関する事実状態のどのような側面（問題とすべき事柄や問題とすべき事実の確からしさ〔視点を変えれば疑わしさ〕の程度）に着目し、その要件事実の構成を維持すべきか変更すべきか】などの具体的作業（要件事実の構成と事実状態についての判断との間で、行ったり来たりして検討する、いわゆるフォードバックの作業）を通じて、論証責任の考え方を修得して頂くという方法を採っている（例えば。第２部第６章第３節第２「考えられそうな法的判断の構想（法的構成）」においては、不法行為の問題について、そのような作業を行っている）。

　<u>本書の最大の特徴は、すでに述べた本書の目的を達するために、実務におけると同様な、多様な事実関係を出発点として、正当化責任（論証責任）の考え方を基本に、当事者の決定、訴訟物の決定、請求原因などの要件事実の決定、争いのある要件事実についての事実判断などをし、最も適切な紛争の解決の方法を見出すことを具体的に探求するところにある。</u>

　本書の題名を「具体的紛争を解決するための　要件事実・事実認定・論証責任の基礎」とした理由もここにある（「具体的紛争を解決するための」の趣旨は、どのような方法であっても紛争の解決さえできれば、それでよいのではもとよりなく、「具体的紛争を適正迅速に解決するための」という趣旨を書名として簡潔にしたものである）。

　そこで、読者におかれても、このような考え方でされている本書の説明を読むに当たっては、当該箇所における説明を見ながら、できる限り自分の頭で、なにが適切な法律構成であるかを常に考えるようにして頂ければ、本書による検討の効果がより高くなるに違いない。そのようにして、民事訴訟による紛争の解決のための実践的な力を身に付けて頂ければ、筆者としてこれに過ぎる喜びはない。

　そのような考え方の詳細は、第２部第２章第２節第１「『事実関係の概要』と『事案の概要』との違い」において述べており、そのことによる重要な検討

の仕方の違いを、同節第2「『事実関係の概要』を出発点とすることによる検討方法の違い」において述べているので、ぜひご覧頂きたい。そしてそのような考え方は、ひとり第2部第2章のみでなく、本書のすべての章において重要である（いつも重要であることであるが、どの章においても、いつもそうしたことをその都度繰り返していないことにもご留意頂きたい）。

### 本書の基本的構成

本書の基本的趣旨が以上のようなものであるとすれば、本書の基本的構成もその趣旨を最も実現できるようにされるべきである。そうした理由で、本書の基本的構成は、以下に述べるようなものとなっている。普通は、第1部「総論」として「民事訴訟において必要な諸理論（概説）」があり、それを前提として、その適用である「各論」として、第2部の具体的検討があるという順序で考えるのであろうが、本書ではそれとは異なる構成をあえて採っている。

そして、本書では、入門書である性格を考えて、全章を通じて、基礎的な説明を丁寧に分かり易くすることを基本としているが、ときには、説明の流れとして、ある程度進んだ問題点について説明をすることが、読者にとって参考となると思われる問題があることがある。そうした場合には、本書全体を通読していく上で、そうした問題点についての説明が難しくて、通読の意欲を削ぐようなことになってはならない。そのための工夫として、そうした問題点を説明する際には、 さらに進んだ問題点 という表題を付し、その点を他の基礎的問題点についての説明と同時に読むか、又は、理解が深まった上で読むことにするかについて、読者のご判断の参考に資することにした（その例は、「賃貸借契約が問題となる事案」中の 2-3-3-3-Ⅰ5 （69頁以下）にある）。

第1部では、「はじめに」として、次に述べている本書第2部、第3部及び第4部の構成の趣旨・各章の具体的内容を、それよりもくわしく説明している。

第2部第1章では、「民事訴訟の基本的構造とその実際において重要な基本的用語」として、第2章以下の具体的紛争の解決のために知っておくべき基本的事柄を説明している。この説明の性質は、第2部第2章以下を「各論」とした、いわゆる「総論」というべきものではない。

第2部第2章以下では、前記「事実関係の概要」の性質を持つ具体的紛争の解決を、通常の民事実務において非常に重要な類型である売買、賃貸借、定型

約款（転売禁止合意）、債務不履行（請負）、不法行為（交通事故の加害者の共同不法行為責任）、所有権（物権変動・物権的請求権）、家事事件（子の面会・交流など）について検討する。

そして、そこでは、それぞれの章の名前になっている「売買」、「賃貸借」などのことのほかに、具体的事実関係の検討に当たって自然に問題となる多様な問題，例えば、「具体的紛争の解決に当たって法理論というものの持つ意味」、「法的議論において常識というものの持つ意味」、民法以外の消費者契約法、特定商取引法、現代型紛争に関係する問題などが随時取り上げられている（「索引」も活用して多様な問題について検討をすることを試みてほしい）。

　**第3部**では、「要件事実（立証責任対象事実の決定基準」を説明している。

　**第4部**では、「要件事実の考え方の汎用性——知的財産法における要件事実を題材として」を説明している。


　本書の刊行に当たっては、多くの方々に非常にお世話になったが、特に、河村浩東京高裁判事には、その企画の当初から現在に至るまで、あらゆる面で、言葉に尽くせないお世話になった。河村判事のご教示ご支援がなければ、本書が世に出ることはなかったであろう。

　本書の題名にしても、当初はやや別のものを考えていたが、それを本書の特徴を最も適切に表すものとして、現在の題名にする際にも、さまざまなご示唆を頂いた。

　実際の執筆に当たっては、河村判事からは、本書全体の基本的構想、取り上げるべき問題などの指摘から始まり、私の拙い原稿のすべてにお目通しを頂き、個々の具体的問題（ときには、訴訟物をどう考えるべきかといった基本的問題も含めて）に関する考え方についての有益なご教示を賜ったのはもとより、細部にわたる表現・表記の適否に至るまで、本書執筆のまさに全部に渉って、きわめて適切なご高見を非常に多く賜った。本書の特徴をなす「事実関係の概要」の内容どのようなものにするかにしても、実状と離れず、かつ、理論的な問題も含むものでなければならない困難な作業であるが、そうした面でも、実に的確に多くのことをご教示頂いた。

　完成した書物の中で以上のようなご教示を十分に生かし切れていないとすれ

ば、それは筆者の未熟さによるもので、まことに申し訳ないことである。

　中央経済社学術書編集部編集長露本敦氏には、本書の刊行をお引き受け頂き、その刊行に当たっては、そのコンセプトをどうするかから表現に至るまで、有益なアドバイスを多く頂くなど、非常にお世話になった。

　以上、ここに記して深い謝意を表する次第である。

2024年7月

伊藤滋夫

『具体的紛争を解決するための　要件事実・事実認定・論証責任の基礎』

# 目　次

## 第1部　はじめに〔1〕

### 第1章　第1部「はじめに」の趣旨〔1-1〕————— 2

### 第2章　第2部「具体的紛争の解決」の構成〔1-2〕——— 3

### 第3章　第2部第1章の内容（骨子）〔1-3〕————— 4
民事訴訟の基本的構造についての説明　4
基本的用語についての説明　4

### 第4章　第2部第2章以下の種類の事案を選定した理由—民法における主要な分野〔1-4〕————— 6

### 第5章　第2部第2章以下の内容（骨子）〔1-5〕——— 8

### 第6章　第3部の内容（骨子）〔1-6〕————————— 12

### 第7章　第4部の内容（骨子）〔1-7〕————————— 13

## 第2部　具体的紛争の解決〔2〕

### 第1章　民事訴訟の基本的構造とその実際において重要な基本的用語〔2-1〕————————— 16
第1節　民事訴訟の基本的構造〔2-1-1〕————————— 16
第2節　訴訟物・要件事実・攻撃防御方法としての要件事実の種類〔2-1-2〕————————— 17

*II*　目　　次

第1　訴訟物【2-1-2-1】————————————————— 17

第2　要件事実【2-1-2-2】————————————————— 17

第3　攻撃防御方法としての要件事実の種類【2-1-2-3】——— 18

　　　請求原因　18

　　　オープン理論　19

　　　抗弁　19

　　　請求原因と抗弁の組合せによる効果　20

　　　評価的要件　21

　　　主張の解釈・同一性　23

第3節　民事訴訟の実際において重要なその他の基本的用語
　　　　【2-1-3】———————————————————— 24

第1　弁論主義【2-1-3-1】————————————————— 24

第2　弁論の全趣旨【2-1-3-2】——————————————— 25

第3　経験則・動かし難い事実・証明度・間接反証【2-1-3-3】

　　　————————————————————————— 25

　　　経験則　25

　　　動かし難い事実　26

　　　証明度（要件事実について）　26

　　　証明度（間接事実について）　28

　　　間接反証　28

第4　釈明権・釈明義務【2-1-3-4】————————————— 28

# 第2章　売買契約が問題となる事案【2-2】————— 31

第1節　本章での検討の趣旨【2-2-1】————————————— 31

第2節　事実関係の概要【2-2-2】——————————————— 31

第1　「事実関係の概要」と「事案の概要」との違い【2-2-2-1】

　　　————————————————————————— 33

第2　「事実関係の概要」を出発点とすることによる検討方法の違
　　　い【2-2-2-2】———————————————————— 35

第3　憲法訴訟における論証責任論とそこから要件事実論が学ぶべ
　　　きもの【2-2-2-3】—————————————————— 38

1　はじめに【2-2-2-3-1】　38

　　　2　憲法訴訟に関して論じられる論証責任についての一応のまとめ【2-2-2-3-2】　38

　　　3　要件事実論が論証責任論における議論から学ぶべきこと
　　　　　——その1：正当性の根拠の明示【2-2-2-3-3】　39

　　　4　要件事実論が論証責任論における議論から学ぶべきこと
　　　　　——その2：論証の程度【2-2-2-3-4】　40

## 第3節　民事訴訟として考え得る方法【2-2-3】————— 42

### 第1　直観的な印象【2-2-3-1】————————————— 42

### 第2　考えられそうな法的判断の構造（法律構成）【2-2-3-2】

————————————————————————————— 43

### 第3　最も適切と思われる法的判断の構造（法律構成）【2-2-3-3】

————————————————————————————— 45

　　　1　訴訟物【2-2-3-3-1】　45
　　　　 さらに進んだ問題点

　　　2　請求の趣旨【2-2-3-3-2】　47
　　　　 本書における遅延損害金請求についての説明の実状　47

　　　　 遅延損害金請求についての実務　48

　　　　 遅延損害金の性質　48
　　　　 さらに進んだ問題点
　　　　 遅延損害金計算のための率　52

　　　3　請求原因【2-2-3-3-3】　53
　　　4　考え得るYの防御方法【2-2-3-3-4】　55
　　　5　本件についての最終的判断【2-2-3-3-5】　56

# 第3章　賃貸借契約が問題となる事案〔2-3〕————— 58

## 第1節　本章での検討の趣旨【2-3-1】————————— 58

## 第2節　事実関係の概要【2-3-2】—————————————— 58

## 第3節　民事訴訟として考え得る方法【2-3-3】————— 61

### 第1　直観的な印象【2-3-3-1】————————————— 61

### 第2　考えられそうな法的判断の構造（法律構成）【2-3-3-2】

————————————————————————————— 61

第3　最も適切と思われる法的判断の構造（法律構成）【2-3-3-3】
——————————————————————————————————— 63

Ⅰ　1　訴訟物【原告はX】【2-3-3-3-Ⅰ-1】　63
Ⅰ　2　請求の趣旨【2-3-3-3-Ⅰ-2】　64
Ⅰ　3　請求原因【2-3-3-3-Ⅰ-3】　64
　　「貸借型理論」を認める考え方　64
Ⅰ　4　抗弁【2-3-3-3-Ⅰ-4】　68
Ⅰ　5　本件についての最終的判断【2-3-3-3-Ⅰ-5】　68
　　さらに進んだ問題点
Ⅱ　1　訴訟物【原告はY】【2-3-3-3-Ⅱ-1】　70
Ⅱ　2　請求の趣旨【2-3-3-3-Ⅱ-2】　71
Ⅱ　3　請求原因【2-3-3-3-Ⅱ-3】　72
Ⅱ　4　抗弁【2-3-3-3-Ⅱ-4】　72
　　本件状況は民法611条1項に該当するか　73
　　「賃借人の責めに帰することができない事由」の立証責任と
　　　賃借人の具体的立証方法　74
Ⅱ　5　本件についての最終的判断【2-3-3-3-Ⅱ-5】　76
Ⅲ　訴訟物Ⅰと訴訟物Ⅱとの関係【2-3-3-3-Ⅲ】　76

# 第4章　定型約款が問題となる事案【2-4】——————— 78
## 第1節　本章での検討の趣旨【2-4-1】——————————— 78
## 第2節　事実関係の概要【2-4-2】——————————————— 79
　　【問題となる取引の骨子】　79
　　【問題となる取引における購入手続】　79
　　【Yの当面した「トラブル」の概要】　81

## 第3節　民事訴訟として考え得る方法【2-4-3】——————— 83
### 第1　直観的な印象【2-4-3-1】————————————————— 83
### 第2　考えられそうな法的判断の構造（法律構成）【2-4-3-2】
——————————————————————————————————— 83

1　定型約款の意味【2-4-3-2-1】　84
　約款について従来からあった理論　84
　法による明文の定めの新設の必要性　85

目　次　V

定型取引・定型取引合意・定型約款による契約の成立とその
拘束力　86

不当条項規制　87

定型約款の変更　88

定型約款の変更を定めた民法548条の4の各条項の趣旨　89

2　消費者契約法との関係【2-4-3-2-2】　90

一般的関係　90

転売禁止の合理性の有無　92

転売禁止特約に反した場合の違約金の定めの性質とその当否
93

定型約款の変更に応ぜず契約関係から離脱する場合の違約金
の定めの性質とその当否　94

3　特定商取引に関する法律（特定商取引法）との関係【2-4-3-2-3】　95

第3　最も適切と思われる法的判断の構造（法律構成）【2-4-3-3】
───────────────────────────── 98

1　訴訟物【2-4-3-3-1】　98

2　請求の趣旨【2-4-3-3-2】　98

3　請求原因【2-4-3-3-3】　98

取引条件の提示の内容の具体性を重視した事実摘示　99

定型約款の変更があり得ることの予告　100

定型約款の変更の実施方法とその対象者　100

Yによる本件グッズの転売時期　100

請求原因で取り上げた事実についての主張立証責任　101

4　本件についての最終的判断【2-4-3-3-4】　102

# 第5章　債務不履行が問題となる事案【2-5】───── 105

第1節　本章での検討の趣旨【2-5-1】─────────── 105

第2節　事実関係の概要【2-5-2】──────────────── 105

第3節　民事訴訟として考え得る方法【2-5-3】─────── 109

第1　直観的な印象【2-5-3-1】────────────── 109

第2　考えられそうな法的判断の構造（法律構成）【2-5-3-2】
───────────────────────────── 109

1 「事実関係の概要」記載の事実関係において問題となり得る
消費者保護関係法【2-5-3-2-1】 110
○不当景品類及び不当表示防止法（略称：景品表示法） 110
○特定商取引に関する法律（略称：特商法） 111
○消費者契約法（略称：消契法） 112
2 「事実関係の概要」記載の事実関係において問題となる因果
関係の問題【2-5-3-2-2】 114
基本的意味 114
事実的因果関係と相当因果関係 114
本件に現れる因果関係の問題 115

第3 最も適切と思われる法的判断の構造（法律構成）【2-5-3-3】
——————————————————————————115

1 訴訟物【2-5-3-3-1】 115
2 請求の趣旨【2-5-3-3-2】 116
3 請求原因【2-5-3-3-3】 116
契約内容との不適合と完成（請求原因③関係） 117
因果関係についての事実摘示（請求原因③，④関係） 118
Aのうつ病の問題 119
債務不履行と慰謝料 119
不法行為の近親者の固有の慰謝料の類推適用の問題の存否
120
4 抗弁【2-5-3-3-4】 120
(1) 注文者Aの申出【2-5-3-3-4-1】 120
Aの申出の意味 121
日常家事代理権と民法110条の類推適用 122
(2) 過失相殺【2-5-3-3-4-2】 122
債権者「側」の過失 123
いわゆる「a＋b」の関係の存否 124
抗弁(1)から生ずる訴訟上の法律効果と抗弁(2)から生ずる訴訟
上の法律効果の異同 125
5 本件についての最終的判断【2-5-3-3-5】 126

目　　次　*VII*

# 第6章　不法行為が問題となる事案〔2-6〕── 130

## 第1節　本章での検討の趣旨〔2-6-1〕── 130

## 第2節　事実関係の概要〔2-6-2〕── 130

【関係者について】　131

【本件事故の概要】　132

【本件事故現場付近の地形の特徴】　132

【本件事故に関する関係者の言い分】　133

## 第3節　民事訴訟として考え得る方法〔2-6-3〕── 136

### 第1　直観的な印象〔2-6-3-1〕── 136

どの被害者の立場に立って考えるか　136

### 第2　考えられそうな法的判断の構造（法律構成）〔2-6-3-2〕── 137

民法719条の共同不法行為責任の視点　137

1　Aについて〔2-6-3-2-1〕　139

2　Bについて〔2-6-3-2-2〕　140

Bの行為とCの行為との一体性の存否及び存在したとした場合における一体性の強度　140

Bの行為とDの行為との一体性の存否及び存在したとした場合における一体性の強度　142

3　Cについて〔2-6-3-2-3〕　142

民法715条は、「使用者の責任」　142

最も問題なのは、本件バスの運転者としてDを選任し使用したということ　143

自動車損害賠償保障法の適用の当否　144

4　Dについて〔2-6-3-2-4〕　145

5　X側について〔2-6-3-2-5〕　146

6　小括〔2-6-3-2-6〕　146

### 第3　最も適切と思われる法的判断の構造（法律構成）〔2-6-3-3〕── 147

1　訴訟物〔2-6-3-3-1〕　147

Bについての訴訟物　148

Cについての訴訟物　149

訴訟物の決定と請求原因などの要件事実の構成のフィード
バックの関係　150

2　請求の趣旨【2-6-3-3-2】　150

3　請求原因【2-6-3-3-3】　151

本件事故の発生についてのB及びCの有責性　152

本件事故による被害者の損害　153

X1の死亡によってX2とX3に相続される慰謝料　153

民法711条による「近親者に対する損害の賠償」としてX2と
X3に発生する慰謝料　155

4　抗弁（Cによる、Dの選任及び事業の監督についての無過失）
【2-6-3-3-4】　155

5　本件についての最終的判断【2-6-3-3-5】　158

本件事故の発生についてのB及びCの有責性　158

本件事故による被害者の損害　158

Cによる、Dの選任及び事業の監督についての無過失の抗弁
159

# 第7章　不動産所有権が問題となる事案【2-7】———— 160

## 第1節　本章での検討の趣旨【2-7-1】———————— 160

## 第2節　事実関係の概要【2-7-2】—————————— 161

【関係者の言い分】　162

## 第3節　民事訴訟として考え得る方法【2-7-3】———— 165

第1　直観的な印象【2-7-3-1】————————————— 165

第2　考えられそうな法的判断の構造（法律構成）【2-7-3-2】
—————————————————————————— 166

1　所有権というものの持つ意味【2-7-3-2-1】　166

所有権の内容　166

所有権が侵害された場合の効果　167

土地所有権の及ぶ範囲　167

2　対抗とはどのようなことか【2-7-3-2-2】　168

「対抗」という言葉の意味　168

目　　次　**IX**

当事者の間で不動産の売買契約が成立したことの法的意味の
捉え方　**168**

関係者間の利害の実質的調整の問題　**169**

民法176条と177条との関係の理論的説明の必要性──法律の
理論（法理論）というものの持つ意味にも触れて　**170**

民法176条と177条との関係の理論的説明──第三者抗弁説と
権利抗弁説　**171**

第三者の範囲──賃借人は入るかの問題にも触れて　**173**

第三者の範囲──「背信的悪意者」の問題にも触れて　**174**

誰を被害者として検討するか　**176**

第３　最も適切と思われる法的判断の構造（法律構成）【2 - 7 - 3 - 3】
―――――――――――――――――――――――――― **177**

Ⅰ　1　訴訟物【2 - 7 - 3 - 3 - Ⅰ - 1】　**177**
[さらに進んだ問題点]
占有移転禁止の仮処分の必要性　**180**

Ⅰ　2　請求の趣旨【2 - 7 - 3 - 3 - Ⅰ - 2】　**181**
「本件建物を明け渡せ」ではなく「Ｄに対し、本件建物を明
け渡せ」となる理由　**181**

Ⅰ　3　請求原因【2 - 7 - 3 - 3 - Ⅰ - 3】　**182**
占有について自白が成立するか　**183**

Ⅰ　4　抗弁（Ｄに対する対抗要件具備を求めるＥによる権利抗
弁）【2 - 7 - 3 - 3 - Ⅰ - 4】　**184**

Ⅰ　5　再抗弁（Ｄ登記具備）【2 - 7 - 3 - 3 - Ⅰ - 5】　**184**
[さらに進んだ問題点]

Ⅰ　6　再々抗弁（Ｄは、登記のないことを主張できない背信的
悪意者）【2 - 7 - 3 - 3 - Ⅰ - 6】　**187**

Ⅰ　7　本件についての最終的判断【2 - 7 - 3 - 3 - Ⅰ - 7】　**188**

Ⅱ　1　訴訟物【2 - 7 - 3 - 3 - Ⅱ - 1】　**188**
建物の占有者は土地を占有するか　**189**
「建物を退去して」と判決主文に書く意味　**191**

Ⅱ　2　請求の趣旨【2 - 7 - 3 - 3 - Ⅱ - 2】　**192**
「本件土地を明け渡せ」ではなく「Ｄに対し、本件土地を明
け渡せ」となる理由　**192**

Cが本件土地・建物を間接占有していることをどう考えるか
193

Ⅱ　3　請求原因【2-7-3-3-Ⅱ-3】　193
本件土地は本件建物の敷地　193
占有について自白が成立するか　195

Ⅱ　4　抗弁（Dに対する対抗要件具備を求めるCとEによる権利抗弁）【2-7-3-3-Ⅱ-4】　195

Ⅱ　5　再抗弁（D登記具備）【2-7-3-3-Ⅱ-5】　196

Ⅱ　6　再々抗弁（Dは、登記のないことを主張できない背信的悪意者）【2-7-3-3-Ⅱ-6】　196

Ⅱ　7　本件についての最終的判断【2-7-3-3-Ⅱ-7】　196
民事執行法の運用の実務から見た問題点　196

さらに進んだ問題点

Ⅲ　ⅠとⅡとの関係【2-7-3-3-Ⅲ】　200
Ⅰ又はⅡの訴訟を先行させて、その訴訟で敗訴した場合
200

建物明渡請求訴訟と土地明渡請求訴訟とを同時に提起するとの考え方について　202

# 第8章　家事事件が問題となる事案【2-8】——— 204

## 第1節　家事事件と要件事実論との関係についての検討【2-8-1】
——— 204

第1　はじめに【2-8-1-1】——————————— 204
本章が本書第2部にある理由　204
本章の構成　205

第2　家事事件における判断の構造【2-8-1-2】——— 206

1　家事事件における要件事実論の基本的位置づけ【2-8-1-2-1】　206

(1)　はじめに【2-8-1-2-1-(1)】　206

(2)　要件事実とそれ以外の事実とを区別して考える重要性【2-8-1-2-1-(2)】　207
「子の利益」という評価的要件における要件事実と間接事実の区別　207

目　次　*XI*

　　　⑶　複雑・多様な事実を内容とする評価的要件の困難性【2-8-
　　　　　1-2-1-⑶】210

　　　　「子の利益」という評価的要件における評価根拠・評価障害
　　　　　事実と間接事実　211

　　　　評価根拠事実（要件事実）　212

　　　　評価障害事実（要件事実）　212

　　　　ⓑの事実（要件事実である評価根拠事実）の間接事実　213

　　　　この両者の違いの出る理由　213

　　　⑷　常に流動する事実への対応の重要性【2-8-1-2-1-⑷】
　　　　　216

　　2　家事事件における要件事実論の視点から見た重要な考え方
　　　　──民事事件と対比した場合の変容に留意して【2-8-1-2-
　　　　2】216

　　　⑴　はじめに【2-8-1-2-2-⑴】216

　　　⑵　訴訟物【2-8-1-2-2-⑵】216

　　　⑶　主張責任【2-8-1-2-2-⑶】217

　　　⑷　立証責任【2-8-1-2-2-⑷】217

　　　⑸　裁判所による裁量的判断【2-8-1-2-2-⑸】219

第3　家事事件において留意すべきその他の問題点【2-8-1-3】
　　　　　　　　　　　　　　　　　　　　　　　　　　　223

　　1　家事事件における種類の違いによって要件事実論の基本は異
　　　　なるか【2-8-1-3-1】223

　　2　家事事件は、人間関係諸科学の面からの深い検討が必要で、
　　　　法律的処理になじまないか【2-8-1-3-2】223

　　3　家事事件における事案の解明義務・釈明義務などの重要性
　　　　【2-8-1-3-3】224

第4　おわりに【2-8-1-4】─────────────224

　　　　家事事件における要件事実の特徴──ある程度の幅を持った
　　　　判断の可能性　225

　　　　家事事件における要件事実の特徴──法的判断をする時点の
　　　　直前まで変化　226

　　　　家事事件でも要件事実論は有用　226

## 第2節 家事事件における主張事実と認定事実との同一性の必要

【2-8-2】——————————————— 227

山本和彦教授意見　227

私見　228

## 第3節 請求原因説と抗弁説——面会交流の事件に関連して

【2-8-3】——————————————— 232

理論上の対立　232

実務上で両説の違いの持つ意味（杉井説・近藤説）　233

実務上で両説の違いの持つ意味（私見）　233

## 第4節 現状と展望【2-8-4】——————————— 235

第1　その後の家事関係法の改正と要件事実論【2-8-4-1】—— 235

法制審議会における審議状況と改正法　236

まとめ　238

第2　その後の判例・学説の進展と要件事実論【2-8-4-2】—— 238

家事事件における裁量統制について　238

面会・交流に関して　239

吉川論文について　241

下馬場論文について　242

まとめ　243

---

# 第3部　要件事実（立証責任対象事実）決定の理論〔3〕

## 第1章　はじめに〔3-1〕——————————————— 246

## 第2章　裁判規範としての民法説の中核をなす考え方

〔3-2〕——————————————— 248

## 第3章　修正法律要件分類説など〔3-3〕——————— 250

| 第4部 | 要件事実の考え方の汎用性 |
|---|---|
| | ——知的財産法における要件事実を題材として〔4〕 |

## 第1章 はじめに〔4-1〕————————————————— 254

## 第2章 知的財産法の各法域に共通する本質的考え方
〔4-2〕————————————————————————— 256

特許法について　256

著作権法について　256

商標法について　257

小括　257

「新しさ」の判断手法としての「本質的に同一であること」
　　——評価的要件　257

# 凡 例

## 【法令略語】

　民法の一部を改正する法律（平成29年法律第44号）によって改正された民法の条文については、改正前の条文を「旧民法（旧民）○条」のように表示し、それ以外の条文については、改正の有無に関係なく（つまり、改正後の条文も改正のなかった条文も）すべて、「民法（民）○条」のように表記する。

　法律の条文について表記する際には、省略しない表記方法としては、例えば民法第204条第1項第2号のようにし、それを省略するとき（括弧内での参照条文などのとき）の表記方法は、民204Ⅰ②のようにする。

## 【文献等略語】

**裁判所HP**　裁判所ウェブサイト民集登載の判決であっても、同判決における具体的判示を特定する方法としては、一般的な検索の便宜を重視して、裁判所ウェブサイトにおける頁数を示した。

**最判解民**　最高裁判所判例解説民事篇（法曹会）

最高裁判例の出典の記載に続く〔　〕の数字は、これらの解説の番号を示す。

**LEX/DB**　LEX/DB インターネット（TKC 法律情報データベース）

**司研論集**　司法研修所論集

**ジュリ**　ジュリスト

**判　時**　判例時報

**判　タ**　判例タイムズ

**法　協**　法学協会雑誌

**伊藤編著『新民法の要件事実Ⅰ、Ⅱ』**

　伊藤滋夫編著『新民法（債権関係）の要件事実―― 改正条文と関係条文の徹底解説Ⅰ、Ⅱ』（青林書院、2017）

**伊藤『要件事実の基礎〔新版〕』**

　伊藤滋夫『要件事実の基礎―― 裁判官による法的判断の構造〔新版〕』（有斐閣、2015）

凡　例　**XV**

**伊藤『事実認定の基礎〔改訂版〕』**

　伊藤滋夫『事実認定の基礎——裁判官による事実判断の構造〔改訂版〕』（有斐閣、2020）

**伊藤『要件事実・事実認定入門〔補訂版・2刷〕』**

　伊藤滋夫『要件事実・事実認定入門——裁判官の判断の仕方を考える〔補訂版・2刷〕』（有斐閣、2008）

**伊藤『要件事実論の総合的展開』**

　伊藤滋夫『要件事実論の総合的展開——その汎用性を説き論証責任論に及ぶ』（日本評論社、2022）

**河村ほか『要件事実・事実認定ハンドブック〔第2版〕』**

　河村浩＝中島克巳『要件事実・事実認定ハンドブック——ダイアグラムで紐解く法的思考のヒント〔第2版〕』（日本評論社、2017）

**有斐閣『法律学小辞典〔第5版〕』**

　高橋和之ほか編集代表『法律学小辞典〔第5版〕』（有斐閣、2016）

**筒井ほか編著『一問一答』**

　筒井健夫ほか編著『一問一答　民法（債権関係）改正』（商事法務、2018）

**岩波『国語辞典〔第8版〕』**

　西尾実ほか編『岩波国語辞典〔第8版〕』（岩波書店、2019）

## 第1部

# はじめに〔1〕

# 第1章
## 第1部「はじめに」の趣旨 【1-1】

　「はしがき」本書の基本的趣旨では、「事実関係の概要」と「事案の概要」との違いを踏まえ、本書は、詳細な「事実関係の概要」を題材として、最も事案の実態に即した適正迅速な紛争の解決を目指し、これを相手方又は裁判官に説得（論証）できる力を具体的に修得することを最大の目的としている、ことを強調した。

　そうだとすれば、本書のいわばメインパートは、第2部「具体的紛争の解決」にある。そこで、この第1部「はじめに」においては、「はしがき」で述べたところに加えて、第2部の構成の趣旨・各章の具体的内容をある程度くわしく説明する。併せて、第3部及び第4部の内容の骨子も説明する。こうしておくことが、読者が本書における具体的説明を本書全体の構想との関係を念頭に置いて、よりよく理解するために役立つものと考える。

　なお、本書における説明部分を特定するための方法として、いちいち第2部第2章「売買契約が問題となる事案」といった表現を使用しないで、簡潔を期するため、「目次」にあるような記号【2-2】というような記号を使用し【2-2】「売買契約が問題となる事案」というような特定の仕方をすることが多い。

# 第2章
# 第2部「具体的紛争の解決」の構成【1-2】

　第2部では、前述した本書の最大の目的である「事実関係の概要」（従来の「事案の概要」のように要件事実論や事実認定論の視点から意味のある、ある程度特定した事実関係として整理されたものとは異なり、ある事件の核心的部分を含み、かつ、その背景となる、ある程度広い事実関係を包含するもの、いわば生の紛争の諸事情が複雑に入り込んでいる事実関係）を題材として、最も事案の実態に即した適正迅速な紛争の解決を目指し、これを相手方又は裁判官に説得（論証）できる力を具体的に修得するための詳細な説明をしている（論証責任の考え方が重視されている）。

　次の第3章【1-3】から第5章【1-5】までは、第2部の各章についての説明である。

# 第3章
## 第2部第1章の内容（骨子）〔1-3〕

　「はしがき」本書の基本的構成で述べたように、本書では、なんらかの既成の理論を「総論」としてまず学び、その理論を「各論」としての具体的事例に当てはめて解決していくという過程ではなく、具体的紛争の解決を考えることによって、民事訴訟において有用な理論を修得するという過程を重視している。

　とはいえ、第2部の第2章以下で問題とする「事実関係の概要」に現れる具体的紛争の解決を図るためには、そのために最小限必要な約束事を知らなければならない。そこで、まず、第2部第1章「民事訴訟の基本的構造とその実際において重要な基本的用語」【2-1】において、そのような事柄を、次のように分けて、簡潔に説明した。

### 民事訴訟の基本的構造についての説明

　まず、そのような約束事として、民事訴訟で紛争が解決される基本的仕組みを知らずして、民事訴訟による適切な紛争の解決を図ることはできない。そこで、第2部第1章第1節【2-1-1】では、ごく簡潔にその実際を説明した。

### 基本的用語についての説明

　次に、そのような約束事として、実際に第2部第2章以下において使用されている用語の意味を知らなければならない。例えば、【2-2】「売買契約が問題となる事案」における【2-2-3-3-1】「訴訟物」についての考察にしても、「訴訟物」というような基本的用語の意味が分かっていなければ、同所における説明の具体的理解をすることが困難である。そこで、第2部第1章第2節【2-1-2】、第3節【2-1-3】では、簡潔にそのような基本的用語の意味を説明した。

　その説明の方針は、第2部第2章以下における具体的紛争の解決のための「総論」を理論的に説明するというのではなく、第2部第2章以下における「具体的紛争の解決」のための説明において現実に使用されている多様な用語

が実際上どのような意味で使われ、実際上どのような役割を果たしているかという視点から、一応の仕分けをして説明しているに過ぎない。すなわち、要件事実そのものに直接に関係するものとして、【2-1-2】「訴訟物・要件事実・攻撃防御方法としての要件事実の種類」、それ以外の重要なものとして、【2-1-3】「民事訴訟の実際において重要なその他の基本的用語」といった仕分けによる説明である。

　その上で、第2部第2章【2-2】から第8章【2-8】「まででは、前記「**事実関係の概要」に表れる紛争の類型に注目して**、「**○○が問題となる事案**」と名付けて、後記【1-5】で述べるように、事案の種類ごとに章を分けて説明した。

6 第1部 はじめに

---

### 第4章
## 第2部第2章以下の種類の事案を選定した
## 理由—民法における主要な分野〔1-4〕

---

「はしがき」本書の基本的構成では、第2章以下で取り上げた事案について、「通常の民事実務において非常に重要な類型である売買、賃貸借、定型約款（転売禁止合意）、債務不履行（請負）、不法行為（交通事故の加害者の共同不法行為責任）、所有権（物権変動・物権的請求権）、家事事件（子との面会交流など）について検討する。」と述べている。

その内容を以下に、少し詳しく説明する。

民法で規律される法現象は、大きく分けて、財産法と身分法とがあり、財産法は、さらに、債権関係・物権関係とに大別され、債権関係が日常の紛争では最も多い。債権関係では、契約に関する問題（契約の締結・その内容・その不履行）、不法行為の問題がとりわけ重要である。物権関係では、担保物権、用益物権の問題も非常に重要であるが、所有権が物権の中で、最も基本となる権利である。身分法では、親族・相続に関する多様な問題がある（本書では、財産法関係事件と対比した意味で家事事件を取り上げた）。

以上のような視点から、第2部では、取り上げるべき事案の種類を検討して、重要と考えられ、かつ、それぞれの特徴の異なる事案を第2章以下の事案として選定した。

伝統的には、民法の定める13種類の典型契約をその特徴ごとに分けた説明として、「第一は、贈与・売買・交換であって、財貨ないし価値を終局的に相手方に移転することを特色とする（移転型の契約）。第二は、消費貸借・使用貸借・賃貸借であって、財貨ないし価値を限定された期間だけ相手方に移転して利用させることを特色とする（貸借型の契約）。第三は、雇傭・請負・委任・寄託であって、他人の労務ないし労働力を利用することを特色とする（労務型の契約）。」そしてその他に、組合・終身定期金・和解があるとするもの（我妻

栄『債権各論中巻1 民法講義V₂』〔岩波書店、1937〕220頁）がある。それぞれの契約が社会で持つ実際上の重要性や意味は、その刊行当時と現在とでは大きく変わっているが、こうした特徴自体は、その間で大きく変わったということはない（そうした特徴からなにを意味のあるものとして引き出して考えるかは、大きな問題であろうが）。以下の説明も、この説明に影響を受けている（使用用語はやや異なっている）。

8　第1部　はじめに

---

## 第5章
# 第2部第2章以下の内容（骨子）〔1-5〕

　第2部では、それぞれの章の名前になっている「売買」、「賃貸借」などのことのほかに、具体的事実関係の検討に当たって自然に問題となる民法や民事訴訟における理論上・実務上の各論点、民法以外の関係法律の問題点など多様な問題が随時取り上げられていることにも留意して頂きたい。以下では、各章の骨子に関連して、そのような問題として取り上げられたことについても言及する。しかし、以下に示されているのは、その1部を例示したに過ぎない（「事項索引」を活用して、各章において取り上げられているそのような多様な問題についての研究も深めて頂きたい）。

　〔第2部第2章〕　契約法のうち売買契約を取り上げた。いうまでもなく、現在の社会経済活動は、売買契約なくしては成り立たない。ある意味で、典型契約では、最も重要な契約である。契約の性質上の特徴は、財産権と対価の交換から成り立つ、交換型の契約である。この交換が双方にとって等価値であることが基本的に重要である。

　本章では、売買契約締結が詐欺（民96）によってされて、その後同契約が取り消された例を取り上げている。関連して不当利得についても考察した。

　なお、第2章は、いわば各論における最初の章であるために、その後の各章に共通した説明を代表させて、ここで詳しく解説している。例えば、【2-2-2-1】「事実関係の概要」と「事案の概要」との違い」、【2-2-2-2】「『事実関係の概要』を出発点とすることによる検討方法の違い」（同項は、**民事訴訟における論証責任の考え方に関するもので特に重要**）、【2-2-2-3】「憲法訴訟における論証責任論とそこから要件事実論が学ぶべきもの」、【2-2-3-1】「直観的な印象」などの説明がそうである。

　〔第2部第3章〕　賃貸借契約を取り上げた。賃貸借も売買同様に現在の社会経済活動に不可欠の重要な契約である。契約の性質上の特徴は、財産権をあ

る期間、相手方に利用させる貸借型の契約である。賃貸借においては、この利用に対して対価を支払うが、この利用と対価の価値が双方にとって等価値であることが基本的に重要である。

　現在の賃貸借に関する規律は、土地建物の賃貸借に関しては、ほとんど借地借家法によっている。当然のことながら、本章も、民法にいう賃貸借の基本的性質を踏まえながら、借地借家法に拠って説明している部分も多い。すなわち、異なった性質の2種類の問題（借地借家法の問題と民法固有の問題）を取り上げている。

　また、本章では、いわば「程度問題」といわれる量的判断について、どのように考えていくかの重要性について検討していることにも留意すべきである。

　第2部第4章　約款に関して従来あった法理論上・実務上の問題を解決するため、民法の一部を改正する法律（平成29年法律第44号）で新設された「定型約款」の問題を扱っている。

　本章での内容としては、いわゆる人気キャラクターグッズの転売禁止特約を内容とするものであり、その合理性が問題となる。消費者契約法、特定商取引法と関係する部分も多く、その点についての説明もかなりしている。「転売禁止特約」というものの合理性を他の事例（入場券の転売など）も取り上げて、踏み込んで検討している。

　第2部第5章　債務不履行が問題となる事案を取り上げているが、そこで問題となる契約は請負契約である。請負は、すでに取り上げた売買とも賃貸借ともその性質上の特徴は異なり、役務を提供して対価を得る役務型の契約である。ここでは、具体的な役務の内容が対価に見合う相当なものであったかどうかが基本的に重要である。

　本章では、要件事実の実務でいう、いわゆる「ａ＋ｂ」の問題、表見代理の問題、消費者契約法・特定商取引法の問題、因果関係、債務不履行における精神的損害の問題など多様な問題を取り上げている。

　第2部第6章　バス旅行にかかわる関係各社の役割に注目した共同不法行為が問題となる事案である。その内容は交通事故の事件であるが、そこで扱われる基本的問題は、具体的な運転手の運転技術上の過失をくわしく検討するというよりは、公害問題など現代社会における多くの問題にも通ずる企業の共

10　第1部　はじめに

同不法行為責任の問題の検討が中心となっている。

　死者の慰謝料の相続の問題において法的思考の上で参考になる議論を展開している最高裁判例も紹介している（同章注12、13）や民法711条の親族固有の慰謝料と前記相続による慰謝料の関係にも触れている。

　本章において共同不法行為責任（民719Ⅰ前段）、一般の不法行為責任（民709）、特別の不法行為責任（民715）などの訴訟物の異同について検討する際の議論は、訴訟物の機能についての一般的問題に通ずるものであり、詳しく検討している。

　抗弁として摘示されている事実に本質的に含まれていると考えるべき内容を考えるに当たって要件事実の考え方の基本となる原則・例外（本質・非本質）のの考え方の視点からの検討をも示している（【2-6-3-3-4】）。さらに、同じく「主張自体失当」の（立証を問題とするまでもなく、主張自体から見て法律上理由がない）抗弁でも、事実摘示で取り上げたほうがよいものと、事実摘示で取り上げるまでもないものの差異についても触れ、判決における事実摘示の機能を考えている（【2-6-3-3-4】）。

　 第2部第7章 　物権法の最も基本をなす所有権に関する権利変動及び物権的請求権を扱うものである。

　【2-7-3-2-2】においては、民法176条と177条の関係を検討する場面において、具体的紛争の解決に当たって法理論というものの持つ意味、客観性・間主観性というものについても考えている。【2-7-3-3-Ⅰ-5】の さらに進んだ問題点 においては、「予備的抗弁」というやや特殊な性質を持つが実務上も理論上も無視できない抗弁についても説明している。また、【2-7-3-3-Ⅱ-1】においては、建物の占有者は土地を占有するかといった問題などに関連して、法的議論において「常識」というものの持つ意味についても検討している。

　 第2部第8章 　本書では唯一の身分法の事件（家事事件）を扱うものであり、財産法の分野において発達してきた要件事実論が家事事件の分野でも有用であるという視点から説明をしたもの（家事事件については、要件事実論は関係がない、さらには弊害があるとの誤解もあるようなので、その誤解を解くために、説明をしたもの）で、他の章とは、検討の仕方など、やや説明の視点

が異なる。

　以上の各章で取り上げた事案のほかに、取り上げるべき事案は数多くあるが、本書の性格上、最も基本的に重要で、かつ、理解のし易いものに限定した。

第1部　はじめに

---

# 第6章
## 第3部の内容（骨子）〔1-6〕

---

　第3部では、第2章のすべての章において具体的に実践してきた具体的問題の解決において、常に中心的課題であった、「要件事実（立証責任対象事実）決定の理論」について説明している。

　裁判規範としての民法説の中核をなす考え方を纏めとして、説明している。この裁判規範としての民法という考え方において、要件事実（立証責任対象事実）の決定基準として、基本的原理となる方法は、課題となる問題（例えば、債務不履行）の本質を考えて、その問題の関係する実体法の制度趣旨が、立証ということが問題となる訴訟の場において、最も適切に実現できるようにするために、適切な原則・例外の規範構造を決することである。この原則となることが当該制度の本質となる部分であり、例外となることは、その段階では、当該制度の本質とはならない部分である。

# 第7章
# 第4部の内容(骨子) 〔1-7〕

　第4部では、これまで本書で民法（これと直接に関係する借地借家法・消費者契約法などの領域を含む）について論じてきた要件事実の考え方が、民法とは異なる多様な領域においても適用できる汎用性を持つ考え方であることを説明している。

　裁判規範としての民法という考え方によれば、要件事実の決定基準となる考え方は、その考え方の原点となっている民法とは異なる法域の多様な実体法にも通用する性質を有することになる。第4部では、このことを知的財産法における要件事実を題材として説明したものである。

# 第 2 部

# 具体的紛争の解決〔2〕

# 第1章

# 民事訴訟の基本的構造とその実際において
# 重要な基本的用語〔2-1〕

## 第1節　民事訴訟の基本的構造〔2-1-1〕

　民事訴訟制度の目的については、諸説あるが、一般には、民事訴訟による民事紛争の適正迅速な解決と解されているといってよいであろう。

　民事訴訟によって民事紛争を解決する方法として、現行の訴訟制度においては、裁判所が、原告が当該訴訟においてその存否の審理判断を求めて提示している権利又は法律関係の主張（以下、「訴訟物」という）の存否について、要件事実（請求原因・抗弁・再抗弁など）の存否の判断の組合せ（このいい方が分かり易いので、ここではそうしておくが、正確には、「存在したか」の判断の組合せ、というべきである。例えば、売買契約の締結を示す事実が請求原因であったときには、「売買契約の締結を示す事実があったか」についての判断がされるのであって、「売買契約の締結を示す事実がなかったか」についての判断がされるわけではない。抗弁以下についても同様である）をして判断をすることによってされる。ごく骨子だけをいえば、例えば、売買代金請求訴訟事件では、売買契約の締結を示す事実（請求原因）があったか、同契約に要素の錯誤があって取り消されたことを示す事実（抗弁）があったか、要素の錯誤については表意者に重大な過失があったことを示す事実（再抗弁）があったかという形で考えるのである。

　そこでまず、次に、訴訟物・要件事実・攻撃防御方法としての要件事実の種類について説明する。

第1章　民事訴訟の基本的構造とその実際において重要な基本的用語　　**17**

# 第2節　訴訟物・要件事実・攻撃防御方法としての
　　　　要件事実の種類【2-1-2】[1]

## 第1　訴訟物【2-1-2-1】

　**訴訟物**とは、原告が当該訴訟において主張している権利の存在の主張（例えば、売買代金請求訴訟における売買代金請求権の存在の主張）を意味する（ただし、実務上は、「権利の存在の主張」とはいわずに、単に「権利」ということが多い。例えば、「本件訴訟の訴訟物は売買代金請求権である。」といった具合である。本書でもその用語例に従う）。

## 第2　要件事実【2-1-2-2】

　**要件事実**の意味の理解のためには、要件事実について、次のようなイメージを持つと分かりやすいと考える。

　「要件」という入れ物が、その中に入った「事実」で一杯になったら（あたかも、ある入れ物に入れた水が一杯になったら）、その時に法律効果が発生する（水が一杯になることによって、その時に接続パイプの蓋が開く）というイメージで考えたらどうであろうか。そうした「要件」に該当する具体的「事実」が、すなわち「要件事実」である。そして、この「要件事実」というものは、表現を変えれば、民事訴訟の場においては、そうした法律効果が発生すると裁判所によって認められるために、その法律効果の直接の根拠として、立証（通常の民事訴訟においては、「弁論主義」といわれる考え方が採用されているため、立証だけでなく当事者によって主張も）されなければならない事実、すなわち、立証責任対象事実（弁論主義が働く訴訟においては、主張立証責任対象事実）であるわけである。こうした主張立証責任対象事実とは、ごく簡単にいえば、その事実が主張立証されないと、それを根拠とする法律効果が認められないという不利益を受けることとなる事実である。

---

1)　本節は、主として、伊藤『要件事実の基礎〔新版〕』137頁以下、260頁以下、352頁以下、伊藤『要件事実論の総合的展開』17頁以下、拙稿・ビジネス法務2015年11月号106頁以下、拙稿・ビジネス法務2016年1月号137頁以下、拙稿・ビジネス法務2017年7月号148頁以下などに拠っている。

この「要件」（入れ物）をどのような形で考えるかということが重要な問題であるが。そのことは、まずは、第2部「具体的紛争の解決」において、具体的紛争の解決の過程において修得するように努めて頂きたい。その理論的説明は、後記第3部「要件事実（立証責任対象事実）決定の理論【3】」（245頁以下）において説明することにする。

このような**要件事実**といわれる事実とは性質の違う事実として間接事実といわれる事実がある。**間接事実**とは、要件事実を推認させる力（推認力）を持つ事実である（その事実自体としては、要件事実のように直接に法律効果を発生させる根拠とはならない）。具体的事実が、要件事実としての意味を持つか、間接事実としての意味を持つか、具体的事案では微妙なこともある（例えば、後記【2-2-3-3-3】「請求原因」 説明 〔54頁以下〕参照）。

## 第3　攻撃防御方法としての要件事実の種類【2-1-2-3】

要件事実は、訴訟物として原告の主張する権利（例えば売買代金請求権）を根拠づけるための事実（例えば売買契約の締結）としての意味を持つ場合、それに反対する被告の主張を根拠づけるための事実（例えば売買代金の弁済）としての意味を持つ場合など、訴訟における当事者の攻撃防御方法として、さまざまな姿を取って現れる。その性質によって、請求原因・抗弁・再抗弁・再々抗弁などといわれるので、次に、その意味を説明しておく。そこでは、<u>本質対非本質（原則対例外）という考え方が要件事実のすべてに通じて流れている最重要な考え方である</u>ことに留意する必要がある。

### 請求原因

これは、訴訟物である実体法上の権利の発生という法律効果の発生のために最小限必要で、かつ、それで十分な事実（すなわち、当該法律効果の発生のための本質的事実であって、原告が立証責任を負う事実である）。換言すれば、原則をなす事実で、その事実の1部についてもその反対事実を例外として、それに対する相手方の攻撃防御方法である抗弁に回すことはできない事実である。そして、請求原因においては、抗弁になる事実（例えば売買代金の弁済）については、その存在（弁済があった）も不存在（弁済がなかった）も触れられておらず、<u>その点はオープンになっている</u>（その点に関する部分が開いている、

空いているといった意味で、その部分に抗弁が、衝突しない、両立する形で入り込んで来て、その事実については被告が立証責任を負う）というイメージを持つと分かりやすいであろう。

この部分が空ではなく詰まっている（例えば、請求原因において「弁済がなかった」と主張されている）とすると、そこに相手の攻撃防御方法（例えば、抗弁においてされる「弁済があった」という主張）が入ってくることができず、相互にぶつかってしまうこととなるが、こうした状態は、原告主張の事実と被告主張の事実が両立しているとはいえない。両立していない事実であるとすると、原告と被告のどちらがどのような事実（例えば「弁済がなかった」という事実について原告が立証責任を負うのか、そうではなく、「弁済があった」という事実について被告が立証責任を負うのか）を決めることができない。両立する事実といえるためには、この部分が開いている（空いている）ことが必要である。請求原因事実と両立しない事実の主張であれば、それは、抗弁ではなく、請求原因事実の**否認**となる。

### オープン理論

以上のような考え方を「オープン理論」という。「オープン理論」という考え方は、ごく簡単にいえば、民法の規範を原則・例外という形で考え、まず、とりあえず「原則」の部分（その段階で考えるべきその事実の本質的部分。上記売買代金の弁済と異なる、売買契約の効力に関する例として、例えば、売買契約の締結）のみを考察の対象にし、「例外」の部分（例えば、同契約の効力に影響を及ぼす、通謀虚偽表示の成立）を考察の対象から外して、その部分が「ある」とも「ない」とも触れない（いわばその部分を「オープン」にした）ままで、その限りでの差し当たっての結論を出し、そのうえで、さらに進んで次の段階を同様に考えていく考え方である。

要件事実論の中できわめて重要な理論である。その重要性は、請求原因と抗弁のみならず、抗弁と再抗弁との関係など、すべての要件事実相互の関係において適用になる考え方である。

### 抗弁

これは、請求原因と異なる事実であって、かつ、これと両立する（この点がきわめて重要である）事実であり、請求原因から発生する法律効果の排斥のた

めに最小限必要で、かつ、それで十分な事実（すなわち、当該法律効果の発生のためには必要でない非本質的事実である。換言すれば、上記原則に対する例外をなす事実で、請求原因事実ではない事実）である。しかし、他面、この抗弁の定義からもわかるように、抗弁は、請求原因から発生する法律効果を排斥するための本質的事実であって、被告が立証責任を負う事実である。換言すれば、その排斥のためには原則をなす事実で、その事実の1部についてもその反対事実を例外として再抗弁に回すことはできない事実である。そして、抗弁においては、再抗弁になる事実については、その存在も不存在も触れられておらず、その点はオープンになっている。

　請求原因と抗弁、抗弁と再抗弁（以下も同じ）は、以上のような意味で同様の関係にある。

### 請求原因と抗弁の組合せによる効果

　前者（請求原因）と後者（抗弁）との関係は、常に、後者が理由があれば、前者から発生する法律効果が、障害される、又は、消滅する（例えば、請求原因で主張されている契約の締結から発生する効果が、抗弁でいうような虚偽表示などの無効原因の存在のために発生しない、又は、抗弁でいう弁済などの消滅原因の存在のために消滅する）という関係にある（無効・消滅以外に「同時履行の抗弁」〔民533〕のような特別の抗弁もあるが、その点の説明は省略する）。

　こうした関係は、抗弁と再抗弁など、その後に現れる攻撃防御方法相互の関係においても同様である。

　そして、請求原因が最終的に理由がある場合（例えば、請求原因は理由があって抗弁は理由がない場合、抗弁は理由があっても再抗弁も理由があって再々抗弁がない場合、抗弁は理由があっても再抗弁も理由があって、かつ、再々抗弁は理由がない場合）には、訴訟物である権利があると判断されて、原告勝訴となるのである。請求原因が最終的に理由がない場合（例えば、請求原因がそれ自体として理由がない場合、請求原因は理由があっても抗弁も理由があって再抗弁がない場合、抗弁は理由があっても再抗弁も理由があって、かつ、再々抗弁は理由がある場合）には、訴訟物である権利がないと判断されて、原告敗訴となるのである。

この説明でいう「理由がある」とは、例えば、請求原因として主張されている事実が法律効果を発生させる根拠として意味があるものであって、かつ、同事実の存在が確定された（当事者間に争いがない、又は、証明された）ということを意味する。

このような説明は、再々々抗弁以下の要件事実の主張がある場合であっても、まったく同様に考えていけばよい。

以上の説明を以下の図のように表示してみると意外に簡単なこととわかるであろう（説明と図を対比して見ていただきたい）。

○は「理由がある」、×は「理由がない」の意味である。相手方のした認否ではない。

**結論**：いずれも原告勝訴

請求原因○　〔上記説明では書いてない〕

請求原因○←抗弁×

請求原因○←抗弁○←再抗弁○

請求原因○←抗弁○←再抗弁○←再々抗弁×


**結論**：いずれも原告敗訴

請求原因×

請求原因○←抗弁○

請求原因○←抗弁○←再抗弁×　〔上記説明では書いてない〕

請求原因○←抗弁○←再抗弁○←再々抗弁○

評価的要件

評価的要件という考え方自体も、現在ではすっかり実務的にも定着し、最高裁判例の判示の中においても明言されている。すなわち、**最判平30・6・1民集72巻2号88頁**は、労働契約法20条にいう「両者の労働条件の相違が不合理であるか否かの判断は規範的【筆者は、ここで「規範的」というのは、特に意味がないと考える。「規範的」でない評価（例えば、「無資力」）でも、事の本質は同じであるからである――筆者伊藤注記】評価を伴うものであるから、当該相違が不合理であるとの評価を基礎付ける事実については当該相違が同条に違反することを主張する者が、当該相違が不合理であるとの評価を妨げる事実に

ついては当該相違が同条に違反することを争う者が、それぞれ主張立証責任を負うものと解される。」（裁判所ＨＰ７～８頁）と判示している。

そして、いうまでもないことであるが、上記判示中の「評価を基礎付ける事実」とは評価根拠事実のことであり、「評価を妨げる事実」とは、評価障害事実のことである。両事実とも、もとより、要件事実である（上記判示中では、判示している事柄の性質上、「主張立証責任」対象事実であると表現するが、この主張立証責任対象事実は、すなわち要件事実である）。

この評価的要件の意味を説明する前に、「事実」と「評価」との区別、正確には「事実命題（例えば、「そこに机がある。」というような事実について述べている命題）」と「評価命題（例えば、「その人がそう信じたのには正当な理由がある。」というような評価について述べている命題）」との区別を述べなければならない。

**事実命題の持つ表示価値**は、一義的であって明確であるから、事実命題は、それを直接に主張立証の対象事実と考えてよいであろう。他方、評価命題のもつ表示価値は、多義的であって不明確である。このような性質をもつ評価命題を、そのまま主張立証の対象事実と考えてはならず、その評価根拠・障害事実を直接の主張立証対象事実と考えるべきである。

この**両命題の最も簡明な区別の基準**が、「ある命題について各人が同じ内容を考えることができる（わかり易い表現でいえば、各人が共通のイメージをもつことができる）かどうか」ということである（厳密には、「共通のイメージとはどのようなことか」などの問題もあるが、ここでは省略する）。これをもって、事実命題と評価命題の区別の基準とすればよい、と考える。

**事実的要件**とは、個別的法律要件（ある権利、又は法律関係が発生するために定められている法律要件全体を構成する個々の要件）の内容がなんらかの「事実命題」である要件をいう。多くのもの（例えば、売買の冒頭規定である民法555条）がそうである。

**評価的要件**とは、個別的法律要件（ある権利、又は法律関係が発生するために定められている法律要件全体を構成する個々の要件）の内容がなんらかの「評価命題」である要件をいう。例えば、評価的要件の典型例である、借地借家法（６条）上の建物賃貸借契約終了のための正当事由の存在（評価）は、賃

貸借契約の締結とその解約の申込み（これらは事実的要件である）という他の個別的法律要件と相まって、全体として、賃貸借契約終了のための法律要件を成り立たせている個別的法律要件の内容である。法律要件の全体を構成する個々の要件（個別的法律要件）の内容がすべて「評価」であるような法律要件は、理論上ありえないとはいえないかもしれないが、実際上は考えにくい。

評価的要件には、**典型的評価的要件**と**変則的評価的要件**の２種類がある。

典型的評価的要件とは、評価に関する要件の内容が「過失」、「正当事由」などの評価そのものであり、その評価根拠事実・評価障害事実となる事実は法条の上には示されていないものである。

変則的評価的要件は、評価根拠事実及び（又は）評価障害事実となる事実が法条の上で定められているものである。

変則的評価的要件の分かり易い条文例としては民法108条がある。同条は、１項本文において、本人の利益を害する危険が典型的に高い行為を利益相反行為の評価根拠事実として挙げるとともに、そうした行為でありながらも、特段の事情として、本人の利益を害する危険がない（厳密に理論的にいえば、本人の利益を害する危険が典型的に低い ）行為を例外として、ただし書において評価障害事実として挙げている。

さらに、民法108条の変則的評価的要件の性質を明確に表すものとして、同条２項は、「前項本文に規定するもののほか、代理人と本人との利益が相反する行為については、代理権を有しない者がした行為とみなす。ただし、本人があらかじめ許諾した行為については、この限りでない。」と定めた。すなわち、自己契約と双方代理が本人の利益を害する危険が典型的に高い行為として位置付けられ、その２つの行為自体だけが問題であるわけではないことを示した条文構造となっている。他に、変則的評価的要件を定めた民法の条文の典型例としては、民法770条１項を挙げることができる（変則的評価的要件という観念は筆者の創見に係るものであって、残念ながらその認知度はまだ低いと思われるが、河村ほか『要件事実・事実認定ハンドブック』95頁以下において賛同を得ている）。

### 主張の解釈・同一性

以上において、さまざまの主張のあることを前提として、その性質・効果な

24　第2部　具体的紛争の解決

どを説明してきたが、訴訟の実際においては、ある主張の表現が分かりにくいが、どのような意味の主張が実際にされていると理解すべきものなのか、又は、その主張は、すでにされている他の主張と表現においてやや異なるが、法的に考えればそれは同一といってよい主張と理解すべきものなのかなどが問題となる。これを、主張の解釈・主張の同一性の問題という。裁判所としてどう考えるべきかについての考え方を次に述べる。

　この問題を解決する明白な基準はないというほかはないが、当該当事者の当該訴訟の目的、当該当事者の真の意図、その意図に従って主張を解釈した場合における相手方当事者の不利益、主張の解釈ということの範囲外（主張の解釈ということでは分からないもの）であって、当該主張の趣旨を確かめるべきかなどの諸要素を総合的に判断して、決めるほかはない。

　当事者としても、以上の考え方と基本的に同様に考えればよいであろうが、当事者としては、決定権がない立場であるから、より慎重に（より用心深く）考えて、対応策を考えるべきであろう。

　状況に応じて、後記【2-1-3-4】「釈明権・釈明義務」（28頁以下）の問題となる。

# 第3節　民事訴訟の実際において重要な その他の基本的用語【2-1-3】

## 第1　弁論主義【2-1-3-1】

　民事訴訟（人事訴訟法の適用を受ける事件を含まない意味で使用している）は、基本的に当事者主義（原告・被告という訴訟の当事者が主体となって主張立証の活動をするという考え方で、裁判所が主導する職権主義に対比されるもの）であるから、当事者の主張立証が非常に重要である。この当事者の訴訟における主張を弁論というので、この主張の方に重点を置いて当事者主義をいうときに**弁論主義**という用語が使われる。

　弁論主義の内容としては、通常次の3つのことがいわれる。

　要件事実は、当該訴訟において当事者の主張がなければ、裁判所は判断の対象とすることができない（例えば、被告が当該債務の弁済があったとの主張をしていないのに、裁判所が証拠から当該債務について弁済の事実があったとし

第1章　民事訴訟の基本的構造とその実際において重要な基本的用語　　*25*

て、債務が消滅したと判断することはできない）。

　要件事実について当事者の主張が一致すれば、裁判所は、その一致した主張に反する判断をすることができない（例えば、当該債務の弁済があったという事実について原被告の主張が一致しているのに、裁判所が証拠から当該弁済の事実はなかったと判断することはできない）。

　原則として、証拠調べは当事者が申請するものであって、裁判所が、当事者のいずれからも申請がないのに、職権で証拠調べをすることはできない（例外として、例えば、民事訴訟法207条1項の当事者本人尋問がある）[2]。

## 第2　弁論の全趣旨【2-1-3-2】

　関連して、ここで、弁論の全趣旨について説明しておく。弁論の全趣旨とは、当該訴訟における当事者の全活動に関する資料・状況・態様の意味するところをいい、事実認定のための証拠原因の1つとして認められている（民訴247。同条は、「口頭弁論の全趣旨」という用語を使用している）。特定の具体的な主張や証拠の内容を指すのではなく、例えば、ある主張や証拠をどの時期に提出したか、相手方の主張を争うにしても、まったく虚偽の主張ということで厳しい態度で否認するのか、一応争っておこうという程度の否認なのか、裁判所が説明を求めたときにどのような態度を取ったか、といった当該訴訟におけるすべての状況を含む意味で使われ、中心的な争点について弁論の全趣旨のみで認定をすることはまずないが、比較的重要でない争点や強く争われてはいない争点などについては、特定の証拠と併せて、さらには特定の証拠も挙げずに、「……の事実は、弁論の全趣旨によって認める。」といった判示がされることがある[3]。

## 第3　経験則・動かし難い事実・証明度・間接反証【2-1-3-3】

### 経験則

　経験則とは、訴訟において事実を認定していく上で不可欠な重要なものである。それは、人間の行動・社会の動き・自然の現象などについて、人間が今ま

---

　2）　有斐閣『法律学小辞典〔第5版〕』1182頁の「弁論主義」の見出し語の下における説明参照。

　3）　有斐閣『法律学小辞典〔第5版〕』1184頁の「弁論の全趣旨」の見出し語の下における説明参照。

26　第2部　具体的紛争の解決

でしてきた経験に基づき、このように事態が推移していくであろうことを推認
させる法則をいう4)（訴訟などでは、人間の行動に関する法則が問題となるこ
とが多いが、公害事件などを考えれば明らかのように、そうでない法則も重要
である）。

**動かし難い事実**

動かし難い事実とは、訴訟において争いのある事実の認定をするに当たって、
弁論の全趣旨及びすべての証拠調べの結果などから判断して、これらの事実は、
間違いないものとして事実判断の前提としてよいと考えられる事実をいう（単
に、当事者間に争いがない事実というのみでは、不十分であると考える）。

この説明だけでは、具体的イメージを持ちにくいので、筆者の考えた、動か
し難い事実の具体例を次に挙げておく。「私文書（契約書、領収書など）のう
ち成立の認められることに疑いのない文書や公文書（住民票、不動産登記簿謄
本、判決正本など）によって直接に存在の認められる事実（例えば、当該契約
書が契約当事者によって作成された——虚偽表示・錯誤・強迫などの有無は別
として——こと、当該判決正本どおりの判決がされたこと〔言い渡されたこと
——とするのがより正確であろう〕）、当事者双方にまったく利害関係もなく、
立場も異なる信用力の高い複数の証人が、各自の直接の経験に基づいて一致し
て具体的かつ明確に供述する合理的内容の事実など、明確な証拠によって疑問
の余地がなく認められる事実や顕著な事実は、ここにいう『動かし難い事実』
と考えてよいであろう。」5)

**証明度（要件事実について）**

これまで、事実の認定ということを考えてきたが、それではどのような状態
になったら事実が認定されたといえるかを考えなければならない。これが証明
度の問題である。証明度は、ここでは立証責任対象事実（要件事実）について

---

4)　本書では、例えば、後記【2-2-3-2】「考えられそうな法的判断の構造（法律構成）」におい
て、注10を付した本文の不動産売買の事例で言及している。
　　有斐閣『法律学小辞典〔第5版〕』296頁の「経験（法）則」の見出し語の下における説明参照。
　　伊藤『事実認定の基礎〔改訂版〕』96頁以下では、「経験則の体系化」として、経験則の多くの具
体例を挙げている。
5)　伊藤『事実認定の基礎〔改訂版〕』62頁（登記事務がデジタル化されている現在では、この説
明中、不動産登記簿謄本のほか、登記事項証明書を加えるべきである）。

第1章　民事訴訟の基本的構造とその実際において重要な基本的用語　　*27*

考える。以下証明度・間接反証に関する説明は、伊藤『事実認定の基礎〔改訂版〕』にある筆者の意見によって述べている（括弧内の頁数は、以下で言及〔多少、同書の表現と変えた部分もあるので「引用」という表現を避けた〕した部分のある同書の頁数である）。

　証明度とは、当該事件において証明の対象となる事実（立証責任対象事実）の存在を肯定するために最低限必要とされる、同事実の存在を肯定する方向へ証拠で裏付けられている確からしさの程度という意味である（例えば、民事訴訟における証明度は、高度の蓋然性であるというように用いられる）。もっとも、このような意味と違う意味で「証明度」を使う論者もある。その用語法は、「このような証明の対象となる事実の存在を肯定する方向へ証拠で裏付けられている実際の確からしさの程度そのものをいう」とするのであるが、筆者は、これを採らず、前者の定義に従っている。（以上につき155～156頁）

　当然のことながら、**証明度はどの程度必要か**が問題となる。相当程度の蓋然性をもって証明されれば足りるとする説（相当程度の蓋然性説）も有力であるが、実務及び多数説は、次の最高裁判例のいう高度の蓋然性説（その内容について実際に考えるところには若干の差異がある）に従っている、と思われる（私見も同様である）

　**最判昭50・10・24民集29巻9号1417頁**（ルンバール事件最高裁判決といわれ、証明度に関するリーディングケースとしてきわめて著名である）は、医療訴訟について、「訴訟上の因果関係の立証は、一点の疑義も許されない自然科学的証明ではなく、経験則に照らして全証拠を総合検討し、特定の事実が特定の結果発生を招来した関係を是認しうる高度の蓋然性を証明することであり、その判定は、通常人が疑を差し挟まない程度に真実性の確信を持ちうるものであることを必要とし、かつ、それで足りるものである。」としている。その意味するところは、因果関係の存在という評価的要件を事実的要件のように扱っているように思われるし、具体的に意味するところまでは明確とはいえない。また、その判示が、医療訴訟事件以外の一般事件についても適用されるものかも、必ずしも明らかでない、しかし、普通は、この判決を民事事件において必要とされる事実（評価的要件であれば、その評価根拠・障害事実）についての証明の程度一般を述べたものとして扱っている、と考える。（163頁）

28　第2部　具体的紛争の解決

　この判決でいう「高度の蓋然性」をもって証明されたというときに必要とされる高度の蓋然性の本質は、「通常人が疑いを差し挟まない程度に真実性の確信を持ちうる」程度の確からしさがあることが必要であるということである、と考えられる。(171頁)

　以上は、先に断ったように、立証責任対象事実（要件事実）の証明について考えたものである。

### 証明度（間接事実について）

　間接事実についてはどの程度の証明度が必要か（要件事実と同様に、高度の蓋然性による証明が必要か）という問題がある。

　間接事実というものは、そもそも、その存在の証明ということと結びついている観念ではない。要件事実についての推認力を性質上有する事実であれば、それは間接事実といって差し支えない。その事実がおよそ存在したという可能性がきわめて低ければ、それは要件事実の証明には実際には役に立たないということにはなる。しかし、だからといって逆に、間接事実は常に証明が必要であり、なんらかの証明度に達していなければ、間接事実はおよそ無意味であると考えるべきではない。間接事実について達せられている確からしさの程度とその事実が性質上持っている推認力の強度によっては、その間接事実と同間接事実を除いて考えた場合の確からしさの状況とが総合されて、要件事実の証明があったとされることはあるということである。もっとも、中心的間接事実が証明度に達していない場合において要件事実が証明されたことになる場合は、実務上は非常に考えにくい。(193〜194頁)

### 間接反証

　これは、要件事実甲を推認させる力を持つ間接事実Aがある場合において、これと両立する要件事実甲を推認させるのを妨げる力を持つ間接事実Bがあるとしたときは、間接事実Bが常に証明されなければならないという考え方を基本とするものであるから、筆者は、この考え方に反対である（私見は、「反対間接事実」という「間接反証」とは異なる考え方を採る）。(101頁以下)


## 第4　釈明権・釈明義務【2-1-3-4】
民事訴訟は、すでに（【2-1-3-1】「弁論主義」〔24頁〕）述べたように、当

事者主義が採られているので、主張立証に関しては、当事者が主導権を持っている。当事者が法制度の趣旨、実務の実際などを熟知しそれを実現する技術にも長けていて、いつも的確な訴訟活動をしているとすれば、ここにいう釈明権・釈明義務などは必要がない。しかしながら、そもそも、どのような人にもヒューマン・エラーは避けられないということがあるし、民事訴訟では、弁護士を訴訟代理人としなくても、一般市民が本人として自身で訴訟活動を行うことができる。法規や事案の実態も、社会経済状況の変化に伴い、その改正・変化も珍しいことではなく、だれもがそうした状態に精通していることは困難ともいえる。

　そうだとすると、当事者の訴訟活動が必ずしもいつも適切に行われるとは限らず、不適切な訴訟活動のため、事案の実態からいえば、本来勝訴すべき当事者が敗訴する結果となることが起きてしまうおそれがある。実体上の正義が手続上の不適切な活動のため実現されないというおそれがあるということになる。こうしたことは、避けなければならない。

　そこで、民事訴訟法149条は、「釈明権等」の表題の下に、「1　裁判長は、口頭弁論の期日又は期日外において、訴訟関係を明瞭にするため、事実上及び法律上の事項に関し、当事者に対して問いを発し、又は立証を促すことができる。2〔略・陪席裁判官の権限についてのもの〕3　当事者は、口頭弁論の期日又は期日外において、裁判長に対して必要な発問を求めることができる。4〔略〕」と定めている（民事訴訟法は、上記のように当事者の訴訟活動について定めているが、裁判官自身も十分に自戒しなければならない）。

　「釈明」とは、本来の言葉の意味からすれば、「誤解・非難などを受けた時、自分の立場・事情などを説明して理解を求めること」（岩波『国語辞典〔第8版〕「釈明」677頁の見出し語の下での説明）であるのであって、他の人に対して明確にすることを求めるのは「釈明を求める（求釈明）」というべきである。民事訴訟法が前記のように定めているのは、「求釈明権」というのが表現としては、より相応しいが、普通は、上記のような釈明を求める権利のことを**釈明権**と呼んでいる。

　また前記条文の表現にもかかわらず、適切な訴訟指揮をするのは裁判官（合議体の裁判長のみならず、単独体の裁判長にも認められるので、感覚的には、

「裁判長」というよりは「裁判官」といったほうが感じに合う）の義務でもあるのだから、釈明権を行使しないと当事者の訴訟活動が不適切になる恐れがあるときは、裁判官は、その釈明権を適切に行使しなければならない（そのようにする義務がある）ことになる。このような義務のことを**釈明義務**という。

　このような釈明権は、裁判官を通じて当事者にもあるということができる（民訴149Ⅲ）。当事者には、前記のような意味での釈明義務（釈明権を行使する義務）はないであろう。表現は紛らわしいが、前記釈明権に基づき、釈明を求められたら、それに適切に応えるべき義務はある。その義務を果たさなかった場合には、そのような対応の仕方が弁論の全趣旨の1つとして考慮され、なんらかの不利益を受けることになってもやむを得ない。

　もっとも、裁判官によるこの釈明権の行使（場合により釈明義務の履行）の実務におけるあり方は、なかなかに難しい問題を含んでいる。特に、その釈明権の行使に対して相手が対応すれば、それだけで訴訟の帰趨が簡単に決まってしまうような主張（例えば、時効の援用）についてするとき、一方当事者には弁護士が訴訟代理人として付き他方の当事者は本人のみで訴訟を遂行しているときなどには、悩みが大きい[6]。

---

6)　有斐閣『法律学小辞典〔第5版〕』592頁の「釈明権」の見出し語の下における説明参照。釈明権・釈明義務の重要性については、伊藤『要件事実の基礎〔新版〕』130頁以下、145頁以下も参照。

# 第2章
# 売買契約が問題となる事案〔2-2〕

## 第1節　本章での検討の趣旨〔2-2-1〕

　後記【2-2-2】「事実関係の概要」記載の事実関係は、Xが、価値のさほど高くない本件土地を高額な代金で買い、この代金の支払いをYにしたとして、その代金の返還をYに対して求めたいと考えていることに関係があると思われる詳しい事実関係である。このような事実関係の下において、本件紛争を民事訴訟で解決するために、<u>最も適切な（すなわち、最も事案の実態に即した適正迅速な）紛争の解決を導くことになる方法</u>はどのようなものであるかを検討する。

## 第2節　事実関係の概要〔2-2-2〕

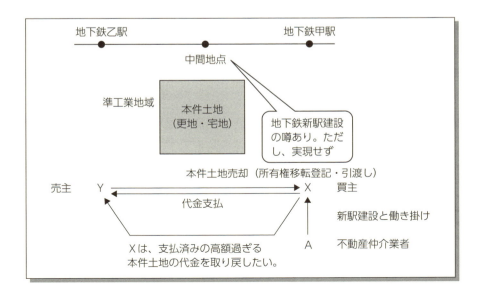

本件土地は、○○市（人口100万人程度）の北のはずれに近く、東西と南北に走る各４車線の道路の交差点近くにある300㎡ほどの更地である。その近くには、市営地下鉄北行線が走り、その終点甲駅とその１つ前の駅乙駅との中間にあり、交通の便は必ずしも良くなかった。街はずれであることから、本件土地付近には、大きな空き地もあったり、工場もあったり、住宅団地もあったりして、雑然とした状況であった。近時の傾向としては、居住人口は増加傾向にあった。都市計画法上の用途地域としては「準工業地域」であった。本件土地は、交通の便さえ良ければ、食料品などを扱う店舗などにも適していた。

Ｘは、現在本件土地（宅地）を占有して、その所有権移転登記を保持している。本件土地は、かつてＹの所有であった。それが現状のようになった経緯は次のとおりである。

Ｙは、かつて本件土地が農地の時代から所有していて、賃貸駐車場などに利用したりしていたが、近時は特に有効な利用方法もなく、住宅地として売却しようかなどと考えていた。それに近時、自分の事業である農機具製造業に失敗して、○○億円の多額の借金の返済に迫られる苦境にあった。

Ｘは、○○市の中心部近くには多くのスーパーを経営していたが、本件土地を含む地域には、経営する店舗がなく、適地があれば、小規模でもそのような店舗を開きたいと考えていた。しかし、この地域のことはよく知らなかった。

Ａは、本件土地を含む広範な地域で長らく不動産仲介業者を営んでいるものであるが、その商法は悪徳商法といわれることもあり、信用性の低い業者といわれていた。長らくこの地域に土地を所有し住んでいたＹもこのことを知っていた。

Ａは、Ｘの上記意向を同業者から聞き、Ｘに対し、自分の名刺を示し、「私は、本件土地を含む地域で長らく、正式に免許を得て不動産仲介業をしている者である。その業者登録番号は、○○県知事免許（7）第○○○○号である。本件土地近くの交差点の辺りに、北行線の新駅が設けられることとなり、その出入り口ができることとなった。」と述べ、かつ、そのような記載のある、地元の不動産業界新聞（市交通局幹部の話や市議会の動きを伝えていた）と不動産業者の出したチラシをＸに示して、「北行線の終点とその前の駅との間は、他駅に比べて距離も長いし、この辺りは人口も最近増加傾向にあるので、この

話は本当と思う。」などと述べた。そこで、Xは、その言葉を信用した。実際、本件地域では、市営地下鉄北行線の新駅が本件土地の付近にできるとの噂があった。

　他方、Aは、Yに対して、「この辺りには、工場も多いし、幹線道路沿いでもあるので、あなたが、分譲住宅地として売ろうとしても、なかなかうまくいかないのではないか。私の知っている人（X）が、理由はよく分からないが、本件土地に似たような土地を買いたいといって探しているが、紹介しようか。」と持ち掛けた。

　YもXも、Aの話に乗って、売買代金○億円（時価の３倍程度であった）で本件土地の売買契約を締結し、代金支払い、引渡し、所有権移転登記などを終えた。

　本件土地近くの交差点付近に地下鉄の新駅ができるという話は、一時そのような噂もあったが、事実と異なり、結局は実現しなかった。

　Aは、上記代金支払い時に本件売買の仲介手数料として○百万円を受け取り、その直後から所在不明となった。


## 第1　「事実関係の概要」と「事案の概要」との違い【2-2-2-1】

　前記したような「事実関係の概要」は、ある事件の核心的部分を含み、かつ、その背景となる、ある程度広い事実関係を包含するもの、いわば生の紛争の諸事情が複雑に入り込んでいる事実関係である。これは、従来の「事案の概要」とはやや異なるものである。

　そして、このような「事実関係の概要」を基礎にして具体的検討を行うという方法は、本章【2-2】「売買契約が問題となる事案」のみならず、以下のすべての章における具体的検討において採られる方法であることを、ご留意頂きたい。

　従来の実務書や裁判例で挙げられる「事案の概要」は、法的視点の比較的明確な事実関係を題材とする、すなわち、要件事実論や事実認定論の視点から意味のある、ある程度特定した事実関係として整理されたものが多いように思われる[1]。

　例えば、伊藤編『新民法の要件事実Ⅰ』49頁〔伊藤滋夫〕における例を次に

見てみよう。

「X（原告・買主）は、Y（被告・売主）に対し、XとYとの間の本件土地の売買契約を、第三者Aによる詐欺を理由に取り消して、Yに支払済みの本件土地の不当に高額な売買代金の返還を請求する訴訟の請求原因中の、Aによる詐欺に関する部分として、例えば、次のように主張することができる。

XがYから、本件土地を買う直前に、第三者AがXに対し、本件土地のすぐ近くに地下鉄の駅ができると虚偽の事実を告げ、本来、5千万円程度の時価のものを、2億円程度の時価がするとXに誤信させた。Yは、Aのこの行為を知っていたか、仮に知らなかったとしても、『①AとYとは常に密接に連携を取って不動産売買を行っていた業者であった。②Aは、過去にも同様の手口で不当な利益を得たことがあったが、そのことをYは知っていた。③本件土地のすぐ近くに地下鉄の駅ができるとの噂があった。④Yは、本件土地の時価は5千万円程度であったと考えていた。⑤Xは、Aと面談して間もなく、Yに対して、本件土地を2億円で買いたいとの申入れをした（Yは上記面談があったこととその面談の時期も知っていた）。』の事実があった。」

筆者自身が「事案の概要」のつもりで書いたものであるから、あまり客観的資料とはいえないが、このような書き方（この例では、民法96条2項の適用のある事案であることを前提として、そのために必要な事実関係を述べている）が一般的にも多いと考える。例えば、河村ほか『要件事実・事実認定ハンドブック〔第2版〕』〔165頁、172頁など〕における類似の「事例」の記載方法も、より簡潔のように思われる。事実関係の書き方としては、双方の関係する言い分を併記するやり方もあるが、そこには、すでに法的評価が相当程度加わって整理されており、その後の展開もそれに従ってなされることが多い[2]。

---

1）　判決において、「事案の概要」の表題の下に、当事者間に争いのない事実関係や弁論の全趣旨・確実な書証などから問題なく認められる事実関係を記載するものも相当数あるが、このようなやり方は、ここでの問題意識とはすこし別のことである。

2）　また、比較的最近の控訴審判決としての地裁判決の例として、東京地判平31・4・11LEX／DB25581545リース料等請求控訴事件において判示された「事案の概要」の部分（一般的な例はもう少し詳しいように思われる）を次に引用しておく。

　　「本件は、被控訴人が、控訴人に対し、控訴人がリース契約に基づくリース料の支払を怠り、期限の利益を喪失したと主張して、リース料残金85万3200円及びこれに対する期限の利益を喪失した日の翌日である平成28年6月27日から支払済みまで約定の年14.6パーセントの割合による遅延損害

第2章　売買契約が問題となる事案　　*35*

　このような従来の「事案の概要」の記載の仕方と、上記した「事実関係の概要」における記載の仕方とを比較して見れば、その違いは明らかである[3]。

## 第2　「事実関係の概要」を出発点とすることによる検討方法の違い
### 【2-2-2-2】

　このように、本書における「事実関係の概要」は、従来の「事案の概要」のように、ある法的視点などから、ある程度整理された後の事実関係であるのと異なり、そのように整理される前の事実関係であるから、読者は（この読者というのは、訴訟実務でいうと、当事者〔主として原告〕の立場にある者として考えても、裁判官の立場〔主として、釈明権の行使をする立場ということになろう〕にある者として考えてもよいであろう）、ここから出発して、この事実関係の下では、どのような法的判断の構造（簡単に、法律構成ともいう）を念頭に置いて考えるのが、最も適切な（すなわち、最も事案の実態に即した適正迅速な）紛争の解決を導くことになるかを考えることになる。

　この場合において、どのような法的判断の構造を見出すのがベストかということについての原理的な考え方は、最も事案の実態に即した法的判断の構造を見出すことであるということになる。そうすることによって、当該事案に係る紛争の適正な解決ができることはいうまでもない（例えば、売買の実態である紛争に請負の法理をそのまま適用して適切にそれが解決できるはずがない）が、同時にそのような法的判断の構造を基本に考えることによって、当該事案に係る紛争の迅速な解決が導かれることになる。なぜなら、法的判断の構造が事案の実態に即しているため、法的判断の構造についての問題点が基本的に少なく

---

　　金の支払を求める事案である。
　　　原審は、リース契約の成立を認めた上で、控訴人が主張する抗弁〔〔1〕特定商取引に関する法律（以下「特定商取引法」という。）による契約の申込みの撤回、〔2〕詐欺を理由とする意思表示の取消し及び〔3〕錯誤を理由とする意思表示の無効）を排斥し、被控訴人の請求を全部認容した。
　　　控訴人は、これを不服として、本件控訴を提起した。」
3）　もちろん、例外としては、意識して、本書における「事実関係の概要」とある意味で同様のものを検討対象として挙げようとしたものもある（例えば、伊藤滋夫＝山崎敏彦編『ケースブック要件事実・事実認定〔第2版〕』（有斐閣、2005）における第2編「ケース研究──基本事例」における関係事実の記載の仕方、その関係事実の記載をさらに詳細にしたものとして、第3編「ケース研究──民法総合問題」のようなものもある）。もっとも、同書でも、残念ながら、論証責任論という形での問題意識まではない。

（もとより、当該事案の実態が複雑であるために、それに対応した法律構成が複雑なものとなり、問題点が多くなるのはやむを得ない）、かつ、その法的判断を支える事実認定が、それを支える証拠や間接事実が基本的に容易に発見できるため、無理なく行うことができる。そうなると訴訟手続全体を効率的に進行することができるからである。

**法的判断の構造**としては、まずは、訴訟物の決定をしなければならない。しかし、それのみで終わるわけではない。売買契約の効力を争うとすれば、虚偽表示、錯誤、詐欺（第三者による詐欺を含む）などの多様な方法が考えられるので、そのうち最も適切な紛争の解決を導く方法を決定しなければならない。

**事実認定**の問題というのは、抽象的に存在するのではなく、当該事案における最も適切な法的判断の構造が決まった場合において、それとの対応で必要かつ十分な要件事実、間接事実などが決まり、その立証が問題となっていくのである。

もっとも、こうした決定過程のプロセスは、常にフィードバックの過程をたどる。具体的事実関係から、最も適切な法的判断の構造は何かを考え、それらしいものが発見できると、その法的判断の構造を一応正当なものと仮定した上で、その法的判断の構造を、具体的事実関係に適用して事実判断をしてみて、それで適切な解決ができるかを考える。そのようにして考えてみて、最も適切な紛争の解決が得られなければ、また一応決めた法的判断の構造をすこし変えて考え直してみる、といった具合である。

以上の検討の結果を民事訴訟における基本理論との関係でさらに考えてみると、**要件事実論も事実認定論も論証責任論**も、常に活用されていることが分かる（「はしがき」本書の基本的趣旨参照）。**論証責任論**の活用は、前記説明だけではやや分かりにくいかもしれないので、すこし敷衍する。前記で「最も適切な紛争の解決」と考えられるかどうかは、実際の訴訟では、最終的には、裁判官に対する説得力の問題となる。すなわち、説得力ある（つまり、正当化責任を果たし得る——これは論証責任論の視点である）展開が、法律判断の上でも事実判断の上でも可能となるかを考えることになる（裁判官は、自分なりに正当と考える考え方の下に当事者に対して釈明権の行使という形で、裁判官の考える考え方を説得しようとすることになる）。

裁判官に対する説得力という問題について、ここで2つの文献を紹介しておこう。第1は、著名なブランダイス・ブリーフを取り上げた田島裕「ブランダイス・ブリーフについて」法の支配132号（2004）55頁以下である。同稿によれば、ブランダイス・ブリーフとは、ブランダイス合衆国最高裁判事が、そうなる前の弁護士であった時代に、ある州の労働基準法が合憲であることを示すために、合衆国最高裁への上告理由書の添付資料（当時の労働者の実情などを示したもの）として書いたものであって、同事件について合憲との結論を採った最高裁判決は、同資料に言及している。つまり、筆者の本稿での問題意識からいえば、「ブランダイス・ブリーフといわれる当事者の提出した添付資料はなんらかの意味で合憲との結論を採った裁判官を説得する力を有したものと推測される」ということになる。第2は、「論文紹介」としての「裁判所に提出される書面が判決文に与える影響を計る」アメリカ法2020‐1（2020）50頁以下〔紙谷雅子〕である。同稿の結論は微妙であり、その内容の紹介は省略せざるを得ないが、第1と同様の問題意識から出た論文である、といえよう。

　要件事実が判決における判断構造で実際に問題となるのは、すでに当該訴訟における紛争の実態に即して「最も適切な紛争の解決」の方法であるとして決定された訴訟物があり、その訴訟物を前提とした当事者の攻撃防御方法としての請求原因・抗弁・再抗弁などが決まっていて、その存否の判断が行われていくという形で表れる。しかし、このような訴訟物や攻撃防御方法の決定というものは、もとより自動的に決まるものではなく、すぐ前に述べたように、<u>この事実関係の下では、どのような法的判断の構造（簡単に、法律構成ともいう）を念頭に置いて考えるのが、最も適切な（すなわち、最も事案の実態に即した適正迅速な）紛争の解決を導くことになるかを考えるという視点から、フィードバックの過程を経て、決定されていくものである</u>。ごく簡単にいえば、要件事実が構成された後の段階だけをみると、そのように構成された要件事実の存否のみをやや「機械的」にもみえる方法で判断していくようにもみえかねないかもしれないが、実は、そのように要件事実を構成していく段階においては、十分に「正当化責任（論証責任）」の視点からの考察がされていることに、十分留意する必要がある。このように、<u>要件事実論においては、要件事実を構成する段階において、論証責任論をいわば前倒しで考えている</u>、といえる。

## 第3　憲法訴訟における論証責任論とそこから要件事実論が学ぶべき もの【2-2-2-3】

### 1　はじめに【2-2-2-3-1】

　以上の問題は、まさに、伊藤『要件事実論の総合的展開』292頁以下におい て、筆者が2「要件事実論と正当化責任の考え方」要件事実を構成していく段 階において問題となる正当化責任の表題の下に強調したところである。

　論証責任論は、少なくともわが国における法律論としては[4]、もともと憲法 訴訟との関係で議論されてきたものであるので、憲法訴訟における論証責任論 の骨子を述べ、それが要件事実論にどのように影響を与えるかを考えてみるこ とが重要である。

　そこで、ここで同書における上記説明部分から、その骨子ともいえる部分 （303～306頁）を、論証責任論と要件事実論との関係のいっそうの理解のため に、紹介しておきたい。

　なお、同書刊行後の、論証責任に関する注目すべき新しく詳細な文献として、 伊藤健「違憲審査における『論証責任』（1）（2 – 完）」人文社会科学論叢14 号、15号（弘前大学、2023）71頁以下、95頁があるが、その趣旨を考慮に入れ ても、後記【2-2-2-3-3】及び後記【2-2-2-3-4】において述べる、要 件事実論が論証責任論から学ぶべきことの基本は変わらない、と考える。

　基本的に、論証責任というものを考えるとすれば、それは要件事実論におけ る立証責任とその性質を異にするところも、同様にするところもあるものと考 える。どのような視点から、その両責任を比較検討するかが、重要である。

### 2　憲法訴訟に関して論じられる論証責任についての一応のまとめ【2-2-2-3-2】

　ここで、一応のまとめとして、憲法訴訟に関して論じられる論証責任（この 項で「論証責任」というときは、「憲法訴訟における論証責任」を指す）につ いての特に重要な点を次に述べておきたい。

　憲法訴訟における論証責任論については、御幸聖樹教授「講演2レジュメ

---

4）　法律論ではない一般的な論証責任の考え方については、伊藤『要件事実論の総合的展開』282 頁以下参照。

憲法訴訟と要件事実論の接続可能性」伊藤滋夫編『憲法と要件事実』法科大学院要件事実教育研究所報第18号（日本評論社、2020）112頁以下が多くの問題点について詳細な説明をし、有益である。本稿もそれに負うところがまことに大きい。

論証責任は、単にある事実を立証するというにとどまらず、場合により、ある主張（意見・立論）が拠って立つ事実の存在の立証を超えて、その正当である所以を明らかにするという「正当化責任」の意味を強く持っているという点では、立証責任と異なる。すでに（前記【2-1-3-3】「経験則・動かし難い事実・証明度・間接反証」証明度（要件事実について）〔26頁以下〕、証明度（間接事実について）〔28頁〕）述べたところからも分かるように、立証責任の根底にもそうした考え方はあるが、要件事実論では、それが表立って論じられては来なかった、といえる。

次に、上記の両責任の違いから導き出されるところであるが、「責任」という内容の意味するところが、立証責任の場合には、当事者のすべき立証活動が基本であって、当事者のあらゆる立証活動（きわめて厳格にいうと、裁判官による補充尋問で証人が重要な事実を証言する場合などを含む）が立証責任対象事実の立証に成功しなかった場合には、直接に当該事実についての立証責任の負担者に不利益な形で法的に反映される。これに対して、論証責任の場合には、基本的には裁判官のすべき法律解釈の問題について、当事者がその裁判官を根拠を示してどの程度説得できるかの問題であって、結果として不利益を受ける当事者の説得活動が不十分であったからといって、そのことのみが理由となって、当事者主義的に直接にその法律効果として、その当事者が不利な法律効果を受けるというものではない。裁判官は、その立場において、あらゆる関係状況を考慮に入れて考えるべきものである。

したがって、要件事実論サイドとしては、論証責任論における以上のような考え方から次のようなことを学ぶべきである。

### 3　要件事実論が論証責任論における議論から学ぶべきこと
### ——その1：正当性の根拠の明示【2-2-2-3-3】

現在も、普通は要件事実論でも、主張自体失当という考え方の中に表れてい

40　第2部　具体的紛争の解決

るように、ある意味で、法的に正当な事実の立証という視点が、十分に必要とされている。しかし、そうした考え方は、立証責任対象事実としての要件事実を構成する段階において、十分に検討されているが、それが決定された後には、必ずしも、そうした思考経緯が十分に説明されない。そのことが問題である。

　要件事実として表されている法的判断の正当性を、それについての論拠を明確かつ十分に示して主張するようにすべきである。

### 4　要件事実論が論証責任論における議論から学ぶべきこと ——その2：論証の程度【2-2-2-3-4】

　論証責任においては、論証の程度ということが議論になることに、ここで注目しておきたい。例えば、御幸・前掲（38頁）117頁、119頁以下では、論証責任の内容として、どの程度の論証を要求するかという問題が提起されている（その程度の具体的内容については、幾つかの典型的な事件の種類による程度を挙げている）。その点では、長谷部恭男編『注釈日本国憲法（2）』（有斐閣、2017）158頁〔土井真一〕も論証の程度について、民事訴訟における証明度に類比するものとして、さまざまな程度があり得ると述べ、参考になる。

　渋谷秀樹『憲法〔第3版〕』（有斐閣、2017）718頁は、表現の自由の規制に関連して、「明白かつ現在の危険または明白性の論証レベルは、厳格な審査の目的審査につき要求され、その論証責任は制約する政府側が負う。厳格な合理性の審査については、論証程度は、具体的危険の発生、つまり経験発生の相当の蓋然性が具体的・実質的に論証されなければならない。」と述べる（この「相当の蓋然性」を含む説明全体を見ると、それは、民事訴訟でいう「相当程度の蓋然性」（比喩的に言えば、60％程度の蓋然性といわれるもので、前記【2-1-3-3】「経験則・動かし難い事実・証明度（間接反証）」証明度（要件事実について）（26頁以下）において述べたルンバール事件最高裁判決でいう高度の蓋然性〔比喩的にいえば70〜80％程度の蓋然性〕に対比される確からしさの程度）とは必ずしも同じではない（大胆に推測すれば、上記「相当程度の蓋然性」よりも高いものをいう）のではなかろうか）。

　要件事実の場合には、ある要件事実が立証されたといえるかいえないかという、いわば、オールオアナッシング形で考えられており、仮に要件事実の立証

のために必要とされる証明度が比喩的にいえば80%であるとすると、理論上は、要件事実の存在の確からしさの程度が79%の場合においても、その存在を認めるには不十分であるとして、その事実の存在があったものとは扱われない。他方、要件事実の存在の確からしさの程度が80%の場合には、その存在を認めるに十分であるとして、その事実の存在はあったものと扱われる（基本的には、事件の種類によって、証明度を異にするという考え方はとられていない〔もとより、それと異なる考え方もあるし、筆者も、単に事件の種類というのではなく、具体的状況による例外を認めないわけではない〕）[5]。

しかし、近時、「相当程度の可能性の存在」という考え方[6]、があって、立証の対象となる要件の内容が程度の観念を持つ場合についての議論が盛んになっている（ただし、混乱しやすいのは、このような場合における、そうした評価的要件の場合においても、その要件事実である評価根拠・評価障害の各事実については、通常の証明度による証明が必要になるということである）。

ここでは、そうした問題を詳説する場ではないので、この程度にしておくが、要件事実論においても、立証の程度ということをいつも念頭に置いておく必要がある。

そして、論証責任における論証の程度の考え方は、前記の要件事実に関する事実の証明度の問題とは異なる問題として、**法律問題**について、裁判官が判断に迷った場合に裁判官に必要とされる「確信」の程度をどのように考えるべきかという点について、大きな示唆を与えるものである。筆者は、ごく大雑把にいえば、その程度は、<u>その法律問題について判断する裁判官が「『この判断で、まず間違っていることはない。』と考える程度」</u>である、と考えている[7]。

現在の民事訴訟における論証責任論は、実質的にこのような点を問題にしているように思われるが、その際に考えられている必要な論証の程度は、優越的蓋然性でよいという意見が有力のように思われる[8]。しかし、最近論じられ始

---

5）　要件事実についての異なる証明度に関する問題については、伊藤『事実認定の基礎〔改訂版〕』188頁以下参照。

6）　伊藤『事実認定の基礎〔改訂版〕』18頁以下参照。

7）　この点について、筆者は、伊藤『要件事実論の総合的展開』322頁以下で詳説している。

8）　山本和彦「『論証責任論』に関する一考察」三木浩一ほか編『民事裁判の法理と実践　加藤新太郎先生古稀祝賀論文集』（弘文堂、2020）210～211頁。ただし、筆者は、同稿で説かれる考え方

*42*　第２部　具体的紛争の解決

めている民事訴訟における論証責任論は、まだその緒に就いたばかりであって、今後の方向性はみきわめ難い。

　前記３と４とからいえることの骨子は、要件事実論は、論証責任論から、要件事実として表されている法的判断の正当性を、それについての論拠を明確かつ十分に示して主張する（又は、立証する）ようにすべきことを学ぶべきであり、かつ、この「十分に」という意味として、どの程度が必要かを検討することを学ぶべきである。

＊　＊　＊　＊　＊　＊

　裁判官の法的判断や事実判断の正当性は、どのようにして担保されるかという問題も、国民に対する裁判の内容の正当化という視点から見ると、これも論証責任論の問題でもある。

　以上のような基本的考え方に立って、次節【2-2-3】において、前記【2-2-2】「事実関係の概要」（以下本章において、これを単に「事実関係の概要」という）の下における具体的検討を行う。

# 第３節　民事訴訟として考え得る方法【2-2-3】

## 第１　直観的な印象【2-2-3-1】[9]

　まずは、Xが時価の３倍もの代金を支払ってそれほど利用価値のない本件土

---

　には疑問を持っている。

9)　この「直観的な印象」というのは、「事件の筋」とか「事件のすわり」などといわれるもの（さまざまな観点を総合して見たときの事件全体としての解決の落ち着きの良さといった意味で使われると思う。伊藤『要件事実の基礎〔新版〕』22頁以下、伊藤『事実認定の基礎〔改訂版〕』66頁以下各参照）と類似してはいるが、「直観的な印象」は、ここでは、詳しく検討する前の印象に限定されているのに対し、「事件の筋・すわり」は、攻撃防御方法の検討を一応終えた後においても（というよりも、むしろ、そちらの方が普通かもしれない）いわれるものと思われる。

　　実は、この「直観」というものの意味をどう考えるかは、少し突っ込んで考えると意外に難しい。例えば、「直観」と「直感」とはどう違うか、「直観」はそのままある思考の結論となし得るかなど、問題点は多く、哲学上の問題でもあって、とてもここで論じきれるようなものではない。筆者の考えを次にごく簡単に述べておこう。「直観」はある種の知性的な働きであり、それに頼り過ぎるのも不当である（そうすると、十分に実証的な検討をしないまま恣意的な結論になる危険があるからである）が、他方、それをまったく無視するのも不当である（「直観」は、ときに経験豊富で知見豊かな人の総合的判断力による結論を示唆するものでもあるからである）。「直観」については、永井均ほか編『事典　哲学の木』（講談社、2002）719頁以下〔村上勝三〕が有益である。

地を買ってしまって気の毒であり、助けてやりたいという印象を持つ。どうも最も非難されてよさそうなのは、Ａではあるまいか。ありもしないことを言ってＸをだまして、高額な土地の売買に伴う高額な仲介手数料を取得したように思われるのだからである。しかし、Ａがだましたと断定できるか疑問もある。Ｙは、結果として得をしているが、どこまで非難されるべきかよく分からない印象があるので困る。

## 第２　考えられそうな法的判断の構造（法律構成）【2-2-3-2】

　関係者の非難されるべき程度といったものは、突き詰めていくと、公序良俗違反（民90）とか信義則違反・権利の濫用（民１Ⅱ・Ⅲ）とかいうようなことになるのかもしれないが、なるべく公序良俗というような人によって判断が分かれ得て、かつ、対応する具体的な法規の定めのないような解決方法によるよりも、より直接的には、実定法で関係する具体的な規定のある、民法総則にある意思表示の問題として解決する方法によるのが妥当のように思われる。

　そうすると、虚偽表示（民94）、錯誤（民95）、詐欺・強迫（民96）などが考えられるが、「事実関係の概要」においては、虚偽表示や強迫に当たるような状況はまったく出ていない。

　残るは、**錯誤と詐欺の問題**があるかである。

　Ｘに、本件土地付近に地下鉄の新駅ができるとの誤信があったことは、まず間違いあるまい。そうでなければ、見知らぬ土地を高額で買うわけはなかろう（これは経験則の適用の１つの場合である）[10]。

　そして、Ｙ自身には、自ら積極的にＸをだまして売買代金を詐取しようとするまでの故意を裏付ける事実関係は見当たらない。確かに、事業が失敗して資金繰りに窮していたことから、あまり利用価値がない本件土地を高値で処分できればよいと考えていたことはあるが、本件土地売却の直接の動機は、Ａに勧められたことにあり、その場合に<u>Ｘの買入れ希望の理由は告げられていなかった</u>からである（「事実関係の概要」〔33頁〕参照）。

　この段階で、Ｘの動機の錯誤による本件土地買入れの意思表示の取消し（民

---

10)　前記【2-1-3-3】「経験則・動かし難い事実・証明度（間接反証）」<u>経験則</u>25頁以下参照。

95 Ⅰ ②、Ⅱ）は、あまり適切ではないことが分かる。なぜなら、Ｘの動機は重要なものであるが、そのような動機をＸが持っていたことがＹには分かっていたとまではいえず、そうした動機の表示が本件売買契約の締結に当たってされたと判断することは困難である（民95Ⅱの要件を充足するとはいい難い）、と考えるからである[11]。

　そうなると、本件で、最も説得力のあり得る法的判断の構造（法律構成）は、民法96条2項にいう**第三者Ａによる詐欺**である。なぜなら、前記【2-2-3-1】「直観的な印象」（42頁以下）で述べたように、Ａが、最も非難されてよさそうに思われ、Ｙも、うすうすＡのＸに対する詐欺行為を感づいていたかもしれない（民96Ⅱでは、ＹがＡのＸに対する詐欺行為を「知っていたとき」に限らず「知ることができたとき」でも足りる）からである。

　もちろん、以上は、あくまで印象の問題に過ぎないから、正確に要件事実をどのような形で考えるか、それに関係のある事実関係はどのようなものかを検討しなければならない。そうしなければ、それが最も適切な紛争解決のための法的判断の構造であるということはできない。

　次には、**法的判断の構造**を第三者Ａによる詐欺とした上で、そこに生ずる問題点を検討する（そこに生ずる問題点が解決困難であれば、この法的判断の構造を考え直し、他の構造を検討することになるかもしれない。これがフィードバックという作業の1例である）。

　消費者契約法は関係があるか。ＡがＸをだました（ＡによるＸに対する詐欺行為があった）と考える場合には、ＡにＹをだます故意があったことが必要で

---

11）　もっとも、そうはいっても、これから述べる民法96条2項にいう第三者Ａによる詐欺があったことをＹにおいて知ることができたということは、Ｙは、突き詰めていえば、Ｘの本件土地購入の動機を知ることができたということになる。第三者Ａによる詐欺の法理による場合と動機の錯誤における動機の表示があったとの評価ができる場合との差は、紙一重ともいえる。ただ、筆者としては、民法96条2項の法理によるほうが、Ａの詐欺行為の持つ意味が非常に大きい本件事案の実態により合致していると考えているということになる。「最も非難されてよさそうなのは、Ａではあるまいか。」と前記【2-2-3-1】「直観的な印象」で述べたように、本件ではよく検討してみても、Ｘ自身の問題として「動機の錯誤」があってそれが表示されたかという視点から考えるよりも、Ａの詐欺行為によってＸが錯誤をするに至ったという視点からみるほうが、事案の本質に迫るものというべきであろう。

　民法95条において問題となる、いわゆる「動機の錯誤」の動機の表示というものをどのように解すべきかについては複雑な議論がある。その点については、伊藤編著『新民法の要件事実Ⅰ』32頁以下〔伊藤滋夫〕参照。

ある（後記【2-2-3-3-3②】〔53頁〕参照）が、消費者契約法4条、5条（第三者が入る場合）による取消しの場合においては、重要事項について事実と異なることの告知（4Ⅰ①）、当該目的物の将来の価値についての断定的判断の提供（4Ⅰ②）で足り、そうした行為をするに当たって相手をだます故意があったことまでの立証は不要である。したがって、同法の適用が可能であれば、本件における被害者Xの救済の関係では、民法の詐欺による取消しによるよりも有利となる。

　しかし、同法の規定は、基本的には事業者と消費者との間にある情報格差などに基づいて消費者を保護するためのものであるから、本件売買契約の締結に当たってのXの立場が消費者と考えられる場合でなければならない。Xは、「事実関係の概要」から明らかなように、多くのスーパーマーケットの経営者であり、本件土地の購入も、その店舗用地の取得が目的であったのであるから、Xはこの場合には同法にいう「消費者」には該当せず、本件売買契約の締結に関して同法の適用を考えるわけにはいかない（Xが、家族のためにリゾート地における別荘用地を購入したような場合であれば、Xの事業とは関係ないということで、同法2条1項にいう「個人」となる。同項の「消費者」の定義参照）。

## 第3　最も適切と思われる法的判断の構造（法律構成）【2-2-3-3】[12]
### 1　訴訟物【2-2-3-3-1】
**本件土地の売買契約の詐欺による取消しに基づく売買代金返還請求権**

[説明]

> **さらに進んだ問題点**
> 　訴訟物である法的請求権の性質を考えることは、要件事実を考える上で意味がある。売買代金請求権の一般の問題が対象である場合のように、訴

---

12)　すでに（前記【2-2-2-2】「『事実関係の概要』を出発点とすることによる検討方法の違い」〔35頁以下〕）述べたように、最も適切と思われる法的判断の構造といっても、この事実関係の下では、どのような法的判断の構造を念頭に置いて考えるのが、最も適切な（すなわち、最も事案の実態に即した適正迅速な）紛争の解決を導くことになるかを考えるという視点から、フィードバックの過程を経て、決定されていくものであることに留意すべきである。

訟物の法的性質も要件事実も明白であるときには、訴訟物である法的請求権の性質について特別の検討は不要であろうが、本件のような場合は、法的性質が当然に明らかであるとはいえないので、そうした検討が重要な課題となる。

　取り消された（詐欺を原因とする場合を含む）法律行為は、当初から無効であったとみなされ（民121）、無効な行為に基づく債務の履行として給付を受けた者は原状回復義務がある（民121の2Ⅰ。同条Ⅱ、Ⅲは、特別な場合の例外規定であり、本件とは関係がない）とされ、同条は不当利得の一般規定である民法703条、704条の特則であるとされる（基本的には、民545条と平仄の合った規定であると考えられている）。

　一般の不当利得の返還請求権については、「法律上の原因のない」ことが請求原因になるのか、又は、「法律上の原因のある」ことが抗弁となるか争いがある（判例〔最判昭59・12・21裁判所HPなど〕・実務は前者である）し、不当利得返還請求権であるとした場合には、受益者の善意（民703）か悪意（民704）かによる区別もあって、このように法律上の性質を考えることの意味がある。

　民法96条による詐欺があり、その取消しが問題となる本件のような不当利得の特則の適用がある場合（民703、704はそのまま適用にはならない）には、被害者Xの買受けの意思表示が詐欺によるものであって、加害者Yはその詐欺（本件では、詐欺の行為をした者は第3者A）による利得を得ており、同意思表示は詐欺を原因として取り消されているという事実が請求原因で明らかにされるので、前記意味での「法律上の原因のない」ことが請求原因で明らかになることになる。

　民法121条の2の規定は、不当利得に関する法規の特則であるということは間違いないが、そのため、同条による規律は、不当利得の性質を失ってしまうと考えるべきかは疑問である。筆者は、不当利得であるとの基本的性質は失われることなく、変更するのみではなかろうか、と考えている。筒井ほか編著『一問一答』36頁注4は、「新法121条第1項は、不当利得の一般規定に対する特則であるから、その更なる特則として、別途、不法原

因給付（民法第708条）の規定が適用され得る。」として、詐欺等の犯罪による被害者が取消権を行使した後において、当該被害者は、加害者から交付された目的物について原状回復義務を負わないという例を挙げる。このような考え方は、上記私見と軌を一にするものといえると考える[13]。

　なお、以上のような問題についての考え方の違いは、本件の場合において、後記【2-2-3-3-3】以下の説明に関する限り、影響を及ぼすものではない。


## 2　請求の趣旨【2-2-3-3-2】

　Yは、Xに対し、○億円を支払え。

[説明]

　この請求の趣旨は、「○億円を支払え。」とのみ記載し、この○億円についての、法定利息（民704）の請求も遅延損害金の請求も含んでいない。そこで、ここでは、一般にどのような請求についてもされることの多い遅延損害金の請求について簡単に一般的説明のみをしておく（関連する限りで法定利息の説明もほんのすこし）、第3章以下において遅延損害金の請求が問題となり得る場合においても、このような説明はしない。いわばここで遅延損害金の請求について、代表的ともいえる説明をしておく。

**本書における遅延損害金請求についての説明の実状**

　本書においては、主要な類型の事件について、その本体となる実体法上の権利についての基本的判断構造を明らかにして、その最も適切な紛争の解決に役立つような説明をすることが基本となっているので、主たる請求にいわば付属してされることが一般的である遅延損害金の請求については、第3章以下の各

---

13)　山本敬三「民法の改正と不当利得法の見直し」同『契約法の現代化Ⅲ──債権法改正へ』（商事法務、2022）343頁以下は、民法121条の2の新設と不当利得法の関係について、法制審議会の審議経過を詳細に追いながら、有益な検討をしている。同書345頁は、「この改正法案121条の2が対象としているのは、法律行為が無効である場合又は取り消された場合における給付の清算である。……類型論の考え方にしたがって、給付利得の主要部分に関する特別な規定を新たに定めたものとみることができる。これは、不当利得法全体の体系的な理解の見直しを迫る重大な改正というべきだろう。」と述べる。

章において各章ごとにその説明をすることを省略している。しかし、本章は、第2部における具体的事案を取り扱った章の最初であるので、同請求について、いわば本章で代表して説明をしておくこととする（その意味で、以下の説明は、本章における遅延損害金の請求に限って説明しているわけではない）。

### 遅延損害金請求についての実務

一般に、請求の趣旨において、「原告は被告に対し、金1000万円及びこれに対する訴状送達の日の翌日から支払済みまで年3パーセントの割合による金員を支払え。」のように求める場合が多い、「訴状送達の日」は、当然のことながら、口頭弁論終結時には記録上明らかである（裁判所にとって顕著な事実〔民訴179〕である）から、判決が同請求を認容する場合には、同日の翌日は、確定した年月日で表されることになる。

この場合の「3パーセントの割合による金員」とは、発生した支払義務のある金銭について、訴状による催告のあった日（その日に同支払義務の弁済期が到来したことになる）が経過した翌日から年3パーセントの割合による遅延損害金の趣旨であるのが普通である。

実務上は、すでに弁済期が到来しているときにも、その時期の特定が困難又は煩瑣であることなどの事情から、その時期を省略して、「訴状送達の日の翌日から」とする例もあるように思われるが、これは理論上可能な時期よりも、事実上控えた時期を始期としていることになる。

### 遅延損害金の性質

「遅延損害金」というのは一種の俗称であり、正式にはなんらかの履行すべき債務（例えば前記1000万円の支払債務）についてその不履行（履行遅滞）を原因として発生する損害賠償金であり、同債務の履行遅滞の状態が発生してからその継続する限り、遅延損害金の支払義務も消滅しない。そこで、前記のように、同債務に対する例えば「訴状送達の日の翌日から支払済みまで」という始期と終期とが付されることになる。

債務が履行遅滞になる時期（民415に定める帰責事由の点はここでは考えていない）、つまり遅延損害金の発生時期（始期）は、遅行遅滞になる債務の性質によって異なる。債務の履行について確定期限があるときは、その期限が経過した時（〇日が弁済期であれば、その日の経過した直後の日〔翌日〕）から

遅滞となる（民412Ⅰは、「到来した時から遅滞」というが弁済期当日に弁済すれば遅滞ではない〔磯村保編『新注釈民法（8）債権（1）』（有斐閣、2022）207頁〔潮見佳男〕参照）。債務の履行について不確定期限（例えばYの叔父が死亡した時）のあるとき、債務の履行について期限を定めなかったとき（期限の定めがなかったとき）については、それぞれ民法412条2項、同条3項に定めがある。

---

### さらに進んだ問題点

遅延損害金についての一応の説明は前記のとおりであるが、**債務の履行について期限の定めがなかったとき**という場合について遅滞になるのをどの時期と考えるかについて、難しい問題がある。ここでは、それについての明確な解決案を提示するには、紙幅が足りない。主な問題点を指摘した上、まったくの素案を提示するので、後は、磯村編・前掲・204〜219頁〔潮見佳男〕などを参照してお考え頂きたい。

原則として、債務の履行請求のあった日の翌日から履行遅滞となる。ただ、このことに関しては、以下のようにいくつかの留意すべき点がある。

消費貸借契約において、返還時期を定めなかった場合において、借用金を利用するという同契約の性質上、相当期間を定めて返還の催告（請求）をしなければならない（民591Ⅰ）ということはあるが、そのような催告のあった日の翌日から履行遅滞になる。

不法行為に基づく損害賠償債務は、損害発生と同時になんの催告もなく履行遅滞に陥る（最判昭37・9・4民集16巻9号1834頁）。被害者保護の制度趣旨と考えれば、納得がいく。このような扱いを民法412条3項の例外と解するのが普通の考え方であろう。

不当利得に基づく返還債務について、判例は、同債務が履行遅滞となる時期を、民法412条3項によって、返還請求を受けた日とするものと理解されているようである（磯村編・前掲・215頁〔潮見佳男〕参照（ただし、「受けた日」ではなく、「受けた日の翌日」であるとしていると理解すべきではないか、との疑問がある）。

また、筆者は、判例が、悪意の受益者についても、履行遅滞となる時期

〔遅延損害金の発生時期〕を返還請求を受けた日（又は翌日）と考えているとすれば、はたして、法定利息と遅延損害金の性質についてよく検討した上、そう考えているかについては、疑問がないでもない、と考えている。

　不当利得については、不当な利得を受けて他人に損失を及ぼした者（受益者）の善意（民703）か悪意（民704）〔その意味については多様な見解があり得るが、一応は、当該利得が法律上の原因なく得られたことを知っていた、ことである〕かによる区別もあるが、果たして、受益者が当初から悪意であった場合又は善意から悪意に転じた場合には、判例（とされる見解）のように考えても、前記不法行為についての履行遅滞の発生時期とバランスが取れているか疑問が残る。悪意の受益者についての法定利息をその間に利得した財産から得た利益を返還させるものと考え、返還請求を受けた日（又は翌日）以降の遅延損害金とは両立しない、性質の異なるものと考えれば、一応の説明がつかないわけではない（しかし、この「法定利息」の性質を「遅延利息（遅延損害金と同じ性質のもの）」と考えると、なぜ、両者は同じ性質のものであるのに、法定利息は当初から当然に発生し、遅延損害金は請求を受けてから発生するのか、なお十分な説明が必要であろう）。

　最判平18・12・21集民222号643頁、判タ1235号148頁（②事件）は、「上告人を悪意の受益者であるということはできないというべきである。そうすると、原判決中、上告人が悪意の受益者であることを前提に本件充当合意の日以降の利息の支払請求を認容した部分は、判決に影響を及ぼすことが明らかな法令の違反があり、破棄を免れない。そして、上記説示によれば、被上告人の上記利息の支払請求は、訴状送達の日の翌日以降の年5分の割合による遅延損害金の支払を求める限度で理由があり（なお、被上告人の上記利息の支払請求には、訴状送達の日の翌日以降の遅延損害金の支払を求める請求が含まれると解される。）その余は棄却すべきである。」と判示する。この判示によっても、前記私見にいう疑問は解消しない。

　本件は、詐欺によって締結された契約によって得た利得は、同契約が詐欺を理由に取り消されると、不当利得として返還債務を負う場合が問題となっているが、問題をさらに複雑にしているのは、Ｘを騙したのはＹでは

なく、Ａであって、いわゆる第三者による詐欺（民96Ⅱ）の事例であるので、Ｙが、Ａによる詐欺によってＸが買主として本件売買契約締結のための意思表示をしたことを、知っていたか又は知ることができたかが問題となる。そのこと（特に後者のとき）がどのように、法定利息や遅延損害金発生に影響を持つかということが問題となる。

　さらに不当利得については、侵害利得（例えば、他人の自転車を盗んで第三者に売却してしまったような類型の利得）と給付利得（自転車の無効な売買契約で取得した代金相当額の利得のような類型の利得）の場合の取扱いが区別されるべきであるか（ちなみに、前記最判平18・12・21のケースも本件のケースも、いずれも給付利得の類型の場合である）など、非常に複雑な問題がある。河村ほか『要件事実・事実認定ハンドブック〔第2版〕』415〜428頁の説明も有益である。

　売買契約など有償双務契約における取消しの場合に起きる給付利得（売買代金相当額の金銭）の返還債務とこれに対応する相手方に対する、受けた給付（売買の目的物）の返還債務との同時履行の関係が当然にあるかは疑問である。民法545条の解除の効果である原状回復義務の一部としての金銭受領時からの利息を付する（民545Ⅱ）ような規定も、ここ（民121の2の関係）では設けられなかった。特に詐欺による取消しの場合を考えると、詐欺の被害者が受領した金銭について、その受領時から利息を付すると考えるのは妥当ではない。このことに照らしても、上記同時履行の関係があると考えるべきではないであろう。

　不当利得の返還債務についても、さまざまな場合が考えられるのであるから、遅延損害金を請求する場合の請求原因として、常に同時履行の抗弁権のあることを考えて、反対債務の弁済提供の事実を考える必要はないであろう（そのように考えるのが、前記【2-2-3-3-1】　説明　さらに進んだ問題点　末尾（46頁）の「不法原因給付」に関する説明の趣旨にも合致する）。積極的に売買契約の履行債務についての遅延損害金を請求するときには、反対債務の弁済の提供を主張立証する必要があるのとは異なる（このような点については、河村ほか・前掲425頁参照）。

　**詐害行為取消権の行使に基づく受益の返還債務について、判例は、不当**

利得返還債務と同様に考えるように思われる。

　最判平30・12・14民集72巻6号1101頁は、「詐害行為取消しによる受益者の取消債権者に対する……受領金支払債務は、詐害行為取消判決の確定により受領時に遡って生ずるものと解すべきである。そして、上記受領金支払債務は期限の定めのない債務であるところ、これが発生と同時に遅滞に陥ると解すべき理由はなく、また、詐害行為取消判決の確定より前にされたその履行の請求も民法412条3項の「履行の請求」に当たるということができる。

　以上によれば、上記受領金支払債務は、履行の請求を受けた時に遅滞に陥るものと解するのが相当である。

　これを本件についてみると、被上告人は、上告人らに対し、訴状をもって、各詐害行為の取消しとともに、各受領済みの金員相当額の支払を請求したのであるから、上告人らの被上告人に対する各受領金支払債務についての遅延損害金の起算日は、各訴状送達の日の翌日ということになる。」と判示する。

### 遅延損害金計算のための率

　法定利率は民法404条の定めるところである。同条1項は、「利息を生ずべき債権について別段の意思表示がないときは、その利率は、その利息が生じた最初の時点における法定利率による。」としている（最初の時点における法定利率といっているのは、法定利率は時点によって異なり得るからである）。例えば、当事者が消費貸借契約において利息を支払うことを約しながらその利率を定めなかった場合には、その利率は、同契約締結時における民法で定める利率によることになり、この利率が法定利率と呼ばれるものである。法定利率の内容は、同条2～5項に詳細に定められていて、変動制といわれるものであるが、その基本は、同条2項の定める年3パーセントである。

　商法では、商行為が営利性を持つのが通常であることから、特に約束がなく利息が生じても不思議ではない（商513Ⅰ、Ⅱは、一定の要件の下に法定利息を請求することができるとする）。なお、前記のような民法における法定利率の改正に伴い、「民法の一部を改正する法律の施行に伴う関係法律の整備等に

関する法律」（平成29年6月2日法律第45号）によって、かつての民事法定利率年5分よりも高い利率である商事法定利率年6分を定めていた商法514条は削除された。

　なお、前記説明にも表れる「法定利息」は「法定利率」とは異なるものであることに留意しておく必要がある。法定利息とは、当事者の合意が利息債権の発生原因ではなく、法律が利息債権の発生原因となっている場合の利息のことである。民法では、例えば、不当利得の返還の場合、悪意の受益者は、その受けた利益に利息を付して返還しなければならない（民704）とされている（他には、民575Ⅱにも法定利息の例がある）。


### 3　請求原因【2-2-3-3-3】（日時の記載は省略）

① 　YとXとは、本件土地を代金○億円でYからXに売る契約をし、Xは、この代金をYに支払った。

　　　XとYとが上記売買契約をする気になったのは、下記②と③の経緯による。

② 　Aは、本件土地付近に市営地下鉄北行線の新駅ができることはないことを知っていたにもかかわらず、Xに対し、前記【2-2-2】「事実関係の概要」において述べられた言動をして、Xに同新駅ができるものと信じさせた。

③ 　Aは、Yに対して、本件土地を時価よりも高く買いたいXがいるので、自分が紹介すると言って、Yに、本件土地をAの仲介によって買い入れる気にさせた。

④ 　Yは、上記売買契約締結の当時、AがXを前記②のようにだましたことを知っていたか、知らなかったとしても、以下の事実があった（したがって、知ることができた）。

ア 　Aは、本件土地を含む広範な地域で長らく不動産仲介業者を営んでいる者であるが、その商法は悪徳商法といわれることもあり、信用性の低い業者といわれていた。Yもこのことを知っていた。

イ 　本件土地の売買価額は、時価の3倍程度であり、Yにはこのことは分かっていた。

ウ 　本件売買契約締結当時、本件地域では、市営地下鉄北行線の新駅が本件土地の付近にできるとの噂があり、Yはこの噂があることを知っていた。

エ　Xが○○市内で多くのスーパーを経営していたことをYは知っており、か
　つ、本件土地が交通の便さえ良ければ店舗用地として適切であることをYは
　分かっていた。
オ　Yは、本件売買契約締結当時、自分の事業である農機具製造業に失敗して、
　○○億円の多額の借金の返済を迫られていた。

説明

　④は、民法96条2項における、YがAのXに対する詐欺行為を「知ってい
た」と「知ることができた」に関係するものであるが、後者は、「知ることが
できた」という評価を内容とする評価的要件であるから、そのような評価の根
拠となる事実（評価根拠事実）が請求原因事実となる[14]。

　これらア～オの各事実（イ～エの各事実は「事実関係の概要」には明記され
ていない事実もXが主張している）は、理論上は、「知っていた」ことの間接
事実ともなるが、その推認力は弱く、これだけで「知っていた」ことを証明す
るのに不十分である。したがって、実際には、Xとしては、これらア～オの各
事実を「知ることができた」ことの要件事実として主張立証することが必要で
ある。もしXの主張がなければ、裁判官は釈明権の行使をしてXに主張させる
ことが必要となる。

　これらの事実のうち、オの事実が要件事実として持つ意味が分かり難いであ
ろうから、少し次に説明する。

　Yの経済状態が、本件事案の場合と異なり、普通であったとする。そういう
状態を前提とすれば、Yは、Aの詐欺があるかもしれないと思ったならば、そ
れが不安に止まる程度であっても、あえてそうしたリスクを取る必要はYには
ないのであるから、Yは、普通はXとの本件売買を避けたであろう。しかしY
は、そのように避ける行動をしなかった。④ア、イ、ウ、エの各事実からすれ
ば、Yは何らかの不安を持っていたに違いない。Yは、本件ではXとの本件売
買をしている。それは、Yの本件経済状況から見れば、不自然なことではない。
少し強調していえば、Yは、そうした不安を持ちながらも（Aのいうことが本
当ではないかもしれない、と思いながらも）、あえて本件売買をした可能性が

---

14)　前記【2-1-2-3】「攻撃防御方法としての要件事実の種類」評価的要件（21頁以下）参照。

ある。ただ、その持つ意味はあまり強いとはいえないので、要件事実の最後に掲げた。

**YがAの不動産業者としての信用性**についての評判を知っていたという事実（④ア）について、本件事実関係の概要においては、「長らくこの地域に土地を所有し住んでいたY」と記載されているが、このことは、もしもYが前上記信用性について知らなかったと主張している場合であれば、この「知っていた」という事実を推認する間接事実となり得るものであるが、「事実関係の概要」においては、この「知っていた」という事実は確定された事実として記載されているので、上記記載は、この関係では意味がない。しかし、次の4「考え得るYの防御方法」における「噂」の関係（前記④ウ）では、「事実関係の概要」においては、Yがこの噂を「知っていた」という事実は記載されていないので、重要な意味を持つことになる。

なお、「信用性の低い業者といわれていた」ということは、「信用性の低い業者である」ということが評価的要件であるのと異なり、事実的要件であると扱ってよい。

### 4　考え得るYの防御方法【2-2-3-3-4】

「事実関係の概要」の下では、いくつかの事実（例えば、前記④イのうち、本件土地の売買価格が時価の3倍程度であったことがYには分かっていたこと、前記④ウのうち、市営地下鉄北行線の新駅が本件土地の付近にできるとの噂があったことをYが知っていたこと）の否認くらいしか考えられない（前記④エは、後記のように否認してもほとんど意味がない）。

前記④イのうち、**本件土地の売買価格が時価の3倍程度であったこと**は、「事実関係の概要」の記載から明らかとなっているが、「Yにはこのことは分かっていた」ことは、「事実関係の概要」にはどこにも記載がない。この請求原因事実は、「Yが長らくこの地域に土地を所有していた」ことを間接事実として推認できるものと考えて記載してあるものである。この「Yには分かっていた」ことは、必要な要件事実である。「時価の3倍程度であった」ということと「時価の3倍程度であったことはYには分かっていた」ということとは、異なる事実であり、両事実の主張は別の事実主張である。主張事実の同一性

（前記【2-1-2-3】「攻撃防御方法としての要件事実の種類」主張の解釈・同一性〔23頁以下〕参照）はなく、原告が主張しないときには、裁判官の釈明権の行使（前記【2-1-3-4】「釈明権・釈明義務」〔28頁以下〕参照）が必要となると考える。

　同様に、上記④ウのうち、**市営地下鉄北行線の新駅が本件土地の付近にできるとの噂があったこと**、「事実関係の概要」の記載から明らかとなっているが、「Yはこの噂があることを知っていた」ことは、「事実関係の概要」にはどこにも記載がない。この請求原因事実は、「Yが長らくこの地域に土地を所有していた」ことを間接事実として推認できるものと考えて記載してあるものである。主張事実の同一性については、直前に述べた「時価の3倍程度」の場合と同様の問題がある。

　さらに、前記④エの事実のうち**Xの属性**は、人口100万人程度の○○市内（この「人口100万程度」ということが意味のある間接事実となっていることにも留意すべきである）ではいわば公知の事実（○○市内では皆が広く知っている事実であり、したがって、Yも知っていたはずである、というつながりになる）であるし、本件土地が交通の便さえ良ければ店舗用地として適切であることもまた、「長らくこの地域に土地を所有していたY」には分かることである。

### 5　本件についての最終的判断【2-2-3-3-5】

　本件事実関係の概要の記載のうち、請求原因事実として取り上げる事実及びその間接事実となり得る事実以外の部分は、地下鉄の新駅開設をめぐる本件詐欺が行われることが、およそ不合理であるとまではいえない、緩やかな背景事情であり、さらに争点が細部にわたる進展がない限り、直接争点の判断に関係するとまではいえないものである。

　請求原因①の事実は、「事実関係の概要」から明らかであるといえる。

　請求原因②のうち、「**Aは、本件土地付近に市営地下鉄北行線の新駅ができることはないことを知っていたこと**」は、「事実関係の概要」から当然に明らかであるとはいえない。しかし、「Aの商法は悪徳商法といわれることもあり、信用性の低い業者といわれていた」こと及び「Aは、上記代金支払い時に本件売買の仲介手数料として○百万円を受け取り、その直後から所在不明となっ

た」ことによって、Aが上記を知っていたことは、容易に推認することができる（間接事実による推認——間接事実による推認は、すべて経験則（前記【2-1-3-3】「経験則・動かし難い事実・証明度・間接反証」経験則〔25頁以下〕参照）の適用によるものであるが、特段の事情のない限り、今後一々そのことを指摘しない）。

前記【2-2-3-3-4】「考え得るYの防御方法」において述べたように、Yが幾つかの請求原因事実を否認したとしても、それらの事実は、容易に認め得るものである。

本件における最大の争点は、前記ア～オの各事実からYがAによるXに対する詐欺行為のあったことを知っていたか、又は、知ることができたかという点についての判断である。

民法96条2項の要件からいえば、知っていたことが認められなくても、知ることができたと判断することができればよいのであるから、実際上は、後者の点を肯定することができるかが、最大の争点であることになる。

結論は分かれ得る微妙な事案と思われる。特に、前記④ウにあるように、Yも新駅のできる噂のあることを知っていたのであるから、Yもその噂どおりに思っていた（新駅ができるとXにいうのは詐欺ではない、と考えることにつながる）可能性は否定できないので、疑問はある。しかし、④ウの噂の信用度が高いという状況は、本件事実関係の概要の記載からは見られないので、Yはその噂を疑うことはできたはずである。

前記④の事実関係全体を考えると、どちらかといえば、YはAの詐欺行為を知ることができた状況にあったといえるのではあるまいか。

論証責任論との関係でいえば、事実判断については、原告の論証責任は、果たされているといえるし、法律判断についても、上記事案では、「この判断で、まず間違っていることはない。」と考える程度の判断ができていると考えられるので、原告の論証責任は果たされていると考えられる[15]。

---

15) 前記【2-2-2-3-4】「要件事実論が論証責任論における議論から学ぶべきこと——その2：論証の程度」（40頁以下）参照。

# 第3章 賃貸借契約が問題となる事案〔2-3〕

## 第1節　本章での検討の趣旨〔2-3-1〕

　後記【2-3-2】「事実関係の概要」記載の事実関係は、Xが、所有者Yから賃借中の戸数100室の中古マンションの1室（最上階10階）に雨漏りがしたり、さまざまな理由から全体として20室くらいの空室が出たりして、住み心地が非常に悪くなってきており、賃料〇〇万円が高すぎるとの不満があることに関係があると思われる詳しい事実関係である。
　このような事実関係の下において、本件紛争を民事訴訟で解決するために、最も適切な（すなわち、最も事案の実態に即した適正迅速な）紛争の解決を導くことになる方法はどのようなものであるかを検討する。

## 第2節　事実関係の概要〔2-3-2〕

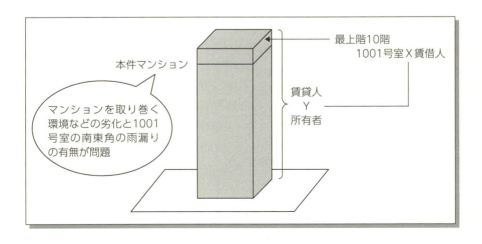

Ｙは、東京都下の大手私鉄沿線○○駅（都心から約30分程度）の南側地区に1980年代に建築された中古の賃貸マンション（各階10室で10階建て。以下「本件マンション」という）を、その建築時から所有している。

Ｙが○○建築株式会社と建築工事請負契約を締結して本件マンションを建築した当時、Ｙは、資金が潤沢でなく、金融機関などからの融資も十分には受けられない状態であったため、○○建築株式会社が他の注文者から請け負っていた同様の建築工事請負契約における工事単価の５％引きくらいに無理を言って引き受けてもらった。○○建築株式会社も、中堅企業としてしっかりした会社ではあったが、たまたま当時は業績不振であったので、Ｙの上記要請に応じて同建築工事請負契約を締結し、工事を実施した

同マンションは、現在では、このように築40年ほどを経過し、近時その老朽化が特に目立ってきた。その象徴的現象としては、Ｘの賃借する本件マンション1001号室（10階の南東角の１室）の、2010年度における固定資産税評価額対応額（本件マンション全体の固定資産税評価額から、同室について対応するものと計算上算出される額。以下同じ）は△△△△万円であったのに対して、2022年度における同評価額は○○○○万円であった（後者は前者の約85％であった）。

本件マンションは、３ＬＤＫ規格の各室（約80㎡）から構成されていたが、近時はその２割近くが空室となっている。

同駅近くは、かつては駅の南側地区も北側地区も同様に賑やかであったが、最近は、北側地区で付近一帯の再開発計画が進んで、現代化された美しい街並みとなったのに対し、南側地区では、そうした計画が頓挫し、今も古い感じのままの街並みである。したがって、人の訪れ、店舗の新設など、すべてにおいて北側地区は南側地区よりも利便性の高い街となっている（南側地区はその逆ということになる）。

Ｘは、本件マンション1001号室を2010年４月１日から月額○○万円でＹから賃借していたが、当時は本件マンションも、今よりは状態が良く、空室もなかった。この10年間ほどで状況はかなり変化した。

本件マンションの外壁も内部居室・廊下・エントランス部分も、この10年間ほとんど補修もされず、汚れた感じのままの状態である。

加えて、Xの言い分によれば、「2022年10月1日以降においては、強い雨のとき（おおむね1時間の平均雨量25ミリくらい）は本件マンション1001号室の南東角付近の天井部分から、大粒の水滴が垂れる状態となる。そのため、その辺りの絨毯・床材は変質している状態である。こうした雨漏りの状態は気象状態によって、いつ起こるか分からず、その付近の10㎡ほどは大事なものも置けない（いわば、使い物にならない）状態である。この事態に対して、Xとしては、どうしようもない。屋上（通常は使用しないスペースである）に上がって調べて見ても、原因は不明のままである。Yに何度も状況を訴えて、その補修を求めているが、Yはあいまいな態度に終始し、らちがあかない。」ということである。

Yの言い分によれば、「この15年間ほどは、本件マンションのメンテナンスのため、Z株式会社と本件マンション管理保守契約を月額○○万円で締結していた。Zが適切に検査補修をしていてくれているから、Xの言うようなことは、起きるわけがない。」ということである。

Xは、Yの態度に業を煮やし、本件マンション1001号室の賃料は高すぎるとの不満を持ち、その交渉もYにしたが、Yはまったくこれに応じる気配はない。XはYに対し、2023年3月15日、本件マンション1001号室の同年4月1日以降の賃料額を月額○○万円に減額するとの意思表示をした。XはYに対し、2023年4月1日に、○○簡易裁判所に本件賃料額の減額に関する紛争を解決するため民事調停の申立てをしたが、同調停は、同年9月29日に不成立となった。

2023年4月1日以降の賃料の現実の支払い状況は、借地借家法32条3項の趣旨に従って処理されている（その詳細は省略する）。

Xは、本件マンション内の多様な住人と交際があり、同じ趣味の人同士で、例えば、卓球クラブなどを作って楽しんでいた。そうした人たちの中には本件マンションに関して、Xと同様の不満を持つ人も多かった。


前記【2-3-2】「事実関係の概要」は、ある事件の核心的部分を含み、かつ、その背景となる、ある程度広い事実関係を包含するもの、いわば生の紛争の諸事情が複雑に入り込んでいる事実関係である。これは、従来の実務書や裁判例で挙げられる「事案の概要」は、法的視点の比較的明確な事実関係を題材とす

る、すなわち、要件事実論や事実認定論の視点から意味のある、ある程度特定した事実関係として整理されたものが多いように思われるが、これとは異なり、そのように整理される前の事実関係である。

　本書では、ここから出発して、この事実関係の下では、どのような法的判断の構造（簡単に、法律構成ともいう）を念頭に置いて考えるのが、最も適切な（すなわち、最も事案の実態に即した適正迅速な）紛争の解決を導くことになるかを考えることになる[1]。

＊　＊　＊　＊　＊　＊

　以上のような基本的考え方に立って、次節【2-3-3】において、前記【2-3-2】「事実関係の概要」（以下本章において、これを単に「事実関係の概要」という）の下における具体的検討を行う。

## 第3節　民事訴訟として考え得る方法【2-3-3】

### 第1　直観的な印象【2-3-3-1】[2]

どうもＸの方に分がありそうな事案であるような印象があるが、本件マンションの賃料が高すぎるような印象がある原因がさまざまにあるように思われ、最も適切な紛争の解決をどのような方法でするかは、困難な印象もある。

### 第2　考えられそうな法的判断の構造（法律構成）【2-3-3-2】

紛争解決のための基本的態度としては、前記【2-2-3-2】「考えられそうな法的判断の構造（法律構成）」（43頁以下）で述べたように、特段「の事情のない限り、公序良俗違反（民90）とか信義則違反・権利の濫用（民1Ⅱ・Ⅲ）などというような人によって判断が分かれ得て、かつ、対応する具体的な法規

---

1）　以上の考え方とその実践は、本書の持つ類書にない特徴に関する重要なものであって、これに関しては、前記【2-2-2-1】「『事実関係の概要』と『事案の概要』との違い」（33頁以下）、前記【2-2-2-2】「『事実関係の概要』を出発点とすることによる検討方法の違い」（35頁以下）、前記【2-2-2-3】「憲法訴訟における論証責任論とそこから要件事実論が学ぶべきもの」（38頁以下）において、第2章のみならず第3章を含む第2部各章に共通するものとして、詳細に説明しているので、十分にご留意をお願いしたい。

2）　「直観的な印象」の意味については、前記【2-2-3-1】注9（42頁）参照。

の定めのないような解決方法によるよりも、より直接的には、実定法で関係する具体的な規定のある問題として考えることが望ましい。

もともと、本件マンションの建築工事請負契約の内容又はその実施に不適切な点があって、Xのいう1001号室の雨漏りなどは、本件マンションの建物に欠陥があるためかもしれない。「事実関係の概要」第2段（59頁）における同建築工事請負契約締結過程に見られるYや○○建築株式会社の窮状に照らせば、なんらかの手抜き工事があったとの可能性もなくはない。しかし、この問題をここでの紛争解決に取り上げるのには、あまりにも時期が古く、当時の状況を正確に把握することは困難である。その上、その点がある程度明らかになったとしても、それは直接にはYと○○建築株式会社との間の問題であって、XとYとの間の問題ではない。Xにとって少し厳しいいい方をすれば、仮になんらかの同工事における欠陥があったとしても、現実に賃借人Xに提供されている賃貸人Yの賃貸物を使用収益させる債務と同債務と対応関係にあるXの賃料債務とが均衡が取れていれば、それで、特段の事情のない限り[3]、問題はない（民601）。

したがって、「事実関係の概要」の下における、最も適切な紛争解決のための法的判断の構造を考える際の基本的視点としては、**YとXの上記両債務の均衡が取れているか、その均衡が取れていないとすれば、どのような原因によるものか、その原因については、誰が最も非難されてよさそうか、それを改善するための方策にはどのようなものがあるかなどを考えることが必要である**、と考える。ただ、民法611条の場合は、それがそのまま当てはまるが、借地借家法32条の場合は、その考え方は、それほど直接的なつながりが持たせられているとはいえないかもしれない。

そうすると、なんらかの方法で、Xの1001号室の現在の月額○○万円の賃料額が本件マンションの同室の賃料額としてふさわしいかを考えて、それにふさわしい法的判断の構造を考えなければならない。その際に、**老朽化した本件マンションの1室である1001号室の賃料の当否という問題と同室の南東角の雨漏**

---

3）　もとより、いくら均衡がとれているといっても、およそ人として住むに相応しくない（人間の尊厳を害するような）劣悪な状態の部屋をきわめて低額な賃料で貸すということになると公序良俗違反（民90）などの問題が生じよう。

第3章　賃貸借契約が問題となる事案　　*63*

りの問題とを分けて考える必要がある。


## 第3　最も適切と思われる法的判断の構造（法律構成）【2-3-3-3】
### I　1　訴訟物【原告はX】【2-3-3-3-I-1】
XとYとの間の建物賃貸借契約における賃料額

説明

　ここでは、原告は、後記訴訟物II（70頁以下）の場合とは逆にXとなる。**借地借家法32条によって建物の賃料の増減額請求権が認められている**[4]が、同請**求権の性質は、形成権**であり、同条の要件を満たした状況において同請求権が行使されたことによって、その請求内容が相当である限り（相手がその内容を争わなければ、結果として「相当である」として扱われるということになることが多いであろう）、相手方のなんらかの行為（例えば承諾）を要することなく当然に、そのどおりに減額されるので、訴訟物は、例えば「賃料減額請求権」というようになるわけではない。減額請求によって減額されたことになる賃料の額について当事者間に争いがあるので、その額の確認を求める訴訟である。

　同条による増減額の効果は、その額を定める裁判（もとより、請求通りの額が認められるとは限らない）が確定して以後、効力を生ずるが、同条2項（増額の場合）、3項（減額の場合）は、その間に生ずる浮動的状態に対応するための定めを置いている。両項は、その対応のための調整措置として、「年1割の割合による利息」を付して、本来の支払期後からの未払賃料を支払い（2項の場合）又は受領の時から賃料として受領した金銭を返還し（3項の場合）なければならないとしているが、この「1割」という割合は、現在における金利の実情に照らすといかにも高額であり、民法の一部を改正する法律（平成29年法律第44号）によって、民法404条などとともに、改正されるべきものであった（同法11条の地代増減請求権に関しても同様の問題がある。前記【2-2-3-3-2】「請求の趣旨」遅延損害金計算のための率〔52頁以下〕参照）。

　**借地借家法32条1項に基づく賃料増減額請求により増減された賃料額の確認**

---

4）　同条については、稲本洋之助ほか編『コンメンタール借地借家法〔第4版〕』（日本評論社、2019）265頁以下〔福田隆重〕、渡辺晋『借地借家法の解説〔4訂版〕』最新不動産の法律シリーズ（住宅新報出版、2021）215頁以下が詳しい。

を求める訴訟の確定判決の既判力については、最判平26・9・25民集68巻7号661頁がある。「借地借家法32条1項の規定に基づく賃料増減請求により増減された賃料額の確認を求める訴訟の確定判決の既判力は、原告が特定の期間の賃料額について確認を求めていると認められる特段の事情のない限り、前提である賃料増減請求の効果が生じた時点の賃料額に係る判断について生ずる。」（判決要旨）と判示する。そして、「補足意見（金築誠志）」は、「一旦定まった賃料額は、別個の合意の存在や賃料増減請求が効果を生じたことが認められない限り、契約当事者を拘束し続けるのである」という（裁判所HP8頁）。

### I　2　請求の趣旨【2-3-3-3-I-2】

XとYとの間に2010年4月1日締結された本件マンション1001号室の賃貸借契約における賃料は、2023年4月1日以降月額○○万円であることを確認する。

### I　3　請求原因【2-3-3-3-I-3】

①　Y（賃貸人）はX（賃借人）との間で、2010年4月1日本件マンション1001号室を期間の定めなく月額○○万円で賃貸する契約を締結した。

[説明]

民法601条は、賃貸借契約は、両当事者が同条に定める合意をしたことによって成立する契約（諾成契約）としている。

①の事実として、「**期間の定めなく**」という事実を摘示しているが、これは、いわゆる「貸借型理論」を認める考え方に出たものである。この考え方は、貸借という以上（賃貸借のみならず、消費貸借も同様である）、貸して直ちに返すというのでは無意味であるから、貸借契約成立の際に、常に、なんらかの意味で返還時期についての合意があるとする考え方である。

[貸借型理論]を認める考え方

ア　確定期限　契約締結後1年間の期間の末日など

イ　不確定期限　賃借人の父が死亡した時など

ウ　特に上記ア、イの方法で返還時期を定めないとき──このときを表現するために「期間の定めなく」という表現を使う。

この場合の当事者の合意の具体的内容は、その契約時の具体的事情によって

決するほかはない。その場合は、返還催告時期を返還時期と定めたと解する考え方が有力であるが、常にそうであると断定してよいか疑問がないわけでもない。「貸借型」を認める考え方は、このウの場合があるからといって、貸借において「返還時期をまったく定めない場合があること」を否定する。逆に、「貸借型理論」を認めない考え方は、「そうした場合があること」を肯定する。

司法研修所の考え方は、かつては、「貸借型理論」を認める考え方であったが、今は少なくとも刊行物の上では、後記注5記載のように、明確ではない（実際の授業においては、「貸借型理論」を認める考え方と認めない考え方の両説があるという形で教えているとの話を関係者から聞いたことがあるように思う〔その記憶自体も正確であるとは保証し難い〕が、実際にそうであるか否かを筆者には確認するすべがない）[5]。

筆者は、明確に貸借型理論を認める立場である（これについては、拙稿「司法研修所編『新問題研究　要件事実』について・下」法律時報84巻4号（2012）79頁以下で詳説している）。

② **本件マンション1001号室の2023年4月1日以降の請求原因①の賃貸借契約の賃料額は、下記の諸事実があって、相応程度に減額されるべきものである。**

|説明|

比較されるべき賃料額は、当事者が合意して決めた最終の賃料額である（本件では、当初の賃貸借契約における賃料額しかないが）。仮に、「賃料額自動増減契約」があっても、それによる額を考慮してはいけない。最判平20・2・29裁

---

5）　司法研修所編『改訂問題研究―言い分方式による設例15題』（2006、法曹会）41頁、95～96頁（貸借型肯定）、司法研修所編『改訂新問題研究』（2023年3月、法曹会）39～40頁、46頁（貸借型否定。46頁では、「メモ」という形で、「貸借型理論」が紹介されている、このような記載方法は、司法研修所説以外にこのような説もあるという紹介の仕方であり、司法研修所説として両論が併記されているとは理解し難い）。

　　もっとも、司法研修所編『4訂紛争類型別の要件事実―民事訴訟における攻撃防御方法の構造』（2023年3月、法曹会）28～29頁では両論を併記しており、その両説のどちらを第1説とする旨の趣旨の説明はない。

　　司法研修所編『改訂新問題研究』と司法研修所編『4訂紛争類型別』は、いずれも司法研修所民事裁判教官室作成に係る最近刊で同一年一月発行のものであるのに、その考え方は、整合性をもって統一されているとはいい難い。

　　田村伸子「要件事実論における冒頭規定の意義　―貸借型理論と関連して」創価ロージャーナル15号（2022）29頁以下は、従来の議論を詳しく紹介していて、参考になる（基本的趣旨としては、「貸借型理論」を認める方向のものと考えられる）。

判所HPは、「賃料自動改定特約のある建物賃貸借契約の賃借人から借地借家法32条1項の規定に基づく賃料減額請求がされた場合において、当該請求の当否及び相当賃料額を判断するに当たり、上記特約による改定前に賃貸借契約の当事者が現実に合意した直近の賃料を基にして、その合意された日から当該請求の日までの間の経済事情の変動等を考慮しなければならないにもかかわらず、上記特約によって増額された賃料を基にして、増額前の経済事情の変動等を考慮の対象から除外し、増額された日から当該請求の日までの間に限定して、その間の経済事情の変動等を考慮した原審の判断には、違法がある。」（判決要旨）と判示している。その前提として、同最判は、「借地借家法32条1項の規定は、強行法規であり、賃料自動改定特約によってその適用を排除することはできないものである。」と判示する（4頁）。

- 2022年度における本件マンション1001号室の固定資産税評価額対応額は○○○○万円であったのに対して、2010年度における同評価額は△△△△万円であった（前者は後者の約85％であった）。
- 本件マンションの外壁も内部居室・廊下・エントランス部分も、この10年間大した補修もされず、汚れた感じのままの状態である（その評価根拠事実）。
- 本件マンションは、3LDK規格の各室（約80㎡）から構成されていたが、近時はその2割近くが空室となっている。
- 同駅近くは、かつては駅の南側地区も北側地区も同様に賑やかであったが、最近は、北側地区で付近一帯の再開発計画が進んで、現代化された美しい街並みとなったのに対し、南側地区では、そうした計画が頓挫し、今も古い感じのままの街並みである（その評価根拠事実）。

[説明]

　以上の諸事情は、借地借家法32条1項の定める諸事情を「事実関係の概要」に即して、摘示したものである。

　上記各事情は、固定資産税評価額の変化以外は、直接には借地借家法32条に明定されている事情ではないが、同法の基本的趣旨は、賃貸借契約締結後の経済的諸事情の変化のため、賃料額と提供される使用収益の価値が均衡を失するに至った場合に賃料額の増減額請求ができるものとしているものと解されるの

で、同条の許容する事情と考えてもよいのではなかろうか。

意見は分かれ得るであろうし、その具体的判断に関係しては、鑑定その他困難な問題がある。このように法的判断として意見が分かれ得る問題については、仮に、原告の立場に立った場合に、被告、最終的には裁判官をどの程度まで説得しうるかの問題、すなわち**論証責任の問題**となる。しかも、本件のように**賃料の減額請求権の問題**については、その性質からいって**基本的に程度問題**という点もあるので、特に十分にその議論の正当性について工夫して主張立証する必要がある。

ちなみに、賃貸人と賃借人の間の特別に親しい人間関係による好意的配慮のため当初賃料額が決まっていたが、その後そうした特別の関係が消失したときには、賃料額の増額が認められるかという学説上の争いがあるが、それを認める立場（最判平5・11・26裁判所HP「借地法12条1項の規定により賃料額の増減が請求できる事情の変更には、賃料額決定の重要な要素となっていた当事者間の個人的な事情の変更も、含まれる。」〔判決要旨〕、福田・前掲注4・268頁）に立つと、そうした特別の人間関係を含めて、上記均衡が取れているかを考えればよい。

③ XはYに対し、2023年3月15日、本件マンション1001号室の同年4月1日以降の賃料額を月額○○万円に減額するとの意思表示をした。

[説明]

借地借家法32条は、増減額の請求をできるのは、将来に向かってのみであることを明定している。

なお、民事調停法24条の2第1項は、借地借家法32条の賃料額の増減請求などをするためには、まず同法による調停の申立てをしなければならないことを定めている。この調停の申立てをすることなく訴えを提起したときは、原則として受訴裁判所は、調停に付することになる（同条第2項）。また、同法24条の3は、調停委員会が定める合意に関する規定であり、実務上重要である。

しかし、訴え提起に先立ち上記調停の申立てをしたことが請求原因となるわけではないであろう。

④ 本件マンション1001号室の相当賃料額は、月額○○万円である。

その評価根拠事実

**68**　第２部　具体的紛争の解決

---

説明

　相当賃料額の判断のための手法（鑑定などにおいて用いられる）としては、通常、差額配分法、利回り法、スライド法、賃貸事例比較法の４つの手法があるとされ、裁判例を含め実務では、それらの手法の全部又は一部を事案の実情に応じて活用し、総合的に判断して、相当な結論を出すものとされているようである[6]。

## Ⅰ　4　抗弁【2-3-3-3-Ⅰ-4】

説明

　「事実関係の概要」の下では、抗弁となり得るような事実は考えられない。

　本件で問題となるわけではないが、仮に「賃料自動改訂特約」があったとしても、同特約は、すでに（前記【2-3-3-3-Ⅰ-3】「請求原因」②の１番目の　説明　〔65頁以下〕）述べたように無効であるから、それは抗弁にはならない。

## Ⅰ　5　本件についての最終的判断【2-3-3-3-Ⅰ-5】

　「事実関係の概要」のうち重要な事実は、おおむね前記請求原因・抗弁に関係して説明している。

　「事実関係の概要」冒頭記載の、東京都下の大手私鉄沿線○○駅（都心から約30分程度）の駅の北側・南側ということは、何らかの具体的イメージが持ちやすいように、実際にそうした状況が起こり得るかもしれない状況設定をした以上の意味はない（もとより現実の状況とはなにも関係がない）。

　「事実関係の概要」末尾記載の、Ｘや他の人々に関する状況の記載は、場合によっては、詳しい証拠調べをしていくと、証言などの信用力に関する事実（「補助事実」という）として意味を持つことがあるかもしれない。

　請求原因①～③の事実は、「事実関係の概要」から明らかである。

　本件の事案の実態と法制度の趣旨に即した相当な賃料額（請求原因④）の判定は、量的な判断が多く至難のことであるが、「事実関係の概要」において、判断に必要な主な事実関係は明らかになっており、鑑定などの専門的意見を含

---

　6)　このような点については、渡辺・前掲注４・232頁以下が詳しい。福田・前掲注４・274頁以下も参考になる。

む民事訴訟の審理判断において、適切な結果（例えば、2010年のほぼ8割を前後する額など）が得られると考える。

本件における主な問題点は、どこかに1つ重大な事実に関する争点があって、その存否の認定に苦労するというよりも、さまざまな量的判断をどのように的確に特定の賃料額の確定に結びつけて考えていくか、というところにある、と考える。

以上の訴訟物Ⅰの問題と次に述べる訴訟物Ⅱの問題とは、一見似たような、しかし、違った側面を持つ。両者の判断の仕方の違い及び両者がどのように関係するかということを考えることが重要であると思われる。

---

**さらに進んだ問題点**

「事実関係の概要」にはまったくない問題点であるが、ここで問題としている賃料増減額請求権といわゆる**サブリース契約**の効力とに関する問題点がある。

このサブリース契約では、土地上に建物を建築してこれを所有する所有者が賃貸人として安定的な賃料収入を挙げようとする要請とそのような所有者の要請を利用して、同建物を一括して同所有者から賃借して、これを多くの人に転貸して収益を挙げようとする不動産会社の要請とが複合して形成されている複雑な（多くの特約を含む）契約関係であるところ、当初の契約締結のときに予想されていた諸般の状況がその後必ずしも予想どおりに展開しないとき、賃料増減額請求権の法理との関係で、最も適切な紛争解決法理をどのように考えるべきかという問題が生ずる。

本書の性質上、ここでは、サブリースの問題までは取り上げて検討しないが、その問題検討の手掛かりとなるように、代表的とされる最高裁判例として、①最判平15・10・21民集57巻9号1213頁（本判決については、すぐ次にその「判決要旨」も記載した）、②最判平15・10・21判タ1140号75頁及び③最判平16・11・8判タ1173号192頁を挙げておく。

また、福田・前掲注4・278頁以下、渡辺・前掲注4・242頁以下の説明も参考となる。

①最判平15・10・21の「判決要旨」は次のとおりである。

70 第2部 具体的紛争の解決

「1 不動産賃貸業等を営む甲が、乙が建築した建物で転貸事業を行う
ため、乙との間であらかじめ賃料額、その改定等についての協議を調え、
その結果に基づき、乙からその建物を一括して賃料自動増額特約等の約定
の下に賃借することを内容とする契約（いわゆるサブリース契約）につい
ても、借地借家法32条1項の規定が適用される。

2 不動産賃貸業等を営む甲が、乙が建築した建物で転貸事業を行うた
め、乙との間であらかじめ賃料額、その改定等についての協議を調え、そ
の結果に基づき、乙からその建物を一括して賃料自動増額特約等の約定の
下に賃借することを内容とする契約（いわゆるサブリース契約）を締結し
た後、借地借家法32条1項に基づいて賃料減額の請求をした場合において、
その請求の当否及び相当賃料額を判断するに当たっては、当事者が賃料額
決定の要素とした事情その他諸般の事情を総合的に考慮すべきであり、同
契約において賃料額が決定されるに至った経緯や賃料自動増額特約等が付
されるに至った事情、とりわけ約定賃料額と当時の近傍同種の建物の賃料
相場との関係、甲の転貸事業における収支予測にかかわる事情、乙の敷金
及び融資を受けた建築資金の返済の予定にかかわる事情等をも考慮すべき
である。（1、2につき補足意見がある。）」

## Ⅱ 1 訴訟物【原告はY】【2-3-3-3-Ⅱ-1】
### XとYとの間の建物賃貸借契約に基づく賃料請求権
説明

ここでは、原告は前記訴訟物Ⅰの場合（63頁以下）とは逆にYとなる。Yは
賃貸人として、賃借人Xに対して契約で定められた賃料請求権を有する。Xは、
民法611条1項によって、使用収益できなくなった割合に応じて減額された賃
料額を支払う義務しかなく、その点は、後に、抗弁として現れる。

この場合、当然に減額されるので、訴訟物は、例えば「賃料減額請求権」と
いうようになるわけではない。減額された賃料の額について当事者間に争いが
あるので、Yがその正当であるとする額の賃料の支払いを求める訴訟である。
遅延損害金の請求権を訴訟物として取り上げることは省略している。

第3章　賃貸借契約が問題となる事案　　*71*

## Ⅱ　2　請求の趣旨【2-3-3-3-Ⅱ-2】

Xは、Yに対し、○○万円及び2023年○月○日以降、毎月末日限り○万円の金員を支払え。

[説明]

　請求の趣旨の「○○万円」は、使用不能が問題となっている本件マンション1001号室南東角部分に対応する、未払いとなっている賃料の合計額であり（同室のその他の部分に対応する賃料は、訴訟物Ⅰの関係の問題を別とすれば、支払われている）、「○万円」はその月額である。民法614条によれば、建物料支払い時は、特約のない限り、毎月末日であるので、そのように表示した

　請求の趣旨の表示のうち、「○○万円」は、本訴訟事実審の口頭弁論終結日を2023年○月○日と想定し（同終結日が確定した段階で金額を確定すればよい）、その日までは、**現在の給付の訴え**として、支払いを受けていない金額の合計額を請求できるという考えに基づく。それに続く表示は、その日より後は、YとXとの間の基本的法律関係も紛争の内容も、現在と同様に継続するとの考えの下に、「○万円」の**将来の給付の訴え**として、毎月末日を期限そして請求できるという考えに基づく。下記最判の考え方に反するものではないと考える。

　将来の給付の訴えは、民訴法135条が「あらかじめその請求をする必要のある限り」との要件の下に認めるところである。その要件に関する基本的考え方を示した最高裁判例は、最判昭56・12・16民集35巻10号1369頁（大阪国際空港事件）であり、最近では、最判平28・12・8裁判所HPも、その考え方を踏襲するものといえよう。

　最判昭56・12・16は、「継続的不法行為に基づき将来発生すべき損害賠償請求権についても、例えば不動産の不法占有者に対して明渡義務の履行完了までの賃料相当額の損害金の支払を訴求する場合のように、右請求権の基礎となるべき事実関係及び法律関係が既に存在し、その継続が予測されるとともに、右請求権の成否及びその内容につき債務者に有利な影響を生ずるような将来における事情の変動としては、債務者による占有の廃止、新たな占有権原の取得等のあらかじめ明確に予測しうる事由に限られ、しかもこれについては請求異議の訴えによりその発生を証明してのみ執行を阻止しうるという負担を債務者に課しても格別不当とはいえない点において前記の期限付債権等と同視しうる

72　第2部　具体的紛争の解決

ような場合には、これにつき将来の給付の訴えを許しても 格別支障があるとはいえない。」と判示する（裁判所HP27頁）。

### Ⅱ　3　請求原因【2-3-3-3-Ⅱ-3】

① 　Y（賃貸人）はX（賃借人）との間で、2010年4月1日本件マンション1001号室を期間の定めなく月額○○万円で賃貸する契約を締結した。

② 　YはXに対し、同日、①の契約に基づき同室を引き渡した。

③ 　一定期間が経過した。

[説明]

　賃貸借契約に基づく賃借人に対する引渡しがあって一定期間が経過すれば、その間に賃借人は使用収益ができたことになり、それに対応した賃料債務が発生することになる。

　ここには、Yが、本訴訟において現在の給付の訴えとして、Xによる一部不払いの賃料請求をするための、具体的期間（例えば、2022年10月1日以降、本訴訟の事実審の口頭弁論終結時まで）が入ることになる。

　Yの方で、Xの賃料不払いを主張立証する必要はない。もし、Xが請求された賃料を支払っているのであれば（本件ではそこには争点はなく、ある額の賃料が不払いであることは、当事者間に争いはない）、それは、Xが抗弁として主張立証すべきである。通常の貸金返還請求訴訟における請求原因でも、原告は貸金の弁済を受けていないことと主張立証する必要はなく、これがごく一般的な考え方である。

### Ⅱ　4　抗弁【2-3-3-3-Ⅱ-4】

　2022年10月1日以降においては、強い雨のとき（おおむね1時間の平均雨量25ミリくらい）は本件マンション1001号室（同室は本件マンションの10階〔最上階〕にある）の南東角付近の天井部分から、大粒の水滴が垂れる状態となる。そのため、その辺りの絨毯・床材は変質している状態である。こうした雨漏りの状態は気象状態によって、いつ起こるか分からず、その付近の10㎡ほどは大事なものも置けない（いわば、使い物にならない）状態である。

[説明]

第 3 章　賃貸借契約が問題となる事案　　73

　本件マンションの各室は、約80㎡であるので、賃料月額の８分の１に対応する金員の支払い義務がないとの主張していることになる。ここでも、前に（前記【2-3-3-3-Ⅰ-3】「請求原因」②の２番目の 説明 〔67頁〕）に述べたほどではないが、降雨量と具体的被害の関係について、適切に**論証責任**を果たす必要がある。

### 本件状況は民法611条１項に該当するか

　民法611条１項は、賃借物の一部が滅失その他の事由により使用収益できなくなったときには、それに対応した分の賃料が減額されることを規定する[7]。

　筆者は、秋山・前携注７のように、賃借物の使用収益不能を、賃借物の一部の確定的使用収益不能と賃借物の一時的使用収益不能とに区別することは良いとしても、すでに（62頁）述べたように、<u>賃借人に提供されている賃貸人の賃貸物を使用収益させる債務と同債務と対応関係にある賃借人の賃料債務とが均衡が取れていることが基本であると考えるので、民法611条１項にいう「その他の事由」は、立法趣旨に反しない限り、なるべく広く解すべきであると考える。</u>

　賃借物の一時的使用収益不能の典型的な事例を挙げるとすれば、例えば、集中豪雨による水位の異常上昇のため賃貸建物の１階部分が２日間程度床下浸水し、汚泥の排除などその後片づけ（自分達や応援の人達の助力でできることが多いであろう）の日数を含め、１週間程度同部分が使用できなくなったような例が適切である、と考える。すなわち、賃借物の一時的使用収益不能の典型的事例を、前記秋山論文における地震の例よりも狭く、民法611条１項の「その他の事由」に該当する例をより広く考えることになる（もとより地震による家

---

7）　ここにいう「その他の事由」が、どのような具体的場合を意味するかについては、問題がないわけではない。

　　秋山靖浩「賃借物の一時的使用不能における賃料債権の帰趨」岡本裕樹ほか編『民法学の継承と展開　中田裕康先生古稀記念』（有斐閣、2021）557頁〜590頁は、法制審議会の審議経過を含め、詳細な検討した結果、賃借物の使用収益不能を、賃借物の一部の確定的使用収益不能と賃借物の一時的使用収益不能とに区別し、前者については民法611条１項の適用を、後者については同項の類推適用をすべきものである、と結論づける。そして、後者の典型的な事例として、「賃借物たる家屋が地震によって損傷し、その修繕期間中、家屋の全部または一部を使用することができなくなった場合」を挙げる（558頁）。もっとも、同論文も、「賃借物の一時的使用収益不能を賃借物の確定的使用収益不能（民611条）に当たると解釈される場合もありうる。同条の規定は、柔軟な解釈の余地を残しているからである。」（589頁）との趣旨の説明もしている。

屋損傷の場合にも、ごく軽微な場合もあり、一概にはいえないが、一般には、地震による家屋の損傷は、その性質上、上記床下浸水よりも程度が高く、かつ、業者による修理の需要も多くて、その修理完了までに時間を要するため、相当期間の使用収益不能状態を招き、上記床下浸水の例よりは長い間の使用収益不能の状態になるであろう）。

「事実関係の概要」記載のＸの主張を前提とする限り、現状では、本件マンション1001号室の南東角の部分が水漏れのため使用できない状態になっており、その水漏れの原因は雨漏りと考えるほかなく、その雨漏りの原因は本件マンションの構造の不備であるとほぼ推認され、それがいつ終了するかの見込みはついていない、ということになる（上記の床下浸水の事例とはおよそ異なるものである）。

このような場合には、民法611条１項の「その他の事由」に該当するものと考えてよいのではなかろうか[8]。

抗弁は、上記考えの下に摘示したものである。

「賃借人の責めに帰することができない事由」の立証責任と賃借人の具体的立証方法

筆者の個人的意見としては、上記のように賃借物の使用収益ができなくなったことによって賃料額と使用収益との均衡は破れるのであるから、原則として対応賃料額の減額がされ、例外として、その使用収益ができなくなった原因が賃借人の責めに帰することになる事由によるときは、そのように減額されることはない、という規範構造が相当なように考えられる。しかし、本条に関する法制審議会民法（債権関係）部会の審議の経緯をみると、民法611条１項の「賃借人の責めに帰することができない事由によるものであるときは」という要件は、そうした現象は賃借人の支配領域内で起きるという理由から賃貸人の立証負担の軽減を図ったものと考えられるので、その立法者意思に従うほかはなく、抗弁の内容として、例えば、それは「落雷によるものである」というよ

---

8）筒井ほか『一問一答』322頁、潮見『民法改正法の概要』301頁以下も「その他の事由」を、特に狭く解しようとの意図はないように思われ、上記私見も、この両書の趣旨と抵触するものではない、と考える。

第3章　賃貸借契約が問題となる事案　　75

うなことが必要となると考えられる[9]。

　そうした考え方を前提とした場合、本件における、この雨漏りの原因が賃借人の責めに帰することのできない事由によるものであることを主張立証することは至難の業である。こうした場合には、私見による等価値の理論[10]に拠って解決するほかはない（本条に関する法制審議会における審議内容からは、このような立証の軽減の工夫に直接に関係させて考えるために参考となる根拠を発見できないように思う）。

　まず、通常のマンションの最上階で降雨の強いときに限って天井部分から水漏れがあることは雨漏りであることに間違いなく、住宅用のマンションにとって本件のような程度の雨漏りがあることは、本件マンション1001号室に欠陥のあることを示す現象（**欠陥現象**）である。しかも、本件マンションは外見上、建築の専門家ではない通常の居住者Ｘにとってどのような構造になっており、そのどこに欠陥があってこのような欠陥現象が生ずるかを特定することは不可能である。

　したがって、本件雨漏りという具体的な欠陥現象の存在の主張立証に加えてその雨漏りが本件マンション1001号室という建築物の最上階について生じた欠陥現象であることを主張立証することによって（そうした欠陥現象であることを主張立証することによって、その生じた原因は、通常人にとって主張立証のほぼ不可能な性質のことであることを主張立証したことになる）、本件マンションの最上階部分のどこかに雨漏りの原因となる、なんらかの原因となる欠陥（それはすなわち、本件マンション1001号室の欠陥）が存在することを主張立証することができるものと考える。

　賃借中の居室の窓ガラスが割れて雨風が吹き込み使用収益が害されたような場合に、その原因が賃借人の責めに帰することのできない事由によるものであることの主張立証責任が賃借人に負わされていることに、ある程度の合理性があるといえなくもない場合（賃借人の不注意で同居室の窓ガラスが割れること

---

9)　この点については、拙稿ビジネス法務連載第25回「貸借（賃貸借を中心として）②──新民法（債権関係）における若干の問題」ビジネス法務2020年1月号139頁以下、伊藤編著『新民法の要件事実Ⅱ』524～6頁〔田村伸子〕各参照。

10)　伊藤『要件事実の基礎〔新版〕』100頁以下参照

76 第2部 具体的紛争の解決

も相当程度あり得て、それが強風・通行人からの投石などによるものかの区別は賃貸人には立証が困難かもしれない）とは状況が異なる、と考える。

「事実関係の概要」における「この15年間ほどは、本件マンションのメンテナンスのため、Ｚ株式会社と本件マンション管理保守契約を月額○○万円で締結していた。Ｚが適切に検査補修をしていてくれているから、Ｘの言うようなことは、起きるわけがない。」とのＹの主張は、この抗弁の否認といえるかもしれないが、よほど十分な証拠が提出されない限り、否認としての意味が十分にあるとは考えられない。

なお、住宅の品質確保の促進等に関する法律（平成11年法律第81号）は、基本的には、住宅を新築した所有者を保護するための法律であって、ＸとＹとの間にある賃貸借契約の対象物である住宅について、賃貸人から賃借人を保護するためのものではなく、同法をここで活用することはできない。


## Ⅱ 5 本件についての最終的判断【2-3-3-3-Ⅱ-5】

本件での最大の問題点は、この雨漏りの原因が賃借人の責めに帰することのできない事由によるものであることを主張立証することは至難の業であることについて、どのように考えるべきかということである。そして、この点については前記【2-3-3-3-Ⅱ-4】「抗弁」についての 説明 賃借人の責めに帰することができない事由」の立証責任と賃借人の具体的立証方法（74頁以下）で述べたように考えるのが、本件全体の結論としても、最も適切であると考えられる。その点は、前記【2-3-3-3-Ⅰ-5】「本件についての最終的判断」（68頁以下）において、量的判断の難しさが特に問題となったのとは性質を異にする。


## Ⅲ 訴訟物Ⅰと訴訟物Ⅱとの関係【2-3-3-3-Ⅲ】

この問題は、きわめて困難な問題であるが、以下にまったくの試案を述べて、ご批判を受けることとする。

訴訟物Ⅰの訴訟と訴訟物Ⅱの訴訟は、実際上併合審理（民訴152Ⅰ）されるのが望ましいであろう。Ⅰ訴訟で賃料の減額請求を認容する判決が確定すれば、その既判力によって、Ⅱ訴訟でＹが請求する賃料額も減額となり、抗弁として

Xが主張する拒絶できる賃料額も減少するという関係になる（前記【2-3-3-3-I-1】。「訴訟物【原告はX】」の 説明 末尾〔63頁以下〕参照）。

　具体的に説明すると非常に複雑になるので、このような基本的関係になるということのみを、ここで指摘しておくに止める。

78　第2部　具体的紛争の解決

---

## 第4章
# 定型約款が問題となる事案〔2-4〕

---

## 第1節　本章での検討の趣旨〔2-4-1〕

　後記【2-4-2】「事実関係の概要」記載の事実関係は、次に述べることに関係があると思われる詳しい事実関係である。

　Xは、売ればただちに売切れとなるような「泳ぐ○○ちゃん」と題する人気キャラクターグッズをインターネットで販売する会社であったが、あまりにも売行きがよく、その入手は困難であって、それを購入した顧客が高額で転売するケースが多発したので、その転売禁止を当初の取引条件として表示した後、転売した顧客から違約金を徴収するとの取引条件に変更する旨の表示をした。Yは、この表示後に入手した同グッズを友人に購入価額より高く転売した。

　このような事実関係の下において、転売禁止特約に違反して実際に転売をした人をどの程度捕捉して違約金の徴収をできるかは、コストパフォーマンスの関係もあって、困難を伴うため、実際にどの程度の実例があるか問題もあると思われるが、企業の信用維持などのため、状況によっては、ある程度の監視・発見作業はすることもあると思われる（裁判例のなかには、定型約款において定められた違約金条項に基づいて、違約金を求めて提起された訴訟〔東京地判令3・5・19LEX/DB25589390〕もある〔同事件では違約金の請求が高額過ぎて棄却となったが〕）。そのように考えると、下記「事実関係の概要」は、定型約款に関するさまざまな問題点を含み、実務的な検討価値も十分にあるものといえる。

　このような事実関係の下において、本件紛争を民事訴訟で解決するために、最も適切な（すなわち、最も事案の実態に即した適正迅速な）紛争の解決を導くことになる方法はどのようなものであるかを検討する。

# 第2節　事実関係の概要〔2-4-2〕

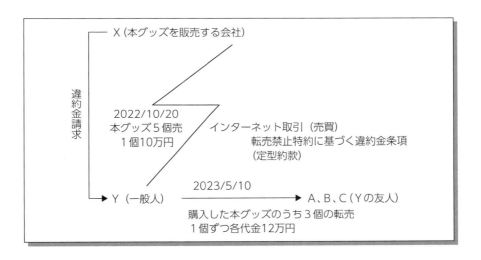

【問題となる取引の骨子】

　売ればただちに売切れとなるような「泳ぐ○○ちゃん」と題する人気キャラクターグッズ（以下「本グッズ」という）を定型約款によって定める条項で、インターネットで販売する取引である。

　X：本グッズを販売する会社

　Y：ネットを通じて本グッズを買った一般人

【問題となる取引における購入手続】

　Xは、インターネット上に、Xの名称・代表者の氏名・住所・電話番号・メールアドレスなどを冒頭に明示した上、本グッズを定価10万円（他に、送料について、都道府県別に決められた送料の記載がある）販売すると表示をし、それに伴う購入手続として、ネット上において、次のような手順で購入に進むようにした。

　まず、最初の画面に、①「本グッズを購入する方は、次の取引条件にまず同意してください。ただし、この取引条件は、今後お客様との合意なく変更することができます。その際には、その変更に先立ち、ここで利用しているイン

ターネットで皆様にお知らせします。」との表示をした上、取引条件として、本グッズの納入期限は、生産が需要に追い付かないため、購入申込日から６か月後である（納入が可能になり次第、その旨を知らせる）こと、購入した方は本グッズを他の名称を付けて展示しないこと、随時届出のあったメールアドレスにお知らせ、お問合せなどをすること、商品に返品に関する詳細な事項などすべてで、10項目ほどの取引条件が示されていて、その中の第10条【重要事項：転売禁止】として、「本グッズは、人気商品で入手しにくいため、本グッズを転売して利益を得る人が出てくる可能性がありますが、それでは、通常のルートで購入を希望するお客様が困惑することになり、弊社としましても、企業としての信頼性が傷つくことになります。本グッズの適正な流通を確保するため、購入した方が転売をすることを禁止します。」との表示をした。同画面の最下部に、「上記に同意して次へ進む」とクリックする欄がある。

　同欄をクリックすると、②「お客様は、次の氏名（フリガナ付き）、住所、電話番号、メールアドレスの各欄に記入して下さい。」との表示があり、記入欄の後に、同画面の最下部に、「次へ進む」とクリックする欄がある。

　上記記入後に同欄をクリックすると、③「お客様は、次の、希望の商品の購入個数、届け先各欄に記入して下さい。」との表示があり、同画面の最下部に、「次へ進む」とクリックする欄がある。

　上記記入後に同欄をクリックすると、④「お客様は、次の、希望の各支払方法欄に記入して下さい。【クレジットカード、代金引換、コンビニ決済などの方法の記載欄がある。代金引換以外は、連絡のあった本グッズ発送予定日より５日前が支払期限となっている。入金確認後５日以内に発送する。】」との表示があり、同画面の最下部に、「次へ進む」とクリックする欄がある。

　上記記入後に同欄をクリックすると、これまでの記入内容を改めて確認する画面（そこには、「本グッズの発送準備完了までは、本購入申込みを撤回できますが、それ以後は撤回できませんので、商品の内容を確認するなど十分にご注意のうえ、送信するかどうかを決めてください。」との表示がある）と「全部取り消す」、「一部訂正する」及び「送信する」の３つのボタンの表示がある画面とが出る。

　そのうち、「送信する」のボタンをクリックすると、購入手続が完了し、「購

入手続が完了した。」との表示が出る。「全部取り消す」ボタンをクリックすると、すべての画面が消える。「一部訂正する」ボタンをクリックすると、訂正の必要な画面が出る。

**【Ｙの当面した「トラブル」の概要】**

　Ｙは、本グッズが好きで、2022年10月20日、上記購入手続によって自分用に５個の購入手続を終えた（ネット上で「購入手続が完了した。」との表示も見た。その後３人の友人Ａ、Ｂ及びＣ（同友人らは、ネットによる購入手続がうまくできなかった）から強く頼まれたので、５個のうち３個について、予定通り購入できたら、その転売を考えるとの約束をこの３人とした。

　ところが、2023年１月になって、Ｘは、本インターネット上に、すでに購入申込みをしている人も含め、本グッズの取引条件として、「本グッズについての転売禁止のお願いをしているにもかかわらず、人気商品のため、現在も多くのお客様が本グッズの転売を不相当に高額でしておられ、取引が乱れています。そこで、この度、本年２月15日以降、本グッズの転売をして買主にその引渡しをした方には、その方が転売で得た利益相当額の1.1倍を弊社に違約金として支払って頂くことにいたしましたので、十分に注意をして下さい。本グッズのそれぞれには、その表面の目立つところに個別の製造番号が刻印されていて特定できるようになっています。本変更にご異議のある方は、キャンセル料として、本グッズの購入価額（２個以上のときは、その合計額）の10％を支払って、本グッズの購入契約を解除することができます。」との取引条件の変更通知をした（ネット上の画面としては、「取引条件の変更に同意する。」→「そのまま取引を継続する。」というコースと「取引条件の変更に同意しない。」→「キャンセル料を支払って、この取引を解除する。」というコースが明示してあって、購入者の意思でそれを選択するボタンをクリックする仕組みになっていた）。

　Ｙは、迷ったが、自分なりの信条として、転売を考えるとの約束をした友人との信義を重んずることとし、そのまま購入手続を維持した。2023年４月23日にＹは、「本グッズの発送準備ができたので、お約束の代金・送料を４月26日までにお支払いください。」とのＸのメールを受信した。同メールには、転売予定はないことの確認をＹに求める問合せも記載されていたが、Ｙは「ない」と回答した。

Yは、2023年4月26日に本グッズの売買代金額（合計額）50万円を支払い、同年5月2日に本グッズ5個の配達を自宅で受け、同年5月10日、うち3個を依頼されていた友人A、B及びCの3人に、それぞれ12万円で転売し、代金と引換えに、本グッズを引き渡した（資金関係の実情は、3個分の代金額となる上記30万円はすべて前記友人が用意した）。

その後、ネットオークションなどで、本グッズが20万円などの高値で取引きされ、SNSなどでXの販売態度に対する非難の声なども上がってきた。心配になった前記友人の1人がXに問合せをしたことから、Xの詳細な調査があって、すべての前記友人に対する本件グッズの転売が発覚してしまった。

Xとしては、本グッズの取引が世上さまざまに問題となったことから、当初から顧客に周知していた転売禁止約定の実効性を求める必要に迫られ、転売をした顧客に違約金の支払いを催告したところ、これに応ずる者も相当数あった。

Yは、3人の友人から得た6万円をすでに生活費に費消していたので、このような催告があっても、違約金の支払いに応じなかった。

Xは、個々の取引額は少額であっても、全体としてその額をみると、多数個数を高額で転売した者も多くあったため、最終的に分割支払いなどの交渉が成立しなかった顧客の未払い総額は〇〇〇万円くらいになった。

Xは、そうした顧客すべてに対して、一括して訴訟を提起し、Yもその一人として被告になった。


前記【2-4-2】「事実関係の概要」は、ある事件の核心的部分を含み、かつ、その背景となる、ある程度広い事実関係を包含するもの、いわば生の紛争の諸事情が複雑に入り込んでいる事実関係である。これは、従来の実務書や裁判例で挙げられる「事案の概要」は、法的視点の比較的明確な事実関係を題材とする、すなわち、要件事実論や事実認定論の視点から意味のある、ある程度特定した事実関係として整理されたものが多いように思われるが、これとは異なり、そのように整理される前の事実関係である。

本書では、ここから出発して、この事実関係の下では、どのような法的判断の構造（簡単に、法律構成ともいう）を念頭に置いて考えるのが、最も適切な（すなわち、最も事案の実態に即した適正迅速な）紛争の解決を導くことにな

第4章　定型約款が問題となる事案　　*83*

るかを考えることになる[1]。

＊　＊　＊　＊　＊　＊

　以上のような基本的考え方に立って、次節【2-4-3】において、前記【2-4-2】「事実関係の概要」（以下本章において、これを単に「事実関係の概要」という）の下における具体的検討を行う。

# 第3節　民事訴訟として考え得る方法【2-4-3】

## 第1　直観的な印象【2-4-3-1】[2]

　本件は、Ｘの側に取り立てて落ち度というものはなく、Ｙの態度が全体として、強い非難可能性まではないとしても、反省すべき点があって、Ｙとして、どのようにすべきであったかを考えるという視点からの考察となる。

　友人との関係を重視するあまり、法的視点による考察に欠ける対応をしたという概括的印象を否めない。

　しかし、Ｘの言い分にも無理はないかを、以下にくわしく検討することとする。

## 第2　考えられそうな法的判断の構造（法律構成）【2-4-3-2】

　本件では、インターネットによる取引（基本的に不特定多数の顧客に対して一定の決められた内容でする取引）にいつも内在する法的問題点があるので、個別的に本件当事者の間のトラブルを適正に解決する方法を考えるために、そのような法的問題をまず検討する必要がある。

---

1）　以上の考え方とその実践は、本書の持つ類書にない特徴に関する重要なものであって、これに関しては、前記【2-2-2-1】「『事実関係の概要』と『事案の概要』との違い」（33頁以下）、前記【2-2-2-2】「『事実関係の概要』を出発点とすることによる検討方法の違い」（35頁以下）、前記【2-2-2-3】「憲法訴訟における論証責任論とそこから要件事実論が学ぶべきもの」（38頁以下）において、第2章のみならず第3章を含む各章に共通するものとして、詳細に説明しているので、十分にご留意をお願いしたい。

2）　「直観的な印象」の意味については、前記【2-2-3-1】「直観的な印象」注9（42頁）参照。

## 1　定型約款の意味【2-4-3-2-1】

### 約款について従来からあった理論

　定形約款の規定は、民法の一部を改正する法律（平成29年法律第44号）によって、まったく新しく定められた（改正前の民法にはそのような規定は存在しなかった）。もとより、この民法改正の前においても、約款による取引はいくらでも現実にあったのであって、それは、運送約款など商法に定められた運送営業などに関する法律関係についてのものが多いが、民法の規律する範囲においても建設工事請負約款を始めとして珍しいものではなかった[3]。

　約款による取引というものの基本的特徴は、その取引当事者が個々の条項について個別に合意して内容を決めるというよりも、この約款を採用するという態度が示されたときに、又は、ときには、そうした態度表明が明確とはいえないときであっても、その約款に定められている内容が、当初の内容のみならず一方当事者による変更後の内容についても、当該法律関係を規律する効力を持つことになるというところにある。契約というものは本来、その内容についての当事者の合意によって成立し効力を有するということからいえば、約款のこのような特徴は、奇妙といえば奇妙なことである。しかし、反面、長期間にわたり又は複雑な（ときに専門的な又はリスクを伴う）過程を経て実現する内容のもの、多くの関係者が存在するもの、多数の同様の内容のものが社会一般に存在してその公平を図る必要があるものなど、約款による取引の必要性も納得できるところはある。

　こうした現象を法理論としてどのように説明するかについては、従来多くの議論があった。商慣習説、法規範説、契約説（意思推定説）などがあり[4]、おそらく民法の上記改正まで、契約説（意思推定説）が最も有力であったと考えられる[5]。

---

3）　笠井修『建設工事契約法』（有斐閣、2023）69頁以下には、従来の建設工事契約に関する各種約款と定型約款との関係などについて参考になる説明をしている。

4）　従来の考え方については、定型約款に関して要件事実論の視点から説明した書物の中では、大江忠『第4版　要件事実民法（5)-1　契約Ⅰ〔補訂版〕』（第一法規、2021）212頁以下、伊藤編著『新民法の要件事実Ⅱ』418頁以下〔毛受裕介〕が参考になる。
　　約款法に関する基本的大著としては、河上正二『約款規制の法理』（有斐閣 1988）がある。

5）　判例もそうであると考えられる。大判大4・12・24民録21輯2182頁は、「我国ニ於テ火災保険事業ヲ営メル外国会社ニ対シ其会社ノ作成ニ係ル書面ニシテ其会社ノ普通保険約款ニ依ル旨ヲ記載

## 法による明文の定めの新設の必要性

しかし、契約説による合意の成立の判断は、純粋に事実認定の視点からするとやはり無理があり、法規範の設定による明確な解決が望まれていた、と考える。

民法の前記改正による定型約款の定めの新設は、こうした要請に沿ったものであるといえよう。

民法改正に当たっての立案担当者であった筒井ほか編著『一問一答』240頁は、現代における大量取引の迅速かつ安定した処理のためには、約款が必要でありながら、当事者の合意が必要という契約の基本的趣旨からいって問題がないとはいえない現状であること、継続的関係において状況が異なってきたときに、ある意味で一方的に約款の内容の変更が行われているのが実情であることなどを指摘したうえ、「以上の問題状況を踏まえ、新法においては、約款を用いた取引の法的安定性を確保するため、民法に定型約款に関する規定を新設している（新法第548条の2～第548条の4）。これにより、定型約款中の個別の条項の拘束力の有無や定型約款の変更の可否に関する紛争など定型約款に関連する紛争について、適切な解決の枠組みが示され、紛争の未然防止にも役立つことが期待されるところである。」と述べる。

さらに、後記の**不当条項規制**などに関する従来の状況について、同書251頁は、「旧法下の裁判実務では、契約条項の内容やその影響を踏まえつつ、公序良俗、信義則、権利濫用法理といった一般的な条項を根拠とし、あるいは契約条項の解釈を柔軟に行うことによって、不当な条項の効力を排除し、内容の合理性を確保してきたものと考えられる。……このような方法による解決の枠組みは、条文上は明確であるとはいい難いため」新法による適切な対応が必要な状況であった、とする。

定型約款の規定の新設が、定型約款でない約款についてどのような影響を及ぼすかは、なお検討を要するところであるが、本書の目的からいって、そこま

---

セル申込書ニ保険契約者カ任意調印シテ申込ヲ為シ以テ火災保険契約ヲ為シタル場合ニ於テハ仮令契約ノ当時其約款ノ内容ヲ知悉セサリシトキト雖モ一応之ニ依ルノ意思ヲ以テ契約シタルモノト推定スルヲ当然トス」と判示する。最判昭55・6・26裁判所HP（反対意見がある）も、基本的には同様の趣旨と考えられようか。

での検討は、ここではしない。

### 定型取引・定型取引合意・定型約款による契約の成立とその拘束力

「定型約款の合意」との表題のある民法548条の２は、次の内容を定めている。その表現は、必ずしも分かり易いとはいえないので、筆者なりの考え方によって、区分してその内容を書き分けてみる。

### 民法548条の２第１項（原則となる規定である）の定め

「定形取引」とは、「ある特定の者が不特定多数の者を相手方として行う取引であって、その内容の全部又は一部が画一的であることがその双方にとって合理的なものをいう。」とする。

「定型取引合意」とは、「定型取引を行うことの合意」とする（条文上において、「定型取引合意」という表現が使われるのは、次条以下である）。

「定型約款」とは、「定型取引において、契約の内容とすることを目的としてその特定の者により準備された条項の総体をいう。」とする。

定型約款による契約は、定型取引合意をした場合において、「定型約款を契約の内容とする旨の合意をしたとき」（１項１号）、又は、「定型約款を準備した者（以下『定型約款準備者』という。）があらかじめその定型約款を契約の内容とする旨を相手方に表示していたとき」（１項２号。いわば、１項１号の合意したことと等価値の意味を有することになる状況として、事前に定型約款を契約内容とすると示されながら、定型取引合意をしたことは、１号の契約の内容とする旨の合意をしたのと同じことだというわけである）において成立する[6]。

定型約款による契約が成立したときは、定型取引を行うことを合意した者は、定型約款の個別の条項についても合意をしたものとみなされる。仮に、個別の条項を相手方が実際に読んでいなかったとしても、そのことに変わりはない。

定型約款による契約が成立するために、実質的に重要なこととして、定型約款の内容を相手方が知る機会があることが必要である。そのための規定として、

---

6) この１号の合意は「組入合意」といわれることがある（毛受・前掲注４・423頁参照）。

この２号によって成立する合意は、「黙示の合意」ということのみでは、必ずしも説明しきれない範囲を含む（「黙示の合意」の範囲を超えている）のではないかと考える（黙示の合意については、伊藤『要件事実の基礎〔新版〕』328頁以下参照）。筒井ほか編著『一問一答』249～250頁がこの説明と同旨といえるか問題もあろう。

**民法548条の３（定型約款の内容の表示）**がある。同条は、相手方の請求による定型約款の内容の開示などについて定めている。

　なお、消費者契約に関係する場合の規定として、令和４年法律第59号による改正後の消費者契約法３条１項３号は、「定型取引合意に該当する消費者契約の締結を勧誘するに際して」の事業者（定型約款準備者になる）の消費者（相手方になる）に対する必要な情報提供の努力義務を定めている（後記注12も参照）。

### 不当条項規制

**民法548条の２第２項（例外となる規定である）の定め**

　第２項は、「前項の規定にかかわらず、同項の条項のうち、相手方の権利を制限し、又は相手方の義務を加重する条項であって、①〔筆者が付けた。以下の②、③も〕その定型取引の態様及び②その実情並びに③取引上の社会通念に照らして第１条第２項に規定する基本原則に反して相手方の利益を一方的に害すると認められるものについては、合意をしなかったものとみなす。」と定める。

　上記基本原則とは、いうまでもなく信義則のことである。それがどのような内容のものであるかをここで具体的に述べることは困難である。筒井ほか編著『一問一答』253頁以下から典型的とされる例を摘記するに止める。①相手方にとって通常知り難いもので、かつ、相手方に重大な不利益を課するようなものは、それを相手方が知り得る措置を定型約款準備者がしておかない限り、不意打ちとして信義則に反するおそれがある〔筆者伊藤注記──上記①「定型取引の態様」についての具体的説明としてされている〕。②どのような具体的条項がどのような具体的必要性をもって定められているか、利害の条項がバランスが取れているか〔筆者伊藤注記──説明の中で最判平15・２・28裁判所HPにおける一般的判示も引用する〕などの実情も、ここにいう実情に入る。③上記①、②のほかに、広くその種の取引において一般的に共有されている常識をいう。

　ここで、**主張立証責任**について一言する。この条文の定め方は、第１項の原則に対する例外の形になっている。しかし、だからといって、すべての上記具体的内容の根拠となる具体的事実が定型約款の準備者の相手方の主張立証責任

対象事実となるかは疑問である。その理由は、定型約款準備者が、その攻撃又は防御をするために、その主張を意味あらしめるために、どうしても必要な具体的事実があるとすれば、その具体的事実からその条項の不当性がおのずから表れてしまうということがあるからである。例えば、本件のような転売禁止特約違反の違約金請求訴訟においては、その違約金条項を主張するに当たって、その違約金の具体的額を主張立証しなければならず、それによってその相手方にとってどの程度の不利益を相手方に課するものであるかが明らかになる（約款準備者が抽象的に違約金条項があると主張し、相手方がいつもその不当性を具体的事実をもって新たに主張するという構造になるわけではない）からである。

　一般的理論をいうとすれば、本条第1項、第2項の全体に表れている制度趣旨（簡単に言えば、定型取引の特徴に照らした定型約款による契約当事者のバランスの取れた利害の調整）から、定型約款による契約の本質的部分は何かを考え、その評価根拠事実が、定型約款準備者の主張立証責任対象事実であり、その評価障害事実が、相手方の主張立証責任対象事実となるというほかはない。あとは、その具体的適用となる問題である（ここでは、そこまで述べることは省略する）[7]（後記【2-4-3-3-3】説明「請求原因」請求原因で取り上げた事実についての主張立証責任〔101頁〕参照）。

定型約款の変更

### 「定型約款の変更」との表題を有する民法548条の4の定め

　同条第1項は、定型約款準備者は、①定型約款の変更が、相手方の一般の利益に適合するとき、②定型約款の変更が、契約をした目的に反せず、かつ、変更の必要性、変更後の内容の相当性、本条の規定により定型約款を変更することがある旨の定めの有無及びその内容その他の変更に係る事情に照らして合理的なものであるときには、定型約款の変更をすることにより、変更後の定型約款の条項について合意があったものとみなし、個別に相手方と合意をすることなく契約の内容を変更することができる、とする。

　同条第2項は、定型約款準備者は、前項の規定による定型約款の変更をする

---

7）　毛受・前掲注4・427頁の説明は、私見と同じではないとしても、同様の問題意識を根底にもつものではなかろうか。

ときは、その効力発生時期を定め、かつ、定型約款を変更する旨及び変更後の定型約款の内容並びにその効力発生時期をインターネットの利用その他の適切な方法により周知しなければならない、とする。

**同条第3項は、**第1項第2号〔上記②〕の規定による定型約款の変更は、前項の効力発生時期が到来するまでに同項の規定による周知をしなければ、その効力を生じない、とする。

**同条第4項は、**第548条の2第2項の規定は、第1項の規定による定型約款の変更については適用しない、とする。

<u>定型約款の変更を定めた民法548条の4の各条項の趣旨</u>

定型約款が不特定多数の人々との、その全体を通じて見れば多くの場合、長期間続く取引であることに照らせば、定型約款の変更を許さなければならず、その際に、個別に相手方から変更の同意を得ることは非常に困難であるので、なんらかの定型約款の変更のための特別の定めをすることが必要となる。

**このような変更に当たっても、定型約款準備者と相手方との間のバランスの取れた利害の調整が必要**であり、本条は、全体を通じて、そのことを念頭に置いて適切と考えられる類型的な状況を示したものである。

第1項で、まず変更の提案者は定型約款準備者であって、相手方（一般人）の方から変更の提案をすることは考えられていないこと、そこで、相手方の利益を害さないようにすることが大事となる。第1項①は相手方の利益になるのであるから問題はないが、第1項②では、その変更が定型約款の目的に反しないで同号に定める基準に照らし合理的なものでなければならないことを定めている。

そのうち、「契約をした目的に反しないこと、変更の必要性があること、変更後の内容の相当性があること」はごく自然に理解できる。

ただ、やや性質の違った定めと感じられるものとしては、「本条の規定により定型約款を変更することがある旨の定めの有無及びその内容」がある。それは、不意打ちにならないように一種の予告があることが望ましいことを示していると同時に、そうした条項があるというのみで、その他の合理性と無関係に変更ができるものでもないことを示す意味を持つ。

さらに、「その他の変更に係る事情」とは、どのようなことか分かりにくい

のので、一例を挙げて説明する。相手方が、そのような変更された定型約款による契約に拘束されるのが、いかに上記のような基準に合致するものであっても、自分は嫌であるという場合に、この変更に応じないで、定型約款による契約の拘束から抜け出す（契約の解除という方法を採ることになろう）ことが認められていることは、少なくとも、その変更の効力を認めるための有利な事情となることは間違いなかろう。しかし、そうした解除権のあることが示されていない変更の申出であるから、その変更の効力を認めないかとなると、それ以外の本条の要件を充たしているだけに、見解が分かれ得よう[8]。

**第2項、第3項**では、変更のために必要な手続きを定めているが、そこでは変更の内容・その効力発生時期などを知らせる必要があることのほか、インターネットなどによる相手方の知り得る方法によることを求めている。これも、変更が不意打ちにならないようにすることを目的としているといえよう。

**第4項**は、前記の548条の2第2項（不当条項規制条文）は、定型約款の条項が、同項よりもいっそう厳格な要件が課されている本条第1項の規定によって変更されるときには、そこでもう1度考慮される必要がないことから、定められているものである。

以上の内容の詳細を示すことまでは、本書において必要ではないので、省略する。筒井ほか編著『一問一答』259頁以下の説明が有益である。

## 2　消費者契約法との関係【2‐4‐3‐2‐2】

### 一般的関係

定型的取引においても消費者保護が問題となることが多く、定型約款に関す

---

8）　筒井ほか編著『一問一答』260頁以下は、本文記載の例を挙げて説明する（解除権を認めても高額な違約金の支払いを条件とするのは疑問である旨もいう）が、解除権が示されていない変更の効力を認めないとまでは明言しない。

　他方、河上正二「民法改正法案の『定型約款』規定と消費者保護」法学教室441（2017年6月）号33頁以下は、成立後の民法と同旨の改正法案の定型約款変更の要件について、全体として合理的であっても、当該相手方にとって不本意である場合には、その関係から逃れる方法を与えるべきであるとし、この法案の定めは、契約法の基本を大きく逸脱するものであると述べ、さらに「総じて、法案は、後から裁判官の目から見て内容さえ良ければ、『合意』として扱うことに問題はないとの安易な姿勢が一貫してうかがえる」と強く批判する。解除権を認めない定型約款による契約の変更の効力を、解釈論としても認めないというまでの趣旨であるとまで断定してよいか判断が難しい（河上説の見方については、毛受・前掲注4・434頁注3も参照）。

る民法の規定と消費者契約法の規定とは、ごく概括的にいうと、定型約款を内容とする契約における一般人（定型約款の相手方や消費者）の保護のための規定という視点から見ると、一見すると同様の規定に見え、ほとんど重複しているようにも感じられる。そこで、この両者の関係（異同）を正しく把握しておくことが、両者の制度趣旨の適切な実現のために必要である。その視点から以下に検討を試みる。

定型約款における定型約款準備者と相手方との関係は、当然には、消費者契約法における事業者と消費者の関係と同じではなく、定型約款による契約の不当条項規制の内容も、消費者契約法における基本的視点である事業者と消費者の情報力格差・交渉力格差などを理由として、当事者によって合意された契約の条項を無効とするものではなく、①定型取引の態様及び②その実情並びに③取引上の社会通念に照らして（前述〔87頁〕のように、この①の内容としては、不意打ち禁止の趣旨も含まれている）、定型約款の内容となる合意に含まれないと見るのが相当であるとしたものであって、両者の理論的枠組みは異なる[9]。したがって、要件事実論の視点からみると、そこで取り上げられる評価根拠・障害事実は、密接に関連するものが多いとしても、同一ではないことになる。

なお、定型約款に特有の問題ではないが、本件では、**転売禁止特約違反の場合の違約金の定めや変更後の定型約款による契約に応じない場合のキャンセル料の定め**について、消費者契約法9条、10条との関係が問題になり得る。10条との関係については、簡単ながらすでに（前記【2-4-3-2-1】「定型約款の意味」<u>不当条項規制</u>〔87頁以下〕）述べたところを参照されたい。

以下では、消費者契約法9条（「違約金」に関連した定めがある）との関係で、本件に関係のある限りで説明する。同条は、「消費者が支払う損害賠償の額を予定する条項等の無効等」との表題の下に、損害賠償額の予定（違約金の定めとされる場合を含む）額が過大であって無効になるような場合のことをくわしく定めている。同条1項1号は、その定める契約解除の場合における違約金に関する規律を、同項2号は、その定める支払期日に支払いがなかった場合

---

9）　このような点についての詳しい説明は、潮見佳男『民法（債権関係）改正法の概要』（金融財政事情研究会、2017）229頁以下、潮見佳男「消費者契約・定型約款における不当条項規制」（法学教室459（2018年12月）号75頁以下各参照。

（履行遅滞の場合）における違約金に関する規律を、それぞれ定めている。

### 転売禁止の合理性の有無

　この点については、特別な要件の具備した場合のチケットについて定められた特殊な例ではあるが、「特定興行入場券の不正転売の禁止等による興行入場券の適正な流通の確保に関する法律」（平成30年法律第103号）がある。その第1条は、「目的」と題して、「この法律は、特定興行入場券の不正転売を禁止するとともに、その防止等に関する措置等を定めることにより、興行入場券の適正な流通を確保し、もって興行の振興を通じた文化及びスポーツの振興並びに国民の消費生活の安定に寄与するとともに、心豊かな国民生活の実現に資することを目的とする。」とするが、こういわれても、やや抽象的であって、あまりよくは分からない。一般市民の視点でいえば、まずは、本当にそのチケットを欲しい人が適正な定価でそのチケットを手に入れられなくなるので困るということである。しかも、チケットが高額で転売されたとしても、そのチケットの内容となる事業をしている人・組織にはまったくその利益は及ばないということである。

　「あしたの暮らしをわかりやすく　政府広報オンライン（https://www.gov-online.go.jp/useful/article/201904/1.html）は、同法の基本となる転売禁止の理由を次のように、比較的分かりやすく説明している。

　「チケットの高額転売はなぜダメなの？」と題して、「消費者や興行主が不利益を被ります」とその理由の要旨を述べた上、そのさらなる説明として、おおむね、「人気のチケットを手に入れられない理由のひとつに、いわゆる転売ヤー（転売屋）と呼ばれる業者や個人は、希少価値の高いチケットを転売目的で大量に購入し、高額で販売する。彼らがチケットをどんなに高額で大量に売ったとしても、興行主や出演者などにとって何の利益もない。また、本当にチケットを必要としている消費者にとって、高額な代金を払うことは、大きな負担となる。」と述べる。

　このような転売禁止の合理性として挙げられる論拠は、基本的には、本グッズの転売禁止特約の合理性を考える場合にも、参考にされてよいであろう。

　ちなみに、大阪地判令5・7・21裁判所HPは、その35頁以下において、テーマパーク「ユニバーサル・スタジオ・ジャパン」が消費者との間でインター

ネットを経由したチケットの購入契約中にあるチケット転売禁止条項について、その趣旨及び目的は、「高額で転売する目的でのチケットの入手及び販売という手法等を封じることで、チケット価格の高額化を防ぐことにあ」るなどとして、その適法性を肯定している。

### 転売禁止特約に反した場合の違約金の定めの性質とその当否

本件における変更後の定型約款による条項の１つとしてある「転売で得た利益相当額の1.1倍を転売者はＸに違約金として支払う。」旨の条項が、変更された契約の内容となるとした場合には、その定めの性質・当否が検討されなければならない。

違約金については、民法420条３項において、「違約金は、賠償額の予定と推定する。」と定められている。

ここで「推定」という用語が使用されているが、これは法律上の事実推定（通常はその典型例とされるのは、民法186条２項の占有の継続の推定である――「占有」が評価であることからする疑問はあるが）ではなく、解釈規定といわれるもの[10]であるので、推定事実の反対の事実を立証するのみでは、その推定は覆らない（違約金の定めが損害賠償額の予定を定めたものでないという事実を立証しても、この推定は覆らない。違約金の定めが、損害賠償額の予定とは異なる狭義の違約金、すなわち違約罰（契約違反を防止することを目的として、予想される損害額とは関係なく、課される制裁金）を定めたものであるということを立証して、初めてその推定が覆ることになる。違約金の定めがある場合において、具体的にどのようなときに損害賠償額の予定と考え、どのようなときに狭義の違約金（違約罰）と考えるべきかが問題となる[11]。そうした点について、くわしく判示しているものに、難波・前掲注11・794頁においても引用されている**東京地判平25・5・29LEXDB25512738**がある。

当該事案では、「第５条（転売の禁止）被告は、本件売買契約の残金授受後５年間は、本件不動産を第三者（略）に転売・譲渡等名目の如何に関わらず、

---

10) 解釈規定については、伊藤『要件事実の基礎〔新版〕』103頁以下参照。

11) そうした点については、磯村保編『新注釈民法(8) 債権(1)』（有斐閣、2022）792頁以下〔難波譲治〕が裁判例にも触れて詳しく説明しており、有益である。違約罰と考えるべきときの判断基準は、基本的には上記私見と同じではあるまいか。

所有権の移転をしてはならない。第8条（違約金）本件覚書の規定に違反した当事者は、相手方に違約金として本件売買契約の売買代金相当額である5億円を支払わなければならない。」と定められていた。

同判決は、「本件覚書第8条は、債務履行の場合における当事者に対する損害の発生の有無及びその額についての紛争を避けるために定められたものでなく、本件覚書上の規定の履行確保を主要な目的としていると認められるから、上記推定にもかかわらず、本件覚書の規定違反を理由とする債務不履行についての損害賠償額の予定ではなく、違約罰であると解される。」と判示した。

そのうえで、本件覚書第8条が違約罰として公序良俗に違反するかについて、おおむね次のように判示した。違約金を後記の額に減額した理由は明らかでなく、その当否はなんともいえないが、その他の判示の趣旨は基本的に相当であると思われる。

「本件覚書は本件売買契約に附随するものであるところ、被告が自己所有の不動産を処分しただけで、本件売買契約の代金と同じ5億円の支払を義務づけられるというのは、本件不動産の転売を一定期間禁じるという目的に照らしても著しく均衡を欠くものであることは否定できないし、本件売主には損害や対価の支払がないのに被告が本件不動産を転売したことにより本件売主が本件不動産の売買代金に相当する5億円もの支払を受けることができるというのは過大な利益を与えるものと評価できる。しかも、本件覚書第5条が保護することを目的としているエヌマートの信用が本件転売により現に毀損されたことを認めるに足る証拠もない。したがって、本件覚書第8条の定める5億円の違約金は、違約罰として過大に失する……本件覚書締結に至る経緯、同条の目的が不当でなく、同条が不公平ともいえないこと、本件覚書の各規定の遵守可能性があることなどに照らし、これを全部無効とするのは適当でなく、ごく一部の違約金の発生を認めても差し支えなく、上記の諸般の事情を踏まえ、その1パーセント（500万円）の限度で有効と認める。」

<u>定型約款の変更に応ぜず契約関係から離脱する場合の違約金の定めの性質とその</u>
<u>当否</u>

本件では、2023年1月にされた定型約款の変更の際に、変更後の定型約款の内容に従いたくなく、契約関係からの離脱を望む人は、購入価額の10％のキャ

ンセル料を支払う必要があると定める。

　このキャンセル料は、契約解除の場合の違約金（違約罰とまでいえるかは疑問である）であるから、消費者契約法9条における定めに違反してはならない。すでに、前記注8においても問題としたところであるが、その額がどの程度になったら「不当に」高額といえるかの具体的基準を示すことは、困難なことである[12]。

### 3　特定商取引に関する法律（特定商取引法）との関係【2-4-3-2-3】

　特定商取引法は、その第1条（目的）において、「この法律は、特定商取引（訪問販売、通信販売及び電話勧誘販売に係る取引、連鎖販売取引、特定継続的役務提供に係る取引、業務提供誘引販売取引並びに訪問購入に係る取引をいう。以下同じ。）を公正にし、及び購入者等が受けることのある損害の防止を図ることにより、購入者等の利益を保護し、あわせて商品等の流通及び役務の提供を適正かつ円滑にし、もつて国民経済の健全な発展に寄与することを目的とする。」と定めている。このように、同法は、購入者保護のみを目的とするものではないが、ここでは、その視点から考察をすることにする。

　定型約款に関する民法の規定と特定商取引法の規定との関係は、前記の消費者契約法との関係ほどには、検討を必要とするものではないと考える。ごく概

---

12)　こうした点については、丸山絵美子「契約の解除と違約金条項」河上正二ほか編『消費者法判例百選〔第2版〕』（別冊ジュリ249号、2020）110頁以下参照。

　　　違約金の定めが消費者契約法と関係がある場合には、同法9条1項1号における平均的損害額を超えることの主張立証責任について、判例は、それを主張する消費者にあるとする。例えば、最判平18・11・27民集60巻9号3437頁は、「大学の入学試験の合格者と当該大学との間の在学契約に納付済みの授業料等を返還しない旨の特約がある場合、消費者契約法9条1号所定の平均的な損害及びこれを超える部分については、事実上の推定が働く余地があるとしても、基本的には当該特約の全部又は一部の無効を主張する当該合格者において主張立証責任を負う。」（裁判要旨）とする。

　　　もっとも、消費者保護の観点から、令和4年法律第59号による改正後の消費者契約法3条1項3号には、一定の要件のもとに、消費者から説明を求められたときは、定型約款の内容について説明するよう努めなければならないとするように定められ、少しでも消費者の立証負担の軽減を図ろうとしている。この規定の定めるところは努力義務ではあるが、明確にその内容を特定して定めているので、消費者から説明を求められても、事業者が、まったくなにも対応しない場合には、この規定は、状況によっては、消費者の主張事実を肯定する方向への事実上の推定が働くなどなんらかの法的意味を持ち得るのではなかろうか（田村伸子編『消費者契約法と要件事実』法科大学院要件事実教育研究所報第21号（日本評論社、2023）113頁以下〔平尾嘉晃〕も参照〔その当否については意見が分かれ得ようが〕）。

括的にいえば、実際上多く問題となる事例としては、定型約款による契約の成立がインターネットなどにより不特定多数の人々との間に成立する場合において、**通信販売について定めた特定商取引法11条から15条の４の規制**が関係することになるが、これらの条文は、定型約款による契約の成立に関してのみ関係があるのではなく、このような形で取引が行われる場合に共通の状況を念頭に置いて、一般人の保護のための規定が置かれているわけである。

ここでは、本件がインターネットによる販売であるので、上記のように、特定商取引法における規定としては、通信販売に関する上記規定が適用になることになる。同法において、それらの規定を通じて購入者保護のために定められている基本的趣旨を理解するためには、**通信販売というものが実際の店舗における対面販売というものと比べて持つ特質**を考えることが重要である。

**その特質の第１**は、商品購入のための申込みが対面取引でない（<u>非対面取引である</u>）ということである（同法２Ⅱの「通信販売」の定義参照）。商品〔例えば、エアコン〕を購入するための申込みというものがネットでされるということが重要であり、販売業者が電話でその承諾をして商品の現物を購入者宅に設置する場合も含まれる〔阿部Ⅰ・後記注13・９頁記載の例〕）。店員など商品を販売する人と対面し現実の商品を見るということがないまま（見ながら店員に尋ねたりすることもできないまま）商品購入の注文をするということである（したがって、販売者側が、誤った広告をすることによって、購入者が的確な判断を誤る危険が対面販売よりも大きいので、販売者側が商品の内容を購入者に正確に伝えることが非常に重要であることになる）。さらに、そもそも、販売者がどこにどのような形で実在するのかを確認できず、トラブルが起きた際には、その責任が追及しにくい危険もある（そこで、販売者に関する正確な関係情報を購入者に知らせるべきであることも定められている〔特定商取引に関する法律11⑥、同法施行規則23①〕）。

**その特質の第２**は、<u>購入意思を十分に確認しないまま購入申込みを送信してしまう危険</u>があることである。主としてインターネットなどのウェブを通じての意思表示は、紙媒体による意思表示と異なり、自己のする意思表示の意味・内容を十分に確認することのないまま、その意思表示を販売者に送信してしまう危険が常に内在している（その商品の確定も、販売者に対する確定の結果の

送信も、チェックを入れたり、該当ボタンを押したりするという簡単な方法である〔いわゆる「クリック」という方法でする〕ため、うっかりそうした操作をしてしまう恐れがある）ということである。

そこで、以上のような危険に対応するために、特定商取引法は、通信販売においては、購入者に対し購入する商品に関する取引条件を正確かつ十分に知らせるようにしたり、不相当な方法による広告の禁止を定めるようにしたり（同法11条～13条の２）、うっかり購入の意思表示をしてしまった場合のために、欠陥のない商品についても、一定の要件の下に、その返品制度を認めたり（同法15条の３）、不実告知等による購入者の誤認による商品の購入申込みの意思表示の取消しを認めたり（同法15条の４）するなどの対応策を定めている。

なお、民法95条３項は、意思表示をした者に錯誤に陥ったことについて重大な過失がある場合には、原則として、錯誤を理由に取消しの意思表示をすることができないと定めているが、上記のようなインターネット取引にあるリスクから消費者を保護するため、対象となる契約が消費者契約である場合には、電子消費者契約に関する民法の特例に関する法律（平成13年法律第95号）３条は、民法95条３項の前記規定を原則として適用しないとしていることも参考になるであろう。

つまり、こうした購入者保護の定めの基礎にある特質は、定型約款による契約の成立の特質（定型約款中の個別に合意していない個々の条項についても合意したものとみなされ、それが契約内容になるという特質）とは、その性質を異にし、両者は、必然的に関係があることではない。

本件においては、「事実関係の概要」に記載する限りにおいては、以上のような特定商取引法の規定の性質と民法における定型約款の規定の性質との関係について、上記の説明以上に特に取り上げて、一般的に論じなければならないような点はないように思われるので、ここでは、この程度の説明に止める[13]。

---

13) 特定商取引法については、阿部高明『逐条解説特定商取引法　Ⅰ・Ⅱ』（青林書院、2022）の大著もある（そのⅠ８～11頁は、ごく簡潔に通信販売の問題点を指摘しており、参考になる）が、比較的簡単で分かり易いものとしては、森公任ほか監修『図解で早わかり　３訂版　消費者契約法・特定商取引法・割賦販売法のしくみ』（三修社、2022/12/30）もある。いわば公的ものとしては、比較的簡単ではあるが、消費者庁による「特定商取引法ガイド」（https://www.no-trouble.caa.go.jp/）が有益である。

98　第2部　具体的紛争の解決

ただ、すでに述べたように、実際に本件は、インターネットによる取引であるので、その取引条件の表示などが、同法に違反していないかについては、注意をする必要がある。

### 第3　最も適切と思われる法的判断の構造（法律構成）【2-4-3-3】

### 1　訴訟物【2-4-3-3-1】
XのYに対する転売禁止特約違反を理由とする違約金請求権

### 2　請求の趣旨【2-4-3-3-2】
Yは、Xに対し、66,000円を支払え。

説明

　後記【2-4-3-3-3】「請求原因」記載のとおり、Xは友人3人に対し、10万円で購入した本件グッズを、転売禁止特約に違反して、それぞれ12万円で転売しているので、得た転売利益合計6万円の1.1倍の違約金支払義務がある。XからYに対する請求金額は66,000円となる。違約金の性質・その当否についての一般論は、すでに（前記【2-4-3-2-2】転売禁止特約に反した場合の違約金の定めの性質とその当否（93頁以下）において検討した。本件における違約金についての性質・その当否についての具体的検討は、後記【2-4-3-3-4】「本件についての最終的判断」（102頁以下）においてする。

### 3　請求原因【2-4-3-3-3】

①　XはYに対し、2022年10月20日、本グッズを1個当たりの代金10万円で5個売るとの契約を締結した。

　その購入手続はインターネットによるものであり、Xは、インターネット上に、Xの名称・代表者の氏名・住所・電話番号・メールアドレスなどを冒頭に明示した上、本グッズを定価10万円で（他に、送料について、都道府県別に決められた送料の記載がある）販売すると表示をし、その取引条件を示したが、その要点は、次のとおりである。

　「本グッズを購入する方は、次の取引条件にまず同意してください。ただし、この取引条件は、今後お客様との合意なく変更することができます。そ

の際には、その変更に先立ち、ここで利用しているインターネットで皆様にお知らせします。」との表示をした上、本グッズの納入期限は、購入申込日から6か月後であること、具体的な代金支払時期・方法、商品発送に関する事項、状況に応じての返品に関する事項のほか、「本グッズは、人気商品で入手しにくいため、本グッズの適正な流通を確保するため、購入した方が転売をすることを禁止します。」など、すべてで10か条ほどの取引条件の表示をした。

② 2023年1月になって、Xは、すでに購入申込をしている人も含め、本グッズの取引条件として、本インターネット上に、「本グッズについての転売禁止のお願いにもかかわらず、人気商品のため、現在も多くのお客様が本グッズの転売を不相当に高額でしておられ、取引が乱れています。そこで、この度、本年2月15日以降、本グッズの転売をして買主にその引渡しをした方には、その方が転売で得た利益相当額の1.1倍を弊社に違約金として支払って頂くことにいたしましたので、十分に注意をして下さい。本グッズのそれぞれには、その表面の目立つところに個別の製造番号が刻印されていて特定できるようになっています。本変更にご異議のある方は、キャンセル料として、本グッズの購入価額（2個以上のときは、その合計額）の10%を支払って、本グッズの購入契約を解除することができます。」との取引条件の変更通知をした。

③ Yは、同年5月10日、Xから購入した本グッズ5個のうち3個をA、B及びCにそれぞれ1個ずつ、各代金12万円で転売し、引き渡した。

[説明]

取引条件の提示の内容の具体性を重視した事実摘示

上記記載は、「事実関係の概要」記載の関係事実のうち、請求原因として必要と思われる事実を摘示したものである（ただし、後記請求原因で取り上げた事実についての主張立証責任〔101頁以下〕参照）。

なお、通常は、攻撃防御法の摘示では、「ですます」調の記載をすることはないが、ここでは、前記【2-4-3-2-3】「特定商取引に関する法律（特定商取引法）との関係」（95頁以下）で述べたように、取引条件の購入者への提示の仕方が、正確さや分かり易さなどの点においても適切にされる必要があるこ

とから、なるべく実際に使った表現を記載することとした。

### 定型約款の変更があり得ることの予告

前記（88頁）のように、民法548条の４第１項は、「この条の規定により定型約款を変更することがある旨の定めの有無及びその内容」を定型約款の変更を肯定するための有利な事情として挙げていると考えられる。そこで、その点を記載した（請求原因①第３段）。変更後の契約から離脱できる状況にあることも、同項に定める「その他の変更に係る事情」のうちの１つとして、変更の効力を肯定する方向への事情として働く。そこで、その点を記載した（請求原因②）。

### 定型約款の変更の実施方法とその対象者

前記（90頁）のように、民法548条の４第２・３項は、定型約款の内容の変更をするに当たっては、変更の内容・その効力発生時期などを知らせる必要があることのほか、インターネットなどによる相手方の知り得る方法によることを求めている。そこで、その点をも記載した（請求原因②）。

なお、この変更は、この変更前に本件グッズの購入申込みをした購入者についてもされている点に問題はないかを検討する。この点は、本件定型約款の変更の可能性が当初から表示されていたこと、本件取引の実情などに照らし、すでに定めている転売禁止特約の内容を合理的な範囲内で加重するものである（後記【２-４-３-３-４】「本件についての最終的判断」冒頭の説明〔102頁〕参照）といえるならば、法の許すところであると考える。その点を表すために請求原因②記載のような方法でされていることを摘示した。もより、Ｙが実際にその友人に本件グッズを転売して引渡しをした後に、このような違約金を徴収するとの定型約款の変更をしても、それはＹに対して効力を生じない（違約金の定めのないことを前提として、転売禁止特約に関する債務不履行による損害賠償請求をすることになるが、その場合には、おそらく、損害の額の立証が困難であろう）。

### Ｙによる本件グッズの転売時期

「事実関係の概要」記載（81頁）の、Ｙが３に人の友人に対してした本件グッズ「５個のうち３個について、予定通り購入できたら、その転売を考えるとの約束」は、本件グッズの転売を購入できた際には友人への転売を前向きに

検討するという趣旨の約束に止まり（「転売を考えるという約束を……した。」
という「事実関係の概要」の記載に現れている）、本件グッズの転売契約がそ
の時に成立したとはいえない（条件が整ったら転売するとの合意〔停止条件付
の転売合意〕をしたとまでもいえない）から、Xが転売禁止特約違反に違約金
を課するとした通知において、「本年2月15日以降、本グッズの転売をして買
主にその引渡しをした方」とする対象者に含まれることに問題はない（「事実
関係の概要」記載（82頁）の、Yが友人3人に転売をしたのは、同年5月10日
である）。

**請求原因で取り上げた事実についての主張立証責任**

　このことについては、前記【2-4-3-2-1】「定型約款の意味」不当条項規
制（87頁以下）において説明したような問題がある。すなわち、請求原因では、
X（定型約款準備者）のほうで違約金条項を新たに定めたと抽象的に定型約款
の変更の仕方を記載し、その不備をY（購入者）の方から具体的に抗弁として
指摘するという考え方の適否である。上記請求原因の記載は、定型約款（その
変更を含む）という制度の趣旨（前記【2-4-3-2-1】「定型約款の意味」〔84
頁以下〕参照）に照らして（かつ、通信販売における特定商取引法の趣旨〔95
頁以下〕も考えて）、この程度は、Xの方で請求原因として主張することが必
要であるとの考え方に立ったものである。もっとも、請求原因として必要と考
えられる事実の程度については、本件のように、諸般の具体的事実を総合的に
判断して、その適法性を評価する場合には、厳密には、いわばそのギリギリの
意味で必要な事実の判断は困難なことである。最終的には、立証できない事実
が出てきたときには、その具体的ケースの実態を考えて、その他の事実のみで
足りるかを具体的に決断するほかはない。本件では、ほとんどが争いがない事
実なので、そうした問題はない。おそらく、上記請求原因事実は、そのギリギ
リ必要な程度よりは、少し多めに事実の摘示がしてあることになっていると思
う。

　「事実関係の概要」記載（81頁）の「2023年4月23日にYの受信した『本
グッズの発送準備ができた』とのお知らせメールにおいて、転売予定はないこ
との確認を求める問合せもあったが、Yは『ない』と回答した。」旨の事実は、
Xにとって有利な事実であるが、そこまでは、請求原因として摘示しなくても、

請求原因として不十分ではない、と考える（もとより、この事実は抗弁となる性質の事実でもない）。

さらに、「事実関係の概要」記載（82頁）の、Xが違約金の支払いに応じなかったこと（もし支払って〔弁済して〕いれば、それが抗弁となる）、Xが本訴提起に至った事情、それに関連する状況なども、請求原因としては不要である。

### 4 本件についての最終的判断【2-4-3-3-4】

本件において、請求原因を以上のように記載した理由については、すでに説明したとおりである。そして、このような考え方は正当であると考える。本件定型約款の変更についても、それは、転売禁止特約の内容を合理的な範囲内で加重するものであるということができ、適法であると考えられる（前記【2-4-3-3-3】「請求原因」定型約款の変更の実施方法とその対象者〔100頁〕参照）。

以上では説明しなかった点として次の3点があるが、いずれも不相当とまではいえないと考える。

①と②前記【2-4-3-2-2】「消費者契約法との関係」転売禁止特約に反した場合の違約金の定めの性質とその当否に関係した論点（93頁以下）

① 本件転売禁止特約に違反した場合における違約金は、その主たる目的が、「本グッズの適正な流通を確保する」ことにあると考えられる。このことは、Xが、違約金の定めを置いたときに明言するところであり、かつ、転売利益の1.1倍という額は転売によってXの受ける損害額とは関係がない（転売額の高低によって、この1.1倍という額は変化するが、そのような額の変化に対応して、Xの受ける損害額が変わることはないことから、そういえよう）ことや本件グッズが、人気が高く注文後6か月後に初めて入手できるなど一般の購入者にとって非常に入手しにくい状況にあったという取引の実態などに照らして、肯定し得るところである。

そうすると、本件における違約金は、民法420条3項の推定にもかかわらず、狭義の違約金（制裁金として科される違約罰）であると解される。そのような違約罰を科することは、どのような要件の下において適法となるであろうか、特に、その額の上限はどの程度であろうかが問題となる。

本件における違約金は、上記のような人気商品のため入手しにくい流通状況に照らし、転売禁止特約を定めることは合理的といえる（前記【2-4-3-2-2】「消費者契約法との関係」転売禁止の合理性の有無〔92頁以下〕参照）し、違約金の額は、転売利益額を支払うのみでは、いかにも転売抑止効果が低いので、転売利益額を少し上回る程度の額であれば、不相当に高額であるとまではいえまい。

　そうであれば、本件で違約罰を定めること及びその金額が転売利益額の1.1倍であることは、違法であるとはいえない。

　②　本グッズの転売禁止特約に違反した場合の違約金の定めは、消費者契約法9条1項1号、2号のいずれでもないから、同条は、本件転売金訴特約違反の場合の違約金とは関係がない。

　③　前記【2-4-3-2-2】「消費者契約法との関係」定型約款の変更に応ぜず契約関係から離脱する場合の違約金の定めの性質とその当否に関係した論点（94頁以下）

　本件のような取引において、利益率が10％というのは、通常あり得ることであるから、本件で「キャンセル料」が上記9条1項1号にいう「平均的な損害の額を超えるもの」とまではいえまい。

　請求原因事実の立証について　ほぼ「事実関係の概要」の記載から争いがないか、弁論の全趣旨から認められるものと考えられる。

　抗弁として考え得ると抽象的にはいえるもの　本件の具体的事実関係をはなれて考えると、「一方的な変更通知による転売禁止特約の無効」、「消費者契約法10条違反による転売禁止特約の無効」、「転売禁止特約違反の場合の違約金の額が高額過ぎるので違約金特約は無効」、「当初契約から離脱するためのキャンセル料が高額過ぎるので定型約款の変更は、消費者契約法9条違反であって無効」など考えられなくはないが、本件の請求原因事実を前提とする限り、いずれも法的に理由がなく、排斥を免れない。

　「事実関係の概要」記載（81頁）の「Yは、迷ったが、自分なりの信条として、転売を考えるとの約束をした友人との信義を重んずることとし、そのまま購入手続を維持した。」との点は、Yの友情という視点からは分からないではないが、「事実関係の概要」記載（80頁）のように、本件取引の条件としては、

最初から「転売禁止特約」が表示されており、その理由も相当であって、Yはその条件を承知して本件取引を開始して購入手続を終え、その後において、3人の友人に転売する契約を締結し、それを実行したのであるから、法的には、Yの上記判断を肯定するわけにはいかない（抗弁として成り立たない）。

　そうすると、XのYに対する本訴請求は、すべて理由があることになる。

第5章　債務不履行が問題となる事案　*105*

# 第5章
# 債務不履行が問題となる事案〔2-5〕

## 第1節　本章での検討の趣旨〔2-5-1〕

　後記【2-5-2】「事実関係の概要」記載の事実関係は、次に述べることに関係があると思われる詳しい事実関係である。

　Xとその夫Aが平等の持ち分で所有する自宅のバルコニー設置工事を、Yが経営し、さまざまに派手な宣伝をし、X・A宅をも訪問していた、近くの建築工務店に依頼し、XとA両名（注文者）がY（請負人）と綿密な協議の上、「バルコニー設置工事契約」を書面で締結した。

　その後、同工事の実施中に、バルコニーの柵の高さが契約の定めより低く作られて、工事が完了した。

　工事完成・引渡しも代金決済も終わった後、XとAとの間の5歳の子どもが、柵を越えて地上に転落するという事故が起き、その子が重傷を負った。Aの心の傷は深く、その後Aは、体調不良となって、勤務先の会社も辞めざるを得なくなった。

　このような事実関係の下において、本件紛争を民事訴訟で解決するために、<u>最も適切な（すなわち、最も事案の実態に即した適正迅速な）紛争の解決を導くことになる方法</u>はどのようなものであるかを検討する。

## 第2節　事実関係の概要〔2-5-2〕

　X（30代）とその夫A（30代）は、大都市近郊の丘陵地の南側傾斜面に開けた新興住宅地に土地（約150㎡）と同地上に1階（約80㎡）、2階（約40㎡）の木造1戸建ての建物を所有していた（共有持分は、土地・建物とも、それぞれ

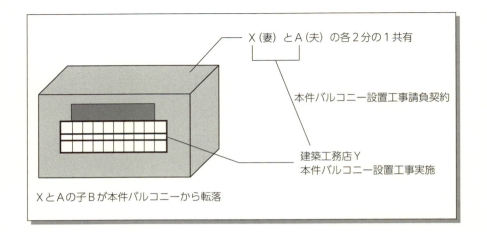

2分の1）。XとAは、2人の子ども（5歳の男児Bと2歳の女児C）と共に生活をしていた。XもAも、2人の子どもを幼稚園、保育園に通わせながら、育児休暇を活用するなどして、いわゆる共働きをしていた。

　XとAとは、同じ大学のワンダーフォーゲル部に所属していたことから、交際が始まり、結婚にいたった。2人とも山野における自然に親しむ生活が好きで、交際時代には、よく緑の中のログハウスに足を運び、特に広いバルコニーで自然の中の雰囲気を味わいながら過ごすのが好きだった。

　Xらの住む新興住宅地の付近には多くの樹林がまだ残っていたが、最近になって、その樹林の相当数が伐採され、新たな宅地開発が進んでいる。X・A宅の南側下方にも、そうした宅地開発が行われ、以前よりも展望が開けた。

　XもAも、前述のように野外生活を楽しむことが好きであったため、この際、わが家の狭い2階のベランダ（その用途は主として物干し場）を外側に拡張して、そこで景色を見ながら軽食を楽しんだり、子どもを遊ばせたりしたいと考えるようになった。

　XとAは、最寄り駅付近の商店街にあるホームセンターや建築工務店などをしばしば訪れ、店員と相談したりしていた。

　ある建築工務店（その経営者はY）は、特に派手な宣伝活動を行っていて、「昨年度におけるリフォーム工事の受注件数は、当店の優秀な技術と合理的な低価格のため、○○○件であり、当地域第1位である。」との広告文（いわゆ

第5章　債務不履行が問題となる事案　　*107*

るチラシ）を配布したり、またその店員が直接に各家庭を訪問して、同様の説明をさまざまな形でして宣伝活動をしていた。

2022年春には、Yの店員が、X・A宅にも来訪し、X・Aに多くのカラー刷りのパンフレットなどを示して、同工務店における工事の優れたところ、安価なところなどを説明した。

以上のような経緯があって、XとAは、かねてから考えていたベランダのバルコニーへの拡張工事をYに依頼しようと考えるようになった。

XとAは、2022年7月1日にYの店舗を訪れ、自分たちの考えている工事の内容をYに直接に話をし、3人で意見交換をした。その機会には、多くの資料を見せられながら詳しく説明を受けた。その後、X・Aは、工事の内容面でも価格面でも、2人で相談をしたり、ときには最近同様な工事を他店でした知人の意見も聞いたりし、かつ、疑問点についてはYに電話をしたりしながら、熟考を重ねた。その結果、同月10日に至り、再び、X・AでYの店舗を訪れ、X・A宅のベランダのバルコニーへの拡張工事（以下「本件バルコニー設置工事」という）に関する契約をX・Aの両名を注文者、Yを請負人とし、工事代金○○万円で締結した。

同契約書では、同バルコニーの面積・仕様（全体としてログハウス風であり、柵には太い横木を渡す構造である。使用材木の内容〔太さ・長さ・材質など〕及び構造など）が細かく定められた。特に、念入りに相談をして決められたのは、バルコニーの周りに設置する柵についてであった。X・Aの子どもである2人の幼児が柵を越えて、又は、柵の隙間から、地上に転落しないように、十分な安全のための配慮がされた設計になっていた。

その後、X・A宅の本件バルコニー設置工事は、Y及びその従業員によって進められた。2022年9月11日（日）午前9時ごろ、その日、Yが直接にバルコニーの柵の設置工事を始めていたところ、そこに、Aが現れその状態を見て、Yに対し、「Yさん、柵のことだけど、柵が少し高いので、子どもが外を見にくいと思う。もう少しよく見えるように、柵の高さをちょっとだけ低くしてくれませんか。」と発言した。いつもBとCを見て可愛いと気に入っていたYは、その子達が喜ぶならと、直ちにこれを承知し、その方針に従って、すでにしていた一部の工事をやり替え、その後そのように（上記仕様書より○○cm低く）

工事を実施した（柵の高さを○○cm低くした）。その日は、日曜日であったが、Xは、急用があって外出していて、夜に帰宅した。Xは、翌日になってバルコニーの柵を見たが、柵の高さが契約で定められているより○○cm低くなっていることには気づかなかった。

　2022年10月末に、本件バルコニー設置工事は完成し、XとAはその引渡しも受け、工事代金○○万円の全額を支払った。

　秋も深まり、X・Aと子ども２人は、バルコニーに出て、外の自然を眺めながら、遊んだり食事をしたりして、生活を楽しんでいた。

　**以上の事実関係について、X・AとYとの間で、特に争いはない。**

　**Xの言い分：**

　同年11月13日（日）お昼ごろ、X・Aと子ども２人はいつものようにバルコニーで軽食をとっていたところ、ほんのちょっとの間に、Bの姿が見えなくなった。Bは、柵に寄って外の景色を楽しんでいたが、柵をその太い横木に足を掛けて登って柵から身を乗り出して外を見ているうちに、誤って柵を越えて○○m下の地上に転落した。XとAとは、この事故の詳細を直ちにYに電話で知らせた。

　Bは、地上にあった石に激突し、脊椎・脊髄損傷により全治６か月の重傷を負い、予後も運動能力に障害が残り、車椅子による生活を余儀なくされる状態となった。

　Xは、2023年４月末日までに、その扶養義務の履行として、その医療費・入院費○○○万円を○○大学付属病院に支払った。

　Aも、自分の軽率な工事変更の申し出から、わが子が上記のような状態になったことを悩み、うつ病となり、勤務していた会社も退職せざるを得なくなり、約50万円の月収を失うに至った。

　**Yの言い分：上記Xの言い分のすべてを否認する。**

　**前記【2-5-2】「事実関係の概要」は、ある事件の核心的部分を含み、かつ、その背景となる、ある程度広い事実関係を包含するもの、いわば生の紛争の諸事情が複雑に入り込んでいる事実関係である。これは、従来の実務書や裁判例で挙げられる「事案の概要」は、法的視点の比較的明確な事実関係を題材とする、すなわち、要件事実論や事実認定論の視点から意味のある、ある程度特定**

第5章　債務不履行が問題となる事案　　*109*

した事実関係として整理されたものが多いように思われるが、これとは異なり、そのように整理される前の事実関係である。

　本書では、ここから出発して、この事実関係の下では、どのような法的判断の構造（簡単に、法律構成ともいう）を念頭に置いて考えるのが、最も適切な（すなわち、最も事案の実態に即した適正迅速な）紛争の解決を導くことになるかを考えることになる[1]。

＊　　　＊　　　＊　　　＊　　　＊

　以上のような基本的考え方に立って、次節【2-5-3】において、前記【2-5-2】「事実関係の概要」（以下本章において、これを単に「事実関係の概要」という）の下における具体的検討を行う。

# 第3節　民事訴訟として考え得る方法【2-5-3】

## 第1　直観的な印象【2-5-3-1】[2]

　本件は、なかなか困難な事案である。XとAとは慎重に事を運びながら、結局、最後の段階で問題を起こしてしまったことになるが、それには、XとAとの権限の問題、Yが専門業者として取るべき態度の問題などが複雑に絡み合い、かつ、因果関係の判断も困難であって、最終的にだれが最も非難されるべきであるかを決するのは、容易ではない。

## 第2　考えられそうな法的判断の構造（法律構成）【2-5-3-2】

　「事実関係の概要」記載の事実関係の下で、消費者保護関係法（その主な救済手段は契約の解消・無効などである）がどのように関係するかを検討しなければならない。また。本件においては、どのような法律構成を採ろうとも、常

---

　1）　以上の考え方とその実践は、本書の持つ類書にない特徴に関する重要なものであって、これに関しては、前記【2-2-2-1】「『事実関係の概要』と『事案の概要』との違い」（33頁以下）、前記【2-2-2-2】「『事実関係の概要』を出発点とすることによる検討方法の違い」（35頁以下）、前記【2-2-2-3】「憲法訴訟における論証責任論とそこから要件事実論が学ぶべきもの」（38頁以下）において、第2章のみならず第3章を含む各章に共通するものとして、詳細に説明しているので、十分にご留意をお願いしたい。
　2）　「直観的な印象」の意味については、前記【2-2-3-1】注9（42頁）参照。

に問題となるのが「因果関係」の問題である。

## 1 「事実関係の概要」記載の事実関係において問題となり得る消費者保護関係法【2-5-3-2-1】

紛争解決のための基本的態度としては、前記【2-2-3-2】「考えられそうな法的判断の構造（法律構成）（43頁）で述べたように、公序良俗違反（民90）とか信義則違反・権利の濫用（民1Ⅱ・Ⅲ）などというような人によって判断が分かれ得て、かつ、対応する具体的な法規の定めのないような解決方法によるよりも、より直接的には、実定法で関係する具体的な規定のある問題として考えることが望ましい。

消費者保護関係法は、本件においては、結果として有用でない可能性が強いが、この際、関係法令を検討しておくことは、関係法令の学習として有用であるので、関係法令の概括的な検討を以下にしておきたい。

そこで、ここではまず、本件において問題となり得る消費者保護関係法を概観し、それらと本件との関係性を考えてみることとする[3]。

○ **不当景品類及び不当表示防止法（略称：景品表示法）**

同法5条は、「事業者は、自己の供給する商品又は役務の取引について、その性質が実際のものよりも著しく優良であるとの表示をし、事実に相違して他の事業者よりも著しく優良であるとの表示をし、又は、他の事業者よりも著しく消費者にとって有利であると誤認されるような表示であって、不当に顧客を誘引し、一般消費者による自主的かつ合理的な選択を阻害するおそれがあると

---

3) 後藤巻則ほか『条解　消費者三法〔第2版〕』（弘文堂、2021）があり、消費者契約法・特定商取引法・割賦販売法を詳説する（本文のみで2011頁に及ぶ大著である）。

河上正二『遠隔講義　消費者法〈新訂第3版〉2022』（信山社、2022）は、著者が感染症対策のため大学での講義をオンラインでした15回分をもとに一本としたもののようで（同書「はしがき」による）、実務上参考にもなるが、理論的水準の高いものでもある。

河上正二『新ブリッジブック　消費者法案内』（信山社、2022）は、消費者関係諸法について、コンパクトに（全文で256頁）分かりやすく説明したものであり、一般読者にとって、消費者関係諸法の概要を掴むのに有意義である。

立案当局によるものとしては、消費者契約法について、消費者庁消費者制度課編『逐条解説　消費者契約法〔第4版〕』（商事法務、2019）がある。

消費者関係諸法に関する裁判例を知るためには、河上正二ほか編『消費者法判例百選〔第2版〕』（別冊ジュリ249号、2020）が有益である。

認められる表示をしてはならない。」旨（このように「旨」と表示した場合には、条文の内容の一部のみを述べたり、表現を簡略にしたりして、条文の概要を述べているにとどまることに留意されたい。以下同様である）を定めている。

同法7条は、「内閣総理大臣は、5条違反の行為があるときは、当該事業者に対し、その行為の差止め若しくはその行為が再び行われることを防止するために必要な事項などを命ずることができる。」旨を定めているが、そのような広告を信用して、消費者が契約を締結したときにおける同契約の取消権を定めていない。

「事実関係の概要」記載のYのした広告が、同法の禁ずる性質の表示であるかどうかは、「事実関係の概要」における記載のみでは明らかでないのみならず、仮にそれが肯定できるとしても、XとAとが、具体的に、本件バルコニー設置工事契約に結びつけて、私法上の有利な法律効果を主張をする手段とすることはできない。

**○ 特定商取引に関する法律（略称：特商法）**

同法1条は、訪問販売を同法に定める特定商取引とし、同法2条は、「『訪問販売』とは、役務提供事業者が営業所等以外の場所において、役務提供契約の申込みを受け又は役務提供契約を締結して行う役務の提供（1項1号）、役務提供事業者が、営業所等において、営業所等以外の場所において呼び止めて営業所等に同行させた者その他政令で定める方法により誘引した者（「特定顧客」という。）から役務提供契約の申込みを受け、若しくは特定顧客と役務提供契約を締結して行う役務の提供（1項2号）をいう。」旨を定める。

そして特商法2条1項の「特定顧客」とするための方法として、同項に定める方法のほか、どのようなものがあるかについては、特商法施行令1条に、おおむね「電話、郵便等の方法又は.ビラを配布したり拡声器で住居の外から呼び掛けたり、住居を訪問する等の方法により、役務提供契約の締結について勧誘をするためのものであることを告げずに営業所等への場所への来訪を要請すること、電話、郵便等の方法により、又は住居を訪問して、他の者に比して著しく有利な条件で当該役務提供契約を締結することができる旨を告げ、営業所等への来訪を要請すること」と定めている。

そして、前者（法に定める方法）がいわゆる「キャッチセールス」といわれ

112 第2部　具体的紛争の解決

る方法であり、後者（施行令に定める方法）が「アポイントメントセールス」といわれる方法である[4]。

　特商法で禁じられている行為によって契約の締結に至った消費者は、その契約の申込みの撤回等をすることができる（いわゆる「クーリングオフ」といわれるもので、特商法9条の定めるところである）が、それは法定書面を受け取った日から起算して8日以内という期間制限がある（法定書面がどのような書面であるかの説明は省略するが、本件がそうした期間を経過していることは間違いがない）ので、本件で問題とし得る余地はないように思われる。

　そもそも、特商法所定の勧誘方法によってXとAとがYの店舗を訪れたという事実までを認めることはできない（「特定顧客」に当たるかが最も問題ではあるが、キャッチセールスの場合に該当しないことはもとより、アポイントメントセールスに該当するとの事実も認めることは困難であろう。Yの従業員の勧誘などが、XとAとの決断に影響を及ぼしたとしても、Yの店舗を訪れたのは、結局は、XとAとの自主的な意思決定によるものであると考える余地が十分にあると判断すべきであろう。

　○　消費者契約法（略称：消契法）

　同法による制度の趣旨及び概要は、同法1条に端的に表現されている。すなわち、同条は、「この法律は、消費者と事業者との間の情報の質及び量並びに交渉力の格差に鑑み、事業者の一定の行為により消費者が誤認し、又は困惑した場合等について契約の申込み又はその承諾の意思表示を取り消すことができることとするとともに、事業者の損害賠償の責任を免除する条項その他の消費者の利益を不当に害することとなる条項の全部又は一部を無効とするほか、消費者の被害の発生又は拡大を防止するため適格消費者団体が事業者等に対し差止請求をすることができることとすることにより、消費者の利益の擁護を図り、もって国民生活の安定向上と国民経済の健全な発展に寄与することを目的とする。」と定める。

　この趣旨を受けて、4条は、「事業者が消費者契約の締結について勧誘をするに際し、重要事項について事実と異なることを告げたり、将来における変動

───────────
　4）　後藤ほか・前掲注3・337頁以下に詳しい説明がある。

が不確実な事項につき断定的判断を提供したりし、さらには事業者が消費者の求めに応じて関係場所から退去しなかったりするなど消費者を困惑させる行為をしたりして、そのため消費者がそのように誤認したり困惑したりしたため、当該契約の申込み又はその承諾の意思表示をしたときは、これを取り消すことができる。」旨を定めている。同条は、そのほか社会的経験に乏しい者、高齢者、判断力の低下している者などを詳細に挙げて、その保護を図っている。

　なお、最判平29・1・24民集71巻1号1頁（クロレラチラシ事件）（直接には消契法12条関係の勧誘についての判示であるが、その点は4条関係でも変わりはあるまい）が、「事業者等による働きかけが不特定多数の消費者に向けられたものであったとしても、そのことから直ちにその働きかけが法12条1項及び2項にいう『勧誘』に当たらないということはできないというべきである。」と判示している（「本件チラシの配布は新聞を購読する不特定多数の消費者に向けて行う働きかけである」ことから問題となったものである）ことに留意すべきである。

　さらに、8条は、消費者契約において定める損害賠償の免除の内容を具体的かつ詳細に定めている。

　本件においてXもAも消費者であり、Yが事業者であることはいうまでもないが、「事実関係の概要」記載の事実関係からは、消契法所定のこのような要件に該当するような事実を認めることはできず、同法は、本件におけるX・Aの救済のためには、有用ではない（同法9条、10条による救済も問題とならない）。

＊　　＊　　＊　　＊　　＊

　したがって、「事実関係の概要」の下における、最も適切な紛争解決のための法的判断の構造を考える際において、消費者保護関係法の諸規定を活用することはできない。

　本件で最も本質的な問題は、そうしたところにはないように思われる。XもAも大学卒で30代の社会的経験も十分な人達であり（106頁）、契約締結に当たっても、疑問の点は、両者で十分に相談をし、知人に相談もしたりしていて、かつ、本件バルコニー設置工事契約書も周到に考慮して作成している（107頁）のである。

*114* 第2部 具体的紛争の解決

## 2 「事実関係の概要」記載の事実関係において問題となる因果関係の問題 【2-5-3-2-2】

### 基本的意味

因果関係とは「ある事実が、それに先行する他の事実に起因するという関係のこと」[5] である。

### 事実的因果関係と相当因果関係

因果関係は、平井宜雄教授の指摘により、「あれなければこれなし」という事実的因果関係とその存在を前提として、どこまでを法的に保護すべきかという問題（相当因果関係といわれるものは後者のことである）とに分けて考えられている（その基本は、現在の一般的考え方であるといえよう）。

前者は、事実認定の問題とされることが多いが、実は、因果関係に関する個別的法律要件は、事実的因果関係であっても、要件事実論でいう「評価的要件」であって、「事実的要件」（例えば、「あるところに人がいた」）ではない。因果関係のあることを示す「A事実があったため、B事実が起きた。」という命題（この命題全体は、評価的要件である）のうち、「ため」という部分の事実を摘示することはできず、そのような原因・結果の関係があったと判断される評価根拠事実を摘示することができるのみである。例えば、きわめて簡単な例として、ある人が坂の上で石を蹴ったところ、その石が坂を転がり落ちて、下にいた人に当たった。」という場合に、「ある人が、坂の上で石を蹴ったため、坂の下にいた人に当たった。」と一般にいうとしても、この「ため」という部分そのものに対応する事実を示すことはできない。この原因・結果の関係をより具体的に述べるとすれば、「①人が石を蹴った。②その蹴った位置は、一定の傾斜のある坂の上であった。③蹴られた石は、その坂を一定の方向に一定の速度で下った。④そのように石が下ってきた位置に他の人がいた。⑤その石は、その人に当たった。」というようなことになろう。そして、①～⑤の事実を全体としてみると、①が原因で⑤の結果が起きた（①のため⑤が起きた）、ということになる。以上の判断は、大げさにいえば重力の法則、慣性の法則などの経験則を適用してされている判断である[6]。

---

5) 有斐閣小辞典［第5版］39頁の「因果関係」の見出し語の下における説明。
6) 評価的要件については、前記【2-1-2-3】「攻撃防御方法としての要件事実の種類」<u>評価的</u>

第5章　債務不履行が問題となる事案　*115*

**本件に現れる因果関係の問題**

　すでに説明した景品表示法の問題（110頁以下）にしても、特商法の問題（111頁以下）にしても消契法の問題（112頁以下）にしても、3法が消費者保護のために疑問があるとしている行為があったため消費者にとって不利益な契約が締結されていることを問題としているのであって、そこでは、疑問があるとされている行為と契約の締結の間に因果関係があることが必要とされている。本件では、「事実関係の概要」記載の事実関係から、そのような因果関係があるとの評価はできなかった、ということになる（113頁参照）。

　まことに残念なことには、<u>本件の問題は、Aが自分だけの考えで、2022年9月11日にYに柵の高さを契約で定められたよりちょっとだけ低くしてくれと依頼し、Yもこれを直ちに承諾してそのように工事を実施した（107頁）ところにある。</u>そして、そのことから発生した結果を、どこまで法的に意味のあるものと考えるべきかという因果関係の問題が重要である。すなわち、XとAが共同契約者になっている契約（しかも書面による契約）を、その実施段階でAが単独でかつ口頭で変更の申込みをし、Yもこれを承諾したところに問題がある。そして、その後に伴って発生した結果との関係では、そうした変更が、どのような因果関係を持っているかということが重要になるのである。

　本件では、どのような法的主張をする場合においても、いわば決め手に欠けることが多いように思われる。Xの立場としては、Yをさらには裁判官をどのように説得するかの**論証責任の問題**を常に意識する必要がある。

　そうした問題点を念頭に置きながら、以下に、具体的に要件事実を摘示し、かつ、随時必要に応じて、問題点を 説明 の中で検討することにする。


## 第3　最も適切と思われる法的判断の構造（法律構成）【2-5-3-3】[7]
## 1　訴訟物【2-5-3-3-1】
### XのYに対する請負契約上の債務不履行に基づく損害賠償請求権

---

　<u>要件</u>（21頁以下）参照。因果関係の要件としての性質については伊藤『要件事実の基礎〔新版〕』303頁以下、因果関係についての証明については伊藤『事実認定の基礎〔改訂版〕』180頁以下参照。

7)　請負契約に基づく修補に代わる損害賠償請求に関する要件事実については、具体例に基づく有益な説明が、伊藤編著『新民法（債権関係）の要件事実Ⅱ』566頁以下〔今出川幸寛〕にある。

　磯村保編『新注釈民法(8) 債権Ⅰ』（有斐閣、2022 602頁以下〔大野祐輔〕は、不完全履行に基

116 第2部　具体的紛争の解決

説明

　単に、損害賠償請求権というのでは、不法行為に基づく損害賠償請求権と区別がつかない。また、契約上の債務不履行に基づく損害賠償請求権というのみでは、売買契約など他の契約上の債務不履行に基づく損害賠償請求権との区別がつかない。上記のようにして初めて、訴訟物の識別機能が必要かつ十分なものとなり、請求原因以下の攻撃防御方法においても、これを念頭に置いて摘示することができる。もっとも、他の場合の法律構成と同じく、訴訟物の場合も、いつも、請求原因などの要件事実が適切に構成できるかという作業とのフィードバックの過程を経て、最終的に訴訟物が決定される（訴訟物が、請求原因事実の適切な構成〔ここではさらに、抗弁以下の構成についての適切な考察が必要となる〕と無関係にまず最初に決定され、そこから、いわば演繹的に請求原因事実が決定されていくものではない）。

　本件の場合は、「事実関係の概要」からみて請負契約であることに間違いはないが、事案によっては、売買その他の契約との区別ができにくい場合もあるので、注意しなければならない。

2　請求の趣旨【2-5-3-3-2】（遅延損害金の請求は省略する）

　Yは、Xに対し、○○○○万円を支払え。

3　請求原因【2-5-3-3-3】

①　X及びAは建築工事業者であるYに対し、2022年7月10日、○○市○○町○丁目○番地上の木造2階建て1棟（1階約80㎡、2階約40㎡）の2階ベランダをバルコニーに改装する工事（以下、「本件バルコニー設置工事」という）を報酬○○万円でするように共同で申し込み、Yはこれを承諾した。

　　同契約の内容は、バルコニーにめぐらす柵をログハウス風に太い横木を渡したものにすることを含め、柵の高さ・横木の太さ・各横木の間の隙間などを詳しく定めた（その主な目的は、X・A間の2人の幼児がバルコニーの柵

---

づく損害賠償請求に関する要件事実について、大江忠『要件事実民法(5)-2　契約Ⅱ〔第4版補訂版〕』（第一法規、2021）383頁以下は、請負契約における不完全履行に基づく損害賠償請求に関する要件事実について、それぞれ説明している。

第5章　債務不履行が問題となる事案　**117**

を越えて又は柵の隙間から転落しないことであった）仕様書において定められていた（その詳細は省略）。

|説明|

現実のケースでは、別表にでもして、この仕様書の内容が摘示されることになるであろう。上記は、後記転落事故との関係でその主要な部分を摘記したに過ぎない。

② 　B（X・A間の5歳の男児）は、2022年11月13日（日）昼ごろ、本件バルコニーの柵に寄って外の景色を楽しんでいたが、柵をその太い横木に足を掛けて登って柵から身を乗り出して外を見ているうちに、誤って柵を越えて○○m下の地上に転落した。

③ 　Yは本件バルコニー工事を実施し、X・Aはその引渡しを受けたが、本件バルコニー工事において作成された本件バルコニーの柵の高さは、上記①の仕様書において定められていたものよりも、○○cm低かった。上記転落は、そのために起こった。

|説明|

契約内容との不適合と完成（請求原因③関係）

「事実関係の概要」に記載の「AがYに対し、同年9月11日に本件バルコニー設置工事について、柵の高さをちょっとだけ低くしてくれと依頼し、Yが直ちにこれを承知し、その方針に従って工事を実施した」旨の事実関係の記載は、請求原因としては不要である（抗弁としては、問題となり得る。後記抗弁1〔120頁以下〕参照）。上記①記載の契約仕様書と異なった内容で、工事が実施されていたということは、民法415条1項にいう債務不履行であり[8]、特段の事由（同項ただし書）のない限り、債務者であるYは損害賠償責任を負うからである。請負契約に特有の担保責任の制限については、民法636条に規定があり、本件でいえば、後記抗弁(1)（120頁以下）の問題となる。

本件バルコニー設置工事は、上記のような瑕疵を有するものではあったが、

---

8）　請負契約の実施された結果に瑕疵（欠陥）があるときの請負人の責任（担保責任）については、その性質について旧民法においては争いがあったが、民法においては、債務不履行とされ、その不履行の内容を表すものとして、「契約内容との不適合」という考え方が使用されている（民636）。

全体としては完成し[9]、注文者であるX・Aに引き渡されている。この事実を摘示したのは、もし、工事未完成のままで、かつ、引渡しもないのに、X・Aが使用を開始したときに転落事故が発生したとすると、その場合には特段の事情（例えば、未完成のうちに、見学のためにX・A・Bを招いたときなどには、状況によっては、何らかの意味での責任が発生することがあるかもしれない）のない限り、請負人であるYに損害賠償責任は生じない、と考えられるからである。

　　因果関係についての事実摘示（請求原因③、④関係）

　「上記転落は、そのために起こった。」のうちの「そのために」も、後記④の「最愛の我が子が上記転落事故によって、このような状態になった」のうちの「によって」も、すでに（114頁）述べたように、評価的要件である因果関係の存在を摘示するものであって、その「よって」という部分に直接対応する事実はない。

　したがって、実際には、仕様書における柵の高さの数値、低くなった数値、地上までの高さ、Bの体形・体重、Bが落ちて激突した石の状況など、関係事実の詳細な状況が具体的に認定され、それに経験則が適用された結果、柵の高さが低くなったこと、転落と重傷・現在の状態との因果関係が確定できることになる（場合によっては、医療内容も必要になるかもしれない）。その主要なものが、要件事実として摘示されている必要があるが、本件事実摘示は、その意味では不十分である（しかし、その趣旨を理解するためには十分であろう）。

④　本件転落事故によって、Bは、地上にあった石に激突し、脊椎・脊髄損傷により全治6か月の重傷を負い、予後も運動能力に障害が残り、車椅子による生活を余儀なくされる状態となった。

　　Xは、2023年4月末日までに、その扶養義務の履行として、その医療費・入院費○○○万円を○○大学付属病院に支払った。

---

9）「完成」という意味を厳格に考えて、いわば100％完全なものと考えると、出来上がった工事には「契約内容との不適合」ということはないことになり、民法636条の趣旨とも整合性がなくなる。結論としても、例えば、請負人はその報酬請求をするに際し、このような意味での「完成」を主張立証しなければならなくなり、相当ではないように思われる。このような点について、磯村編・前掲注7・522頁以下〔小粥太郎〕は、「一応の完成」という用語にも言及しながら、有益な説明をしている。

さらに、Ｘは、Ｂの母親として、最愛のわが子が上記転落事故によって、このような状態になったことによって甚大な精神的苦痛を受けた。それを評価すれば、○○○○万円となる。

[説明]

### Ａのうつ病の問題

　「事実関係の概要」Ｘの言い分の末尾に記載のある「Ａも、自分の軽率な工事変更の申し出から、わが子が上記のような状態になったことを悩み、うつ病となり、勤務していた会社も退職せざるを得なくなり、約50万円の月収を失うに至った。」の事実は、いかにも、因果関係が遠く、仮に事実的因果関係があるとしても、そこまで法的保護の範囲を認めるのは相当でないように思われるので、請求原因として取り上げなかった。

### 債務不履行と慰謝料

　不法行為による損害賠償の内容として非財産的損害（精神的損害）の賠償が入ることは問題がない（民710）。債務不履行による損害賠償の内容として同様に非財産的損害（精神的損害）の賠償が認められるかについては、「これも認められると解されている。」（内田貴『民法Ⅲ　担保物権・債権総論〔第４版〕』（東京大学出版会、2020）177頁）と述べられたり、「債務不履行の場合にもその〔非財産的損害の──筆者伊藤注記〕賠償が認められることについては従来から異論がない」（磯村編・前掲注７・636頁以下〔荻野奈緒〕）と述べられたりする（同所においては、幾つかの最高裁判例に言及されている）。ただ、どのような場合に、そのような損害の賠償（実際には慰謝料という形になろう）が認められるかについては多くの問題があり、通常の売買契約の履行遅滞のような場合においては、その遅滞による財産的損害が賠償されれば、これに加えて精神的損害が生ずることは、普通はないと考えられ、その問題の多くは、民法416条２項の特別損害の問題（「拡大損害」という用語が使用されることもあり、理論上困難な分析が必要な場面も考えられるが、ここでは省略する）となるであろう[10]。

---

10)　こうした問題については、内田・前掲119頁の186頁以下、荻野・前掲638頁以下各参照。
　　債務不履行による慰謝料の問題については、金山直樹「債務不履行における慰謝料の賠償」『現代における契約と給付』（有斐閣、2013）287～309頁が、詳細に論じている。同論文は、債務不履

さて、本件についてはどう考えるべきであろうか。まず、本件バルコニー設置工事は、その性質上、人の生命・身体を侵害する危険のある工事である（後記注11記載の最判の事案も、安全配慮義務という、人の生命・身体に影響を及ぼす性質の契約について、契約当事者である慰謝料の請求を認めたものである）。例えば、極端な場合、バルコニーの床板に瑕疵があり、普通にバルコニー上にいたのみであるのに、床板が壊れて地上に落下した場合を考えてみれば、このことは明らかであろう。本件転落事故も、その本質は、このような場合と異ならない（もとより、瑕疵の程度、過失の有無・因果関係など多くの問題が本件にはある）。

### 不法行為の近親者の固有の慰謝料の類推適用の問題の存否

ここで問題となるのは、重傷を受けたのが、契約当事者（債権者）であるX・Aではなく、その子のBであるということである。しかし、自分の子が重傷を受けた場合に親が精神的損害を受けるということはごく普通のことであり（そこに因果関係があることは明らかである）。この損害は、契約当事者（債権者）自身の精神的損害である。

仮に、本件転落事故によってBが死亡した場合を考えたとしても、その場合にXに認められる慰謝料は、不法行為において認められている近親者の受ける固有の損害（民711。同条は、不法行為を受けて死亡したのは子（B）であり、そのことによって親（X）が親族として固有の損害を受けると考えた場合のことを定めているのである）の類推適用[11]をしているのではない。


## 4　抗弁【2-5-3-3-4】

### (1)　注文者Aの申出【2-5-3-3-4-1】

① 請求原因③のように柵の高さが低くなったのは、次のAの申出によるものである。Yは、2022年9月11日に本件バルコニー設置工事のうちの、柵の設置工事を開始していたが、同日午前9時ごろ、AがYに対し、「Yさん、柵

---

行における慰謝料の賠償は、一般的に認められるといわれているが、北川善太郎教授説などを念頭に置いて、裁判例などを仔細に検討してみると、その肯定される場合は限定される、と述べる。

11) 内田・前掲177頁は、「711条は債務不履行に類推適用されない（前掲最判昭和55年12月18日…）」〔民集34巻7号888頁〔安全配慮（判決は「保障」という用語を使用する）義務に関する事件——筆者伊藤注記〕という。

第5章　債務不履行が問題となる事案　*121*

のことだけど、柵が少し高いので、子どもが外を見にくいと思う。もう少しよく見えるように、柵の高さをちょっとだけ低くしてくれませんか。」と発言した。Ｙは、直ちにこれを承知し、その方針に従って、すでにしていた一部の工事をやり替え、その後そのように（上記仕様書より○○cm低く）工事を実施した。

② 　Ａは、Ｘの夫であり、本件バルコニー工事のＸと共同注文者である。

③ 　②の事実があったため、Ｙは、Ａの上記申し出が、Ｘの日常家事代理権に基づく代理人としてもされたものであると信じた。

説明

Ａの申出の意味

ここですぐに想起されるのは、民法636条による「注文者の指図」による契約内容への不適合が生じたとの主張である。

このような主張は、請負契約の締結に当たって注文者が柵の高さについて特定の指図をした場合（柵の高さの指定の問題ではないが、使用建材の材質を注文者があらかじめ決めその決定に従って建築請負契約が締結され、実施されたため損害が発生した名古屋高判昭49・11・27判時774号80頁のケースのような場合）又は柵の高さについて請負契約においてなにも明示的に決まっておらず、請負人が通常の高さで柵を設置しようとしていたところ、注文者から、柵の高さについて特定の指図をした場合には、あり得る主張であろう（再抗弁以下がどのような主張になるかは別として）。

しかし、本件の場合におけるＡの申し出は、上記のいずれの場合にも該当しない。次の点において上記のような場合と異なる。

すなわち、柵の高さについては、本件バルコニー設置工事の契約書（仕様書）において、周到な考慮の下に明確に合意されており、Ａの上記申し出は、その契約締結に当たってされたものではないし、契約においてその合意内容がなにも明示的に決まっていなかったというのでもない（むしろ、契約における明示の合意内容に明確に反している）ということである。

このような違いがあることから、このＡの申し出を民法636条による「注文者の指図」ということは困難である。

むしろ、Ａの申し出は、当初契約において決まっていた柵の高さに関する合

意内容を変更するとの申込み（本件バルコニー設置工事契約の1部変更の申込み）の意味を有するものと解するほかはない。しかし、このように考えるためには、当初契約における注文者がAのほかにXもいた、つまり本件バルコニー設置工事の請負契約の注文者は、X・Aの両名の共同注文によるものであった、という問題点をクリアしなければならない。そこで、以下にその点に関する説明をする。

### 日常家事代理権と民法110条の類推適用

抗弁(1)②、③は、そのための主張である。AはXの夫であるから、いわゆる日常家事代理権を有する（民761）。本件バルコニー工事契約の変更の申し出をすることは、日常の家事に関する事項ということはできないから、そのまま同条を根拠に抗弁(1)②を正当化することはできない。そこで、抗弁(1)③で、日常家事代理権の範囲を越えているが、Aは、本件バルコニー工事契約における共同注文者であったのであるから、Yは、Aの上記申し出が、Xの日常家事代理権に基づく代理人としてもされたものであると信じたとしても無理はない、との主張（民法110条の表見代理類推適用の主張）をしているわけである。

日常家事代理権を民法110条の表見代理の基本代理権として、広く同条の表見代理の類推を認めることには疑問がある[12]が、状況によっては、民法110条の表見代理の類推適用を認めるべき場合もなくはない、であろう。本件について、どう考えるべきかは、後に（127頁）述べる。

本件バルコニー設置工事は、性質としてはYにとっては営業的商行為（商法502条5号）であるが、Xにとっては商行為ではないので、その代理行為をするときには、民法の定めに従って顕名を要する（最判昭51・2・26金融法務事情784号33頁参照）。Aが、Xの代理人であることを示した（民99条。顕名）かについては、本件で抗弁1②に摘示されている状況に照らし、黙示に行われたと見ることが可能である。

---

12) 最判昭44・12・18民集23巻12号2476頁は、「夫婦の一方が民法761条所定の日常の家事に関する代理権の範囲を越えて第三者と法律行為をした場合においては、その代理権を基礎として一般的に同法110条所定の表見代理の成立を肯定すべきではなく、その越権行為の相手方である第三者においてその行為がその夫婦の日常の家事に関する法律行為に属すると信ずるにつき正当の理由のあるときにかぎり、同条の趣旨を類推して第三者の保護をはかるべきである。」（判決要旨）とする。

第5章　債務不履行が問題となる事案　　**123**

## (2)　過失相殺 【2-5-3-3-4-2】

① **請求原因③のように柵の高さが低くなったのは、次のAの申出によるものである。Yは、2022年9月11日に本件バルコニー設置工事のうちの、柵の設置工事を開始していたが、同日午前9時ごろ、AがYに対し、「Yさん、柵のことだけど、柵が少し高いので、子どもが外を見にくいと思う。もう少しよく見えるように、柵の高さをちょっとだけ低くしてくれませんか。」と発言した。**

② **Aは、Xの夫であり、本件バルコニー工事のXと共同注文者である。**

[説明]

### 債権者「側」の過失

　民法418条は、「過失相殺」として、「債務の不履行又はこれによる損害の発生若しくは拡大に関して債権者に過失があったときは、裁判所は、これを考慮して、損害賠償の責任及びその額を定める。」と規定する。

　前記①のようなAの行為は、Yの立場からすれば、周到に考慮して定められた柵の高さを一方的に変更するよう求めるものであり、ひいてはBの転落事故を招いたものとして、過失と評価されるべきものとして主張することに、特に無理はない（もっとも、Y自身が建築工事業者としての専門家でありながら、これに応じたということが、過失相殺のAの過失の評価根拠事実に対する評価障害事実として、ただちに問題とはなろうが）。

　ここでまず問題としなければならないのは、債務不履行による損害賠償を主張して本訴を提起しているのは、XであってAではないということである。

　基本的に過失相殺の制度は、対立する当事者の間で衡平[13]なバランスをとって紛争を解決するする制度であると考えられる。内田・前掲119頁の195頁は、損害賠償額算定の一般論に従って損害額を算定した場合に、「結果として算定された賠償額が大きすぎる場合がある。そこで、そのような賠償額を当事者間

---

13)　岩波『国語辞典〔第8版〕』は、「衡平」の意味として「つりあいがとれていること。平衡。『──な裁量』▷『衡』は、竿秤（さおばかり）。」と説明する。同辞典は、「公平」の意味として、「判断・行動に当たり、いずれにもかたよらず、えこひいきをしないこと。『──無私』。」と説明する。
　　両者の差異は、微妙ではあるが、やはりニュアンスの違いはある。「衡平」は「竿秤」の例でも分かるように、典型的には、2つの異なるものを竿秤にかけてそのバランスをとることを意味する。「公平」よりも、より個別具体的なものの比較衡量といった感じがある、と思う。

の衡平を実現するために減額して利益調整を行う制度が2つ存在する。」として、そのうちの1つの制度として「過失相殺」の制度を挙げる。さらに、同頁では、過失相殺の「過失」は「債務不履行の帰責事由とは異なり、減額を適当とするような債権者側の事情という程度の意味である」と述べる。このような表現はやや安易に過ぎる取扱いを生む恐れもあり、注意を要するところである[14]。

基本的には、過失相殺は衡平を図る制度であり、具体的事案の性質に慎重に配慮しつつ、ある程度柔軟に「過失」の内容も「債権者」と同視し得る者も債権者の過失に含めて考えてよい、と思われる。

本件においては、抗弁(2)②で債権者「側」の過失であることを表している。抗弁(2)①と②で、一応は、過失相殺の主張として、少なくとも主張自体失当ということはあるまい。最終的にどう考えるべきかについては後述（127頁以下）する。

なお、「事実関係の概要」記載の「Xは、翌日になってバルコニーの柵を見たが、柵の高さが契約で定められているより○○cm低くなっていることには気づかなかった。」という点は、それも無理のないものとして、債権者側の過失として取り上げないこととする。

### いわゆる「a＋b」の関係[15]の存否

抗弁(1)と抗弁(2)とを比べると、抗弁(1)は抗弁(2)の全事実を含み、それにYによる工事の実施と前記③の事実とを加えたものである。このような抗弁の関係を考えると、もし、抗弁(1)と抗弁(2)とが、まったく同一の訴訟上の法律効果を

---

14)　最判昭58・4・7民集37巻3号219頁〔9〕は、債務不履行に基づく損害賠償請求をした原告の従業員の過失を原告の過失と同視すべきものとしたもので、上記説明の趣旨を支持するものといえよう。上記最判解民〔太田豊〕は、債務不履行における過失相殺の債権者の範囲を論じたものとして有益である。
　　磯村保編・前掲注7・693頁以下〔荻野菜緒〕に、過失相殺の制度に関する基本と具体的問題について、さまざまな考え方が紹介されており、参考になる。
15)　司法研修所編『増補　民事訴訟における要件事実　第1巻』（法曹会、1986）59頁は、「要件事実がa＋bであるような攻撃防御方法Bは、訴訟上の効果すなわち請求の当否の結論を導き出すための効果において同じ働きを持つ〔要件事実がaである──筆者伊藤注記〕攻撃防御方法Aを内包することになるから、Bの攻撃防御方法としての機能はa事実のみにかかり、b事実は無意味となる。」と述べるほか、同頁以下において、いわゆる「a＋b」の関係について詳説する。以下の説明は、本件抗弁について、これと基本的に同旨を説明したものである。

生ずる抗弁であるとすると（ここが重要なところである）。抗弁(1)は無意味である。なぜなら、抗弁(2)の両事実（それは、抗弁(1)の①の１部と②の事実と同一事実）が立証されれば、その段階で、抗弁(2)が理由があることになって、抗弁(1)は不要であることになる。反面、抗弁(2)の両事実（それは、抗弁(1)の①の１部と②の事実と同一事実）のいずれの事実でも立証されないときには、直ちに抗弁(1)も理由がなくなる。抗弁(1)の事実（「ａ＋ｂ」に当たる）と抗弁(2)（「ａ＋ｂ」の「ａ」に当たる）の事実とは、以上の関係にあるから、抗弁(1)が抗弁(2)と独立にある意味がない。

　しかし、このことは、両抗弁が、まったく同一の訴訟上の法律効果を生ずる抗弁であるとした場合においていえることであって、もしも、抗弁(1)のほうが抗弁(2)とは異なった、意味のある訴訟上の法律効果を生ずるのであれば、上記の場合とは異なり、抗弁(1)は抗弁(2)とは独立に意味のある抗弁となる。両者に共通する①の１部と②の事実が立証されても抗弁(2)による法律効果が発生するのみで、抗弁(1)による法律効果は発生しないからである。

<u>抗弁(1)から生ずる訴訟上の法律効果と抗弁(2)から生ずる訴訟上の法律効果の異同</u>

　この問題はかなり微妙で困難な問題である。もしも、抗弁(1)が理由があるとすると、本件バルコニー工事契約は、Ａの申し出とＹの承諾によって、Ａの申し出のとおり変更されたことになり、一応は、Ｙの実施した工事は変更された請負契約に基づいてされた適法なものである（契約内容との不適合ということはなくなる）ことになる。すなわち、あるいは、さらに再抗弁として、Ｙの過失といった問題はあり得るかもしれないが、抗弁自体の性質としては、請求原因から生ずる債務不履行の法律効果を、その根本から全面的に排斥するに足りる全部抗弁である。抗弁(2)は、そのような全部抗弁とはなり得ず、請求原因から生ずる債務不履行の法律効果を容認した上で、それによる損害賠償の額に関して、その１部を減額する効果を持つ１部抗弁である。したがって、抗弁(1)から直接に生じる訴訟上の法律効果と抗弁(2)から直接に生ずる訴訟上の法律効果とは同じではない。そうすると、抗弁(1)は、抗弁(2)があっても、無意味な抗弁ではなく、抗弁(2)とは別の抗弁として意味がある、といえる。もっとも、過失相殺による債務者の全部免責を認める立場（磯村編・前掲注７・717頁〔荻野菜緒〕参照）によれば、上記説明は、全部免責される事例では、全部抗弁とな

126　第2部　具体的紛争の解決

るので、当てはまらないことになるが、少なくとも、本件ではそうはいえず、1部抗弁にとどまるので、a＋bの関係にはならない。

　そして、抗弁⑴が全部抗弁、抗弁⑵が1部抗弁という関係になる場合には、裁判所が判断する場合の判断の順序としては、全部抗弁である抗弁⑴を最初に、その次に1部抗弁である抗弁⑵という順序で判断すべきである（全部抗弁である抗弁⑴についての結論が「理由がある」ということであれば、1部抗弁を判断する余地はない）[16]。

### 5　本件についての最終的判断【2-5-3-3-5】

　結論的にも、本件は、非常に難しい事件である。以下に若干の検討をしてみよう。「事実関係の概要」のうち重要な事実は、おおむね上記請求原因・抗弁に関係して説明している。それ以外の、本件バルコニー工事契約に至るまでの諸事実は、消費者保護関係法の関係である程度意味を持ったものではあるが、結局は無関係になるので、主として、背景事情として、事案の流れを理解しやすくするのに役立つものになっていると思う。

　前記【2-5-3-3-3】請求原因①について　当事者間に争いがない。

　同請求原因②と③について　因果関係の点を別とすれば、その他の事実は、争いがあっても、結局、証拠によって認められることになるであろう。

　同請求原因④について　Xの慰謝料も、すでに（前記【2-5-3-3-3】「請求原因」説明 の**債務不履行と慰謝料**〔119頁以下）及び**不法行為の近親者の固有の慰謝料の類推適用の問題の存否**〔120頁〕）述べたように考えれば、因果関係さえあると認められれば、わが子を失った母の精神的損害として認めることができようし、扶養義務の履行としての医療費の支払分（証拠によって認められると予測される）は財産的損害となるであろう。

　因果関係があるかどうかについては、前記【2-5-3-3-3】「請求原因」説明 **因果関係についての事実摘示（請求原因③、④関係）**（118頁）で述べたようにきわめて具体的で詳細な事実認定が必要であって、本件では、設例である性質上、これ以上の判断はできない。ここでは、一応、請求原因事実の立証は、

---

16)　司法研修所編『4訂　紛争類型別の要件事実―民事訴訟における攻撃防御の構造』（法曹会、2023）20頁参照。

第5章　債務不履行が問題となる事案　　*127*

因果関係も含めて、あったものとして、次に抗弁について検討することにする。

前記【2-5-3-3-4-1】抗弁(1)「注文者Aの申出」について

そのような主張が成り立つか疑問がある。同 説明 日常家事代理権と民法110条の類推適用（122頁）で述べたように、同類推適用はいつも認められないというわけではないが、「その越権行為の相手方である第三者においてその行為がその夫婦の日常の家事に関する法律行為に属すると信ずるにつき正当の理由のあるときにかぎり、同条の趣旨を類推して第三者の保護をはかるべきである。」（最判昭44・12・18・前掲注12）

それでは、本件ではどうであろうか。まず、本件バルコニー設置工事契約の締結行為は、とても日常家事といえる性質の行為ではない。抗弁(1)②の事実によって考えてみても、同事実はAが単独で契約変更の申出をする権限のあることを疑わせる事由になりこそすれ、上記信ずるにつき正当な理由はないというべきである[17]。

前記【2-5-3-3-4-2】抗弁(2)「過失相殺」について

たしかに抗弁(2)①における、債権者（損害賠償請求者X）の側の者といえるA（そのことは、抗弁(2)②から明らかといえる）の申し出は、それ自体として見れば、柵の高さを低くしたこととBの転落事故との間に、もし因果関係が認められるとしたら、Bの転落事故を招く一因となった債権者側の落ち度（衡平の見地から損害賠償額を減額してもよい事由としての過失相殺にいう「過失」）といえるかもしれない。しかし、Yは、建築工事業者として（Yが建築工事業者であることは請求原因①においてすでに明らかになっている）、当然にAの申し出が転落事故を招くかもしれないと気付いて、その旨をAに告げて、そう

---

17)　判決において、「正当な理由（又は正当の事由）」についての最終的な結論として、「正当の理由（又は正当の事由）があるとは認められない（又は、あるとはいえない）」という表現が使われることが多いが、この場合に述べられているのは、正当な理由という評価的要件の評価根拠事実が認められない、又は、評価根拠事実も評価障害事実もともに認められる場合において、法的判断として、正当な理由がないといえるときにおいて用いられているのであるから、立証責任対象事実を認めることができないという意味で使われる場合のような、上記の一般的に使われることの多い表現は使用すべきではない、と考える。本文記載のように「正当な理由はないというべきである。」のような表現が正しいと考える。この点は、論証責任論において問題となる法的判断の不能ということはあるかという重要な問題につながる性質のことである（前記【2-2-2-3-4】「要件事実論が論証責任論における議論から学ぶべきこと——その2：論証の程度」〔40頁以下〕、伊藤『要件事実論の総合的展開』313頁各参照）ことに、留意すべきである。

した工事の変更を思い止まらせるべきであった（既述〔121頁以下〕のように、Aの申し出は、民法636条にいう注文者の指図とは異なるが、同条ただし書の趣旨は、この場合にも参照されるべきである）とすると、Yに過失相殺にいう「過失」があったことも明らかである。そして、このことは、新たにXの再抗弁の主張を必要とするまでもなく、すでに主張ずみである事実関係から明らかである。

　そうなると、結局は、X側の「過失」の程度とYの「過失」の程度とを、過失相殺の制度趣旨である「衡平」の見地から比較衡量して決するほかはない。

　この場合における判断の全体の構造としては、因果関係はあるものと仮定すると、既述（126頁以下）のように、請求原因①は、当事者間に争いがなく、同②、③は証拠によって認められ、同④も、慰謝料の額を別として、同様に認められるものと考えられる。

　そうすると、結論に至る判断のプロセスは次のようになるであろう。契約内容との不適合という結果を出した債務不履行による損害賠償額は、抗弁を考慮に入れる前の段階で、慰謝料額 $a$ 万円、医療費 $\beta$ 万円が仮に相当と認められるすると、それが過失相殺の抗弁でどの程度減額されるべきかということになったとする。

　まず、債権者側（XとAとを同視して）の過失は、周到に検討した上でX・AとYとで締結した契約に違反する内容の申し出をAのほうから積極的にしていること、しかも、Aは、建築工事の専門家ではないが、契約締結に当たって柵の高さの重要性を十分に検討したのであるから、柵の高さを○○cm低くすることの危険性を相当程度に理解できていたはずであることを考えると、基本的に大きいといわなければならない。それをそのまま（そのような契約違反の内容の申し出であることを知りながら）受け入れた建築工事業者Yの過失も、大きいとはいえ、柵の高さを契約の仕様書に定められていたよりも○○cm低くしたことと転落事故発生との間の因果関係の存否についての判断は、その存在を肯定するとしても微妙であろうことを考慮すれば、YがAの上記申し出をそのまま受け入れたという点をあまり重視するのもYに酷となるように思われる。

　全体として、そのような不相当なことを言い出した債権者側の過失のほうを

すこし重く考えるべきだということではなかろうか。

　さてどう決断するかであるが、実際の具体的事案でないだけに、特に因果関係の判断の困難さを具体的に判断できないだけに、この問題についての結論的見解を示すことはきわめて難しい（もちろん意見は分かれ得るであろう）が、債権者側の過失55％（又は60％）、Ｙの過失45％（又は40％）とすると、請求を減額する割合は100％から債権者側の過失割合を減じた割合になるので、請求認容額は、前記 $a$ 万円×0.45（又は0.4）及び前記 $\beta$ 万円×0.45（又は0.4）となるであろう、との一応の感覚だけを示しておきたい。

　実務上は、和解相当事案であるが、その場合にも、上記問題をどのように考えるかを別としては、適正な和解案に基づく勧告（裁判官として）もそれに応ずべき態度の決定又は和解の提案（当事者として）も難しいことである。

130　第２部　具体的紛争の解決

## 第６章
# 不法行為が問題となる事案〔2-6〕

## 第１節　本章での検討の趣旨〔2-6-1〕

　後記【2-6-2】「事実関係の概要」記載の事実関係は、次に述べることに関係があると思われる詳しい事実関係である。後記「事実関係の概要」記載の**【関係者について】**を参照しながら、見て頂きたい。

　急勾配・急カーブの多い下りの山道でＣの従業員Ｄの運転する観光バスが横転事故を起こし、上りの対向車線に突き出した同バス車体の後部に、同車線を対向してきた小型乗用車が衝突した。この事故によって、同バスと同乗用車に乗っていた人々が死傷した。

　同バスの運行は、Ｃが行ったものであるが、その運行は、Ｂの企画・実施になる観光ツアーの一環として行われたものであり、その広告・宣伝はＡも行っていた。

　この「事実関係の概要」記載の事実関係の特徴は、多くの関係者がさまざまな形で関係しているということであり、どのような視点からこの事実関係を検討すべきか、多くの問題がある。

　このような事実関係の下において、本件紛争を民事訴訟で解決するために、最も適切な（すなわち、最も事案の実態に即した適正迅速な）紛争の解決を導くことになる方法はどのようなものであるかを検討する。

## 第２節　事実関係の概要〔2-6-2〕

　世上、一部似たような事例が報道されることがあるが、この「事実関係の概**要**」記載の事実関係は、筆者が考えたまったく架空の事例である。誤解を避け

第6章　不法行為が問題となる事案　131

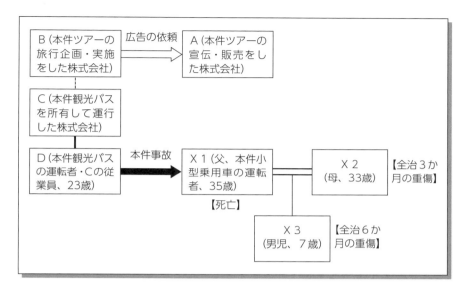

るために、冒頭で特に断っておく。

　この「事実関係の概要」は、これまでの章の「事実関係の概要」の記載の仕方が、基本的に時の流れに従っていたのに対し、むしろ関係者がどういう性質の者であるかを中心に書かれている。これは前記【2-6-1】「本章での検討の趣旨」で述べた本件事実関係の特徴によるものである。

　【関係者について】　本件には多数の関係者が現れるので、その説明を最初にしておく（上記関係図も参照）。

　A：本件に登場する観光バスツアーである「〇〇やまなみ絶景ドライブ」
　　（以下「本件ツアー」という）の広告をBから依頼されて作成し、その広
　　告を通じて本件ツアーの宣伝・販売をした株式会社
　B：本件ツアーの旅行企画・実施をした株式会社
　C：本件ツアー中に「事実関係の概要」記載の事故（以下「本件事故」とい
　　う）を起こした観光バス（以下「本件観光バス」という）を所有して運行
　　した株式会社
　D：Cの従業員として本件観光バスを運転し、本件事故を起こした者（男
　　性・本件事故時に23歳。本件事故後は退職）
　X1：本件観光バスと対向して走行し、本件事故に遭遇した小型乗用車（国

132 第 2 部 具体的紛争の解決

　　産車。以下「本件小型乗用車」という）の運転者（35歳・会社員・X 2 の
　　夫・X 3 の父）

　X 2 ：本件小型乗用車の後部左側座席に乗っていた者（33歳・主婦・週 2 回
　　パートでスーパー勤務・X 1 の妻・X 3 の母）

　X 3 ：本件小型乗用車の助手席に乗っていた者（X 1 と X 2 との間の男児・
　　7 歳・小学 1 年生）

## 【本件事故の概要】

　2022年○月○日（水）午前10時ころ（天候晴れ・気温15度くらい）、D は、
本件ツアーの一環として本件観光バス（定員45名で35名乗車していた）を運転
して、○○県○○村○○付近の県道○号線（対面 2 車線・片側車線幅員3.5m。
以下「本県道」という）の右カーブの下り車線（指定最高速度・時速25km）を
時速約50km以上で走行中に、同バスを本県道左側に設置してあるガードレール
に激突させ、そのあおりで、同観光バスは車体が横転し、その横転した車体の
後部が、上り車線である対向車線にはみ出した。

　この横転事故によって、運転手・添乗員（ 1 名）が重傷を負い、乗客は、死
亡 2 名、重傷10名、軽傷20名、けがなし 3 名であった。

　そのころ X 1 は、本件小型乗用車を運転して、本県道の左カーブの上り車線
を時速25km未満で走行中であったが、前記のように横転した本件観光バスの車
体後部に激突した。X 2 は本件小型乗用車の後部座席左側に、X 3 は本件小型
乗用車の助手席に、それぞれ乗っていた。

　X 1 は全身打撲・心臓破裂で死亡し、X 2 は全治 3 か月の大腿骨骨折の重傷
を、X 3 は全治 6 か月の腰椎骨折の重傷を負った。

## 【本件事故現場付近の地形の特徴】

　本県道は、全体としては、中央線の表示のある対面 2 車線・片側車線幅員
3.5m（別に登坂車線はない）の道路であり、いずれの車線も、急勾配（10%
程度）と急カーブ（R ＝50程度）のある山岳道路であった。観光バス業界では、
「あの道路は、美しい山並みの見える素晴らしい観光道路であるが、急勾配・
急カーブの多い、運転の難しい道路である。」との評判であった。本件事故現
場付近（標高300mくらい）は、特に長い急勾配（おそらく10%を超える程度）
の下り坂の途中の右に急カーブするところで、以前に道路からその脇の斜面に

第6章　不法行為が問題となる事案　*133*

転落しそうになった観光バスがあり、○○県が2020年に転落防止のガードレールを設置した所である。

<u>以上の事実関係について、関係者の間で特に争いはない。</u>

**【本件事故に関する関係者の言い分】**

Ａ：Ｂは、Ｂのいうとおり定評のある大手会社であって、わが社がＢの企画・実施をした本件ツアーの宣伝・販売をしたことになんの問題もない。もとより、本件事故の発生など予見できるはずもない。

Ｂ：わが社は、観光旅行の企画・実施会社として、約50年の経歴と名声を得ている大手会社であって、過去に本件事故のような重大事故を起こしたことはまったくなかった、Ｃにおいても、Ｃのいうように、２つ星の評価を受けている会社であり、その他のことも後記Ｃの言い分どおりであって、わが社が本件ツアーのバス運行会社としてＣを選定したことに、なにも問題はない。

Ｃ：わが社は、観光バス事業を行うことを関係官庁から正式に認可されている会社であって、過去にこのような事故を起こしたことは１度もない優良な観光バス会社である。ちなみに、「貸切バス事業者安全性評価認定制度」（公益社団法人日本バス協会）からも、セーフティバスとして、星２つと評価されている（その当時の最高評価は星３つである）。

本県道は、運転が難しいといわれている道路であるとはいえ、正式に県道として認可されていて、中央線の表示のある、対面２車線・片側車線幅員3.5mの道路であり、他の観光バス会社も観光ツアーに使用している道路であって、同県道を使用する本件ツアーの運行には、格別不都合な点はない。

Ｄは、わが社に採用時にすでに大型自動車の運転歴は１年であり、本県道を運転するのも初めてであったが、長年の普通乗用車の運転歴があり、運転免許としては無事故・無違反のゴールド運転免許保有者である。

Ｄは、わが社に採用後２か月を経過してわが社の業務にも慣れており、当日朝も、わが社の運行管理責任者から、所定の点呼を受け、健康状態に問題もなかった。

Ｄ：私は、Ｃの述べる通りのゴールド運転免許保有者であり、本件事故の当日も、健康状態に問題はなく（もとより、睡眠不足でも疲労気味でもなく、アルコール類は一切摂取していなかった）、本件事故現場に至るまで、運転に特

に問題はなかった。

　ただ、私としては、本件事故を起こした観光バスのブレーキに問題があったのではないかと思う。本県道は、急勾配・急カーブの連続で運転の難しい道路であったが、本件事故現場に差し掛かる10分くらい前から、フットブレーキの利きが悪く、何度もフットブレーキを踏んでいるうちに、ブレーキの利きの悪さがひどくなり、本件事故現場付近では、いくら強く踏んでも、ブレーキがまったく利かなくなって、とうとう左側のガードレールに激突してしまった。

　どうも、本件観光バスのフットブレーキに欠陥があったのではないかと考えている。

　Ｘ側：当日は晴天であり、私たちは、上り車線内を、指定最高速度・時速内の25km未満で、なんの問題もなく正常に運転していた。そこへ突然に本件観光バスが猛スピードで現れて、下り車線側のガードレールに激突して横転し、その車体の後部が上り車線内に突き出した。私たちの本件小型乗用車は、どうすることもできず、そのまま本件観光バスの後部に激突した。本件小型乗用車を運転していたＸ１にとっては、まったく不可抗力というべきものであって、もとよりなんの過失もない。

　ＢとＣとは、過去約10年間以上にわたって、相互に提携して、観光バスツアーを実施してきた。特に、「○○やまなみ絶景ドライブ」と称する本件ツアーは、両社のいわばドル箱ツアーとして、多大の利益を両社にもたらしてきたものである。両社の間には、本件ツアーの収益率を上げるべく、相互に有意義なノウハウを交換するために、重要な人事交流も行ってきた。

　ＣやＤは、Ｄの運転技能の高さを述べるが、普通乗用車の運転と大型バスの運転とは多くの面で非常に異なるところがある。Ｄは、Ｃのいうとおり、大型自動車の運転歴は１年であり、本県道を運転するのも初めてであったことを忘れてはならない。Ｄがゴールド運転免許を持つといっても、それは主として平坦な道路での普通乗用車の運転経験に基づくものであって、本県道での運転技能に問題がなかったことの証しにはならない。

　Ｄは、本件観光バスのフットブレーキに欠陥があったかのようにいうが、そうではなく、長い下り坂でＤがフットブレーキを踏み続けたため、いわゆるフェード現象〔後記注９参照〕が起きて、フットブレーキが利かなくなったの

であり、これは、Dの重大な過失である。

　Cが、星2つの評価を受けている観光バス会社であるとしても、そのことから当然に、個別的にすべて問題がないということになるとはいえない。少なくとも、Dについては、その年齢・過去の経験の実態・年数などを考えれば、Cには、Dを本件ツアーで本件観光バスの単独の運転者として使用したことについて重大な過失があるというべきである。


　**前記【2‐6‐2】「事実関係の概要」は、ある事件の核心的部分を含み、かつ、その背景となる、ある程度広い事実関係を包含するもの、いわば生の紛争の諸事情が複雑に入り込んでいる事実関係である。**これは、**従来の実務書や裁判例で挙げられる「事案の概要」**は、法的視点の比較的明確な事実関係を題材とする、すなわち、要件事実論や事実認定論の視点から意味のある、ある程度特定した事実関係として整理されたものが多いように思われるが、これとは異なり、そのように整理される前の事実関係である。

　本書では、ここから出発して、<u>この事実関係の下では、どのような法的判断の構造（簡単に、法律構成ともいう）を念頭に置いて考えるのが、最も適切な（すなわち、最も事案の実態に即した適正迅速な）紛争の解決を導くことになるかを考えることになる</u>[1]。

＊　　＊　　＊　　＊　　＊

　以上のような基本的考え方に立って、次節【2‐6‐3】において、前記【2‐6‐2】「事実関係の概要」（以下本章において、これを単に「事実関係の概要」という）の下における具体的検討を行う。

---

1）　以上の考え方とその実践は、本書の持つ類書にない特徴に関する重要なものであって、これに関しては、前記【2‐2‐2‐1】「『事実関係の概要』と『事案の概要』との違い」（33頁以下）、前記【2‐2‐2‐2】「『事実関係の概要』を出発点とすることによる検討方法の違い」（35頁以下）、前記【2‐2‐2‐3】「憲法訴訟における論証責任論とそこから要件事実論が学ぶべきもの」（38頁以下）において、第2章のみならず第3章を含む各章に共通するものとして、詳細に説明しているので、十分にご留意をお願いしたい。

# 第3節　民事訴訟として考え得る方法【2-6-3】

## 第1　直観的な印象【2-6-3-1】[2)]

　本件は、すでに（前記【2-6-1】「本章での検討の趣旨」〔130頁〕）述べた
ように、多数の関係者があって、法的判断の面でなかなか困難な事案である。

　<u>どの被害者の立場に立って考えるか</u>

　この問題をまず最初に考えなければならない。本件観光バスに乗車して被害
を受けた乗客の立場に立って考えるか又は本件観光バスに対向してきた小型乗
用車に乗っていて死傷した者の立場に立って考えるかによって、問題解決の方
法が大きく異なることに留意すべきである。

　前者の立場で考えれば、基本的には債務不履行の問題である。主として対象
となるのは、本件観光バスツアーを企画・実施したＢであろう（その際の旅行
約款の内容も問題となるであろう）が、それ以外の関係者の履行すべき債務の
内容を上記乗客との関係でどのように考えるべきかという難しい問題がある。

　後者の立場で考えれば、その人たちは、Ａ、Ｂ、Ｃ、Ｄのいずれとも、なん
の契約関係もなく、債務不履行の問題ではないことは明らかである。不法行為
の問題に限るかは、なお検討すべきものがあるとしても、基本的には不法行為
の問題である。本件事故を発生させたのが不法行為であるということであり、
その限りでは、簡単なようにもみえるが、ここでも、Ａ、Ｂ、Ｃ、Ｄのそれぞ
れが、どのような責任があるといえるか、その相互の関係をどのように見るべ
きかなど難しい問題がある。

　いずれの立場に立って考えるにしても、近時検討されている困難な問題であ
る「組織上の過失」の問題をどのように考えるべきかということになる。そこ
における考え方は、債務不履行責任を考えるにしても、不法行為責任を考える
上でも、大いに関係がある。後記注3における文献・裁判例[3)]も十分に検討し

---

　2）　「直観的な印象」の意味については、前記【2-2-3-1】「直観的な印象」注9（42頁）参照。

　3）　河上正二「『組織的過失』について」岡本裕樹ほか編『民法学の継承と展開　中田裕康先生古
　　　稀記念』777頁以下（多くの重要判例を検討している。本件との関係では、特に「海外パック旅行
　　　のバス転落事故における旅行業者の責任」780頁以下）。
　　　前記旅行業者の責任に関する関係裁判例について、河上正二ほか編『消費者法判例百選〔第2

なければならない。

最終的にだれが最も非難されるべきであるかということを考えると、それはやはり直接に本件事故を引き起こしたＤということになりそうではあるが、不法行為制度の趣旨である、適切な被害者救済を図るためには、ただその視点のみでは不十分であろう。さりとて、被害者救済の名のもとに、関係のない人の責任まで問うというわけにはいかない。ここでも、具体的事案の解決において常に問われる、**異なる利害の適切な調整（バランス）の取りよう**が問われることとなる。

本書では、すでに（前記【2-5】「債務不履行が問題となる事案」〔105頁以下〕において、債務不履行の事案を検討したので、その意味で、ここでは、本件を不法行為の問題として取り上げることにする（本件が債務不履行の視点から取り上げることが不適切な事案であるという趣旨ではまったくない）。

次の【2-6-3-2】において、「考えられそうな法的判断の構造（法律構成）」を検討することになるが、上記のような問題点を念頭に置いて考える必要がある。

### 第2 考えられそうな法的判断の構造（法律構成）【2-6-3-2】

すでにたびたび述べたように、本件は、多数の関係者があるという特徴があるので、以下の検討も、全体に対する総合的視点を常に念頭に置きながら、関係者ごとに区別して検討する。

<u>民法719条の共同不法行為責任の視点</u>

ここで、関係者すべてについて、考えられるのは、民法719条の共同不法行

---

版）』（別冊ジュリ249号、2020）96事件「外国での主催旅行中のバス転落事故と旅行業者の安全確保義務　東京地裁平成元年6月20日判決」〔澤山啓伍〕（同稿は、「旅行業者の管理不能な損害まで旅行業者に補填させることは、旅行業者を萎縮させ、募集型企画旅行により簡便・安価に旅行することを望む消費者の利益を害する可能性もある。……本判決が定立した旅行業者の安全確保義務の内容の妥当性は、これら種々の事情も考慮した上で検討されるべきであろう。」という）、國井和郎「外国を旅行目的地とする主催旅行の実施中に発生したバス転落事故と旅行業者の損害賠償責任」判タ736号39頁以下（同稿は関係裁判を全体として高く評価しながらも、45頁以下では、被害者に厳しすぎるという感じのコメントもしている）、山田希「旅行中に起きた人身事故と旅行業者の責任──フランスのある破毀院判決を契機として」民事研修686（2014年6月）号2頁以下（日本における「法状況」は被害者の救済に不十分であるとする〔13頁〕が、具体的な改善提案が十分にされているかについては問題があるかもしれない）各参照。

138　第2部　具体的紛争の解決

為責任であるので、まず次に同条の定めを引用しておく。

　同条は、「共同不法行為者の責任」との見出しの下に、次のように定める。

　「数人が共同の不法行為によって他人に損害を加えたときは、各自が連帯してその損害を賠償する責任を負う。共同行為者のうちいずれの者がその損害を加えたかを知ることができないときも、同様とする。

　2　〔略〕」

　同条の解釈は、それぞれの関係者ごとに検討するが、そこで筆者の採る基本的立場としては、吉村良一教授の説く「共同不法行為の基礎は、『加害行為の一体性＝社会通念上、共同して不法行為をしたと認められる程度の一体性』があるかどうかであ」る[4]、との考え方に共感を覚える。ただ、そうはいっても、この意味の「一体性」を判断するためには、前記【2-6-3-1】「直観的な印象」どの被害者の立場に立って考えるか（136頁以下）で述べたような異なる利害の適切な調整が必要であり、判断の根拠となる具体的状況とそれが根拠となり得る理由を明示して慎重に検討する必要がある（そうしなければ、上記引用部分の考え方に基づく説明は、一種の循環論法に陥るか、あらかじめ立てた暗黙の前提を正当化するだけに終わるおそれがある）。

　そのような検討を以下に、各関係者ごとにしていこう。

　その検討に当たっては、同条1項後段は本件とは性質が異なるので考えないことにする。後段の事例とは、例えば、暗闇の藪の中で、恨みのある相手がいるということで、数人で棒でたたき、確かに手ごたえはあったが、だれの棒が相手に実際に届いたか不明な場合のように、複数の主体が不法行為としてほぼ同様の行為を同時にしているが、どの者の行為が実際に相手に損害を与えたか不明の場合のことを定めているからである（吉村書271頁以下参照）。もとより、

---

　4）　吉村良一『不法行為法〔第6版〕』（有斐閣、2022）271頁。この記述は、吉村教授が同書でした共同不法行為責任に関するこれまでの学説・判例の検討の中から生まれ出ているものである。

　　今後の各論的分析も多くを同書の検討の視点に拠っている。以下「吉村書」という。吉村書は、不法行為全般をくわしく判例・学説を検討しながら、コンパクトに（本文339頁）説明した、優れた書籍であり、その刊行時期も2022年8月と新しい。本書の読者としても、比較的容易に閲読できるものと考える。

　　最近刊の交通事故に関する総合書として、北河隆之『交通事故損害賠償法〔第3版〕』（弘文堂、2023）があり、有益であるが、「事実関係の概要」の下で考えているような共同不法行為のここでの視点から、特に追加して言及すべき説明はないように思われる。

同項後段について例示した上記例は、分かりやすい伝統的事例を紹介したのみ
で、同項後段（類推適用を含む）が、現代的事例において重要な役割を果たす
ものであることも見逃してはならない。

この機会にその**最近の重要な最高裁判例として、最判令3・5・17民集75巻
5号1359頁**を紹介しておきたい。

同最判は、同項後段の類推適用を認めて、石綿含有建材が使用された建設現
場で働いた大工らの中皮腫の発症について、「Ｙ1、Ｙ2及びＹ3が個別にどの
程度の影響を与えたのかは明らかでない。」（判決要旨4(4)）としながらも、
当該事案における諸般の事情のもとで、石綿含有建材を製造販売した建材メー
カーであるＹ1、Ｙ2及びＹ3に対し、上記大工らに対し、上記中皮腫の発症
による損害について3分の1の限度での連帯損害賠償責任を認めた。このこと
は、現代社会における重要な問題について同項後段が重要な意義を有すること
を示す適例である。


## 1　Aについて【2-6-3-2-1】

Aは、本件ツアーの広告をＢから依頼されて作成し、その広告を通じて本件
ツアーの宣伝・販売をした株式会社である。

その意味で本件事故と無関係ではないかもしれないが、本件ツアーに参加し
た人たちにとっては、その広告の仕方が悪かったということで、なんらかの行
為を起こす理由となり得るかもしれない[5]。

しかし、本件小型乗用車に乗っていたＸらにとっては、Aのした広告・宣伝
はまったく知らないものであって、Aの広告行為によってＸらが本件事故現場
に赴いたという関係はまったくない。

---

5)　不当景品類及び不当表示防止法（略称：景品表示法）5条は、「事業者は、自己の供給する商
品又は役務の取引について、その性質が実際のものよりも著しく優良であるとの表示をし、事実に
相違して他の事業者よりも著しく優良であるとの表示をし、又は、他の事業者よりも著しく消費者
にとって有利であると誤認されるような表示であって、不当に顧客を誘引し、一般消費者による自
主的かつ合理的な選択を阻害するおそれがあると認められる表示をしてはならない。」という趣旨
の定めを置いている。もっとも、この規定は、それを直接の原因として、関係する個人に契約の取
消権までは定めているわけではない。

　前記【2-5-3-2-1】中の〇不当景品類及び不当表示防止法（略称：景品表示法）の説明（110
頁以下）参照。

Aのした宣伝・販売行為がなければ、本件ツアーには顧客が集まらず、した
がって、本件事故も発生しなかったというようなことがいえたとしても、だか
らといって、もしB、C、Dの行為が不法行為となる場合に、Aがそれらと共
同して不法行為をしたということはできまい。共同不法行為の要件については、
多くの問題点があるが、AとB、C及びDとの間には、次の【2-6-3-2-2】
で述べるような意味での「一体性」というものはない。共同不法行為について
は、さまざまな考え方があるが、どの考え方をとっても、ここまでその範囲を
広げる考え方はないのではあるまいか。実質的に考えても、本件Xらのような
被害者救済のため、Aまでを共同不法行為者とする必要はない（Bを共同不法
行為者とする必要はある）し、Aとしては、そのようにされるのは予想外のこ
とであろう。

## 2　Bについて【2-6-3-2-2】

Bの行為とCの行為との一体性の存否及び存在したとした場合における一体性の
強度

Bは自己の企画・実施する本件ツアーを現実に実施するバス会社としてCを
選定し、Cにその実行を依頼し、Cがそれを実現した。これを、共同不法行為
の要件の充足という視点から整理して述べると、次のようなことになる。すな
わち、BとCとは、いずれも、本件ツアーの実施という共通の目的を実現する
という共通の意思（共同行為の意思）を持ち、かつ、同意思で本件バスツアー
の実施という共通の目的を実現することによって、それぞれの仕事の性質に応
じた経済的利益（共同の経済的利益）を得ることができるという密接な関係に
あった。そして、それをそのとおり共同して実現（共同行為の実施）した。

前記「事実関係の概要」【本件事故に関する関係者の言い分】中の「X側」
の言い分（134頁）にあるような両者の関係、すなわち、「BとCとは、過去約
10年間以上にわたって、相互に提携して、観光バスツアーを実施してきた。特
に、『○○やまなみ絶景ドライブ』と称する本件ツアーは、両社のいわばドル
箱ツアーとして、多大の利益を両社にもたらしてきたものである。両社の間に
は、本件ツアーの収益率を上げるべく、相互に有意義なノウハウを交換するた
めに、重要な人事交流も行ってきた。」という事実関係が認められれば、それ

第6章　不法行為が問題となる事案　*141*

は非常に重要である。両社の間には、会社法2条4号、4号の2に定めるような親会社、親会社等における支配関係はなかったものの、経済的には一体となって本件ツアーを実施して利益を上げてきたものといえる。両社の間には、いわゆる資本提携まではなかったが、業務提携はあったということができる[6]。

　もしも、Cが本件事故の発生について民法715条により不法行為者であるという場合には、特段の事情（ほとんど考えられないようなことであるが、例えば、Cの経営責任者が、Bとの契約締結後で本件ツアー開始直前に突然に変わり、本件ツアーは利益がないと考えて、Bに無断で〔Bとしてはおよそ予想もできなかったこと〕、劣悪な、Cとは別のバス会社Cαにその運行を任せ、そのため本件事故が発生したというような事情）のない限り、Bを共同不法行為者として扱うべきである、と考える（もっとも、こうした考え方は、行き過ぎであるとの批判も考えられる。前記注3参照）。

　BがCを本件ツアーを実施するバス会社として選定したことについて、Bが、Cにおいて将来本件のような事故を起こすことなど予測できなかったとしても（その意味でBに過失がなかったとしても）、Bは、その点における過失のゆえに自ら不法行為者となるのではなく、本件事故について、Cとの共同不法行為者となるため、有責となるのである、と考える[7]。

　実質的にも、Xらのような被害者の救済の見地からもそのように考えるのが適切であり、かつ、Bの予測し得る範囲としてBにとっても酷とはいえない、と考える。

---

6）　津地四日市支判昭47・7・24判タ280号100頁は、いわゆる四日市公害訴訟判決であるが、コンビナート公害と共同不法行為の成立要件（特に、関連共同性）について、被告ら企業の関係工場の相互に製品・原料の受渡しが行われるなど密接な関係の存在や人的資本的関係にも着目して判断をしている（特に、判タ127～129頁参照）。本件事案を考えるについても参考となる。

7）　共同不法行為の成立要件として「共同関連性」というものが必要であるとされ、その類型として「弱い共同関連性」と「強い共同関連性」というものがあるとされるが、本件におけるBとCとの関係は、上記のように考えると「強い共同関連性」があるといえる、と考える。「強い共同関連性」のある場合にはBの立場の者の減責・免責の主張は許されないものとされるが、本頁で「特段の事情」として挙げた例外のような場合もそう考えてよいかは疑問である。Cのおよそ業界の常識に反した予見可能性のない背信行為があったときには、それによって、共同不法行為責任の基礎にある一体性が失われると考えるからである。以上につき、吉村書269頁以下参照。

142　第2部　具体的紛争の解決

Bの行為とDの行為との一体性の存否及び存在したとした場合における一体性の強度

　Dは、上記のような意味でBと共同不法行為者であるCの被用者として、CとBとの関係、本件ツアーにおける本件観光バスの運転の持つ意味も熟知の上、同運転をしたのであるから、Dの運転行為に過失があった場合には、Cとともに、Bとの共同不法行為者となる（ただし、Dが、CとBとの間の人事交流の点まで知っていたといえるかについては疑問もあるので、その意味では問題も残る。Cに使用者責任が発生するということが、DがBと共同不法行為者とする妨げとなるわけではない）。


## 3　Cについて【2-6-3-2-3】

　CがDとともに本件において、もっとも重大な責任を負うべき立場にあることは疑いがない。しかし、そこにも問題がないわけではない。

　Cに、以下に述べる使用者責任が発生する場合には、前記【2-6-3-2-2】「Bについて」（140頁以下）で述べたとおり、本件事故の発生について、Bと共同不法行為責任を負う。

民法715条は、「使用者の責任」[8]

　使用者責任については、現代の企業活動を念頭に置いて考えると、過失ある被用者の特定が困難であるなど多くの問題があり、民法715条制定の沿革にこだわらず、端的に現代社会おける企業責任して捉えるべきではないかなど多様な議論がある（吉村書218頁以下参照）が、ここでは、伝統的な類型の使用者責任として理解しても十分に対応できる事案であるので、そのような問題意識を十分に持ちながらも、従来の通説的な検討の仕方をする。

　民法715条は、その第1項において、「ある事業のために他人を使用する者は、被用者がその事業の執行について第三者に加えた損害を賠償する責任を負う。ただし、使用者が被用者の選任及びその事業の監督について相当の注意をしたとき、又は相当の注意をしても損害が生ずべきであったときは、この限りでな

---

8)　同条2項は、使用者に代わって事業を監督する者についての責任も、1項と同様であると定めている（そこで同条の見出しには「（使用者等の責任）」となっている）が、本件では、同条1項に定める使用者の責任のみを考えれば足りる。

い。」と定める。

　D（Cに雇用されているCの従業員）が本件事故の発生について過失があったとすると、それはDの不法行為であり、その使用者であるCは、民法715条1項本文によって、同項ただし書の事由がない限り、この使用者責任を負わなければならない（CとBとの関係は民法719条の共同不法行為であるが、CとDとの関係はそうではなく、民法715条の使用者責任の問題である。同責任の性質は、一般には、従業員の犯した不法行為責任をその使用者であるという立場から、代位して負うものであって、従業員と使用者の共同不法行為とは解されていない）。

　同項の要件である、DがCの被用者であること、本件事故の発生がCの事業である本件ツアーの実行中に起きたことは、明らかである。したがって、あとは、Dの行為が不法行為に当たるか、同条1項本文ただし書にいう事由があったといえるかということが残された問題である。以下は「事実関係の概要」【本件事故に関する関係者の言い分】中の「C」の言い分（133頁）について検討する。

　Cがセーフティバスとして、星2つと評価されているとしても、個別例においてすべて問題がないといい切れるわけではなく、本件について具体的な検討が必要である。

　本県道は、運転が難しいといわれている道路であったとしても、他の観光バス会社も運行している道路であり（Xらもこの点を争う意思はないであろう）、その運転に当たって適切な注意義務を果たせば、本県道を本件ツアーの対象として選定した（Bの指示によるという面が強いであろう）ということに、格別不都合な点はない。

　最も問題なのは、本件バスの運転者としてDを選任し使用したということ

　Dが長年の普通乗用車の運転歴があり、運転免許としては無事故・無違反のゴールド免許取得者であったとしても、Cに採用時にまだ大型自動車の運転歴は1年であり、本県道を運転するのも初めてである、というのは、問題である。当日朝における運行管理責任者から、所定の点呼を受け、健康状態に問題がなかったというのみでは不十分である。

　普通乗用車と大型自動車とは、運転免許種別が異なることからも分かるよう

に、車幅感覚（特に方向転換感覚）・スピードの制御感覚などにおいて多くの違いがあり、Dが本県道を大型自動車を運転して走行するのは初めてであったのであるから、本件ツアーの実施に当たっては、Cは、少なくとも、指導運転者を同行させることが必要であったというべきである。いくらCに有利に考えても、民法715条1項本文ただし書にいう事由が、本件で立証されたということはできない（その立証責任はB、C側にある）。

### 自動車損害賠償保障法の適用の当否

同法3条は、「自動車損害賠償責任」として、「自己のために自動車を運行の用に供する者は、その運行によつて他人の生命又は身体を害したときは、これによつて生じた損害を賠償する責に任ずる。ただし、自己及び運転者が自動車の運行に関し注意を怠らなかつたこと、被害者又は運転者以外の第三者に故意又は過失があつたこと並びに自動車に構造上の欠陥又は機能の障害がなかつたことを証明したときは、この限りでない。」と定める。自動車事故による被害者が、運転者側の不法行為責任を問う場合に、その過失を立証することの困難さを軽減するため、立証責任の転換を図ったものである。その基本的性質は不法行為といえるが、運行供用者の範囲は広く、ある一定の要件の下においては、無断運転がされた場合において、自動車保有者（例えば自動車所有者）も、損害賠償義務を負うものと考えられている（吉村書296頁以下参照）のであるが、そのときに、その保有者とどのような関係にある者が、民法719条の共同不法行為者といえるのかは、未解決の問題ではないかと思われ、ただちにそれを肯定することには疑問を感じる。

本件では、BについてもCについても、自賠法の視点を入れなくても、Dの運転に過失があることになれば（Dには過失があったと認められる可能性が高い）。民法719条の共同不法行為者の関係になることは問題がないと考えられるので、あえて、自賠法の視点から問題を検討する必要はない、と考える。ただし、もしも資力の関係で、Xらが現実に損害賠償金を取得することに困難を感じるようなことがある場合には、Xらは、一定の要件の下に保険会社に対して損害賠償の請求ができる（自動車損害賠償保障法16条参照）ということを付言しておく（なお、同法による損害賠償は、すぐ前に条文を引用して述べたように、いわゆる人身損害に限られている〔同法3条参照〕）。

第6章　不法行為が問題となる事案　　*145*

## 4　Dについて【2-6-3-2-4】

　Dの大型自動車の運転経験不足、運転経験未熟の問題は、Dが実際に本件ツアーの全行程を適切に運転し、無事故無違反で、本件ツアーを終えたのであれば、結果として問題とはならない。D個人の不法行為責任を問うためには、本件事故の発生に関して、その原因となるDの過失が必要である。

　Dの運転行為において最も問題なのは、「事実関係の概要」【本件事故現場付近の地形の特徴】（132頁以下）にあるように、本件事故現場付近（標高300mくらい）が、特に長い急勾配（おそらく10％を超える程度）の下り坂の途中の右に急カーブするところにあることである。そのような道路で、フットブレーキを何回も踏み続けると、いわゆるフェード現象というものが起きて、フットブレーキが利かなくなることがある、といわれている[9]。本件では、そのフェード現象が起きた可能性が高い。

　Dは、本件観光バスの**フットブレーキに欠陥**があったのではないかと述べる（「事実関係の概要」【本件事故に関する関係者の言い分】中の「D」の言い分〔134頁〕参照）。フットブレーキのような製造物（**製造物責任法**2条1項は、「この法律において『製造物』とは、製造又は加工された動産をいう。」とするので、フットブレーキはこの製造物に当たる）に欠陥があり、そのために速度の制御ができず本件事故の発生にいたったとすれば（同条2項は、「この法律において『欠陥』とは、当該製造物の特性、その通常予見される使用形態、その製造業者等が当該製造物を引き渡した時期その他の当該製造物に係る事情を考慮して、当該製造物が通常有すべき安全性を欠いていることをいう。」と定めるので、仮に、本件観光バスのフットブレーキが通常の使用方法をしていた

---

9）　フェード現象については、古い文献ではあるが、次の2つの文献がある（他にここでの引用に適切と考える新しい文献をみつけることができなかった）。①「ブレーキの摩擦面の温度が上昇し、そのため摩擦力が減少を生じブレーキ能力が低下することをいう。……フェード現象を防止するためには、急ブレーキや長い下り坂でブレーキの使い過ぎは避ける必要が出てくる。……」（警察庁監修『安全運転管理事典』（大成出版社、1977）259頁〔「ブレーキのフェード現象」の見出し語の下での記載〕〔その後第2版以降の刊行は筆者の調べた限りではなかった〕）。②「ブレーキを多用したことによってブレーキドラムの過熱、所謂『フェード』状態に陥った」福山邦男ほか（岐阜県警察本部科学捜査研究所）「フェード現象に起因したトレーラー横転事故事例」交通科学研究資料集第42集（2001）21頁）。①、②とも基本的に同旨をいうものと思われる。
　　インターネット上では、前記現象についてさまざまな説明を見ることができる）。

のに、その本来の機能である速度制御力を有していなかったとすれば、この「欠陥」があったことになる）、Xらは、同フットブレーキの「欠陥」によって損害を受けたことになるので、同法3条によって、同フットブレーキの製造業者等にその受けた損害の賠償を請求することができる。その際に、Xらは、製造業者等の不法行為責任を追及する場合と異なり、製造業者等の過失の評価根拠事実を主張立証する必要はなく、損害賠償責任を免れるためには、製造業者等において同法4条に定める非常に厳しい免責事由の評価根拠事実を主張立証しなければならない。したがって、Xらにとっては、非常に有利な救済方法が得られることになる。

しかし、Dの陳述からは、本件観光バスのフットブレーキを通常の用法に従って使用していたのに、その速度制御力がなくなったということを裏付ける部分は何もないのみならず、むしろ、何度もフットブレーキを踏んだが利かなかったというものであって、それは、前記のようにフェード現象が起きたことによる可能性が高く、このDの陳述のみでは、とてもフットブレーキに「欠陥」があったということはできない。

そうすると、本件事故発生の直接の原因となった本件観光バスのフットブレーキの速度制御能力の欠如は、フェード現象を起こす原因となったDの不適切な運転操作にあった可能性が高く、Dには、その意味で不法行為責任を発生させる過失があったものと評価されることになりそうである。


## 5　X側について【2-6-3-2-5】

本件事故現場付近を走行中のX1の運転操作には、なんの問題も発見できない。


## 6　小括【2-6-3-2-6】

以上で検討してきたところによると、Xらから損害賠償請求をする当事者としては、B、C及びDに限られ、Aは除外されることになる。B、C及びDに対し損害賠償請求のできる根拠は、それらが共同不法行為者としてXらに損害を与えたからである。

前提となる事実関係があったとすれば、Bは本件ツアーの企画・実施をし、

第6章　不法行為が問題となる事案　*147*

　C（既述のようにBとCとは、本件ツアーに関し業務上の密接な提携関係にあった）・Dの関与の下に本件事故を起こしたため、C・Dとともに共同不法行為者となる。CはDについて使用者責任を負い、Bとは上記のような関係にあるため、Bと共同不法行為者となる。Dは、Cの従業員として実際に本件ツアーにおいて本件観光バスを運転し、その際に過失があったことにより本件事故を起こした者であるため、Bと共同不法行為者となる（ただし、142頁で指摘したように問題も残る。CとDとの相互関係は、前記のように使用者責任であり、共同不法行為者ではない）。

　そうした考え方の下に、それを正当化できる正確な要件事実をどのような形で考えるか、それに関係のある事実関係の認定はどのようなものになるかを検討しなければならない。そうしなければ、それが最も適切な紛争解決のための法的判断の構造であるということはできない。

　次の【2-6-3-3】では、どのような要件事実の構成が相当であるかを具体的に検討することにする。


### 第3　最も適切と思われる法的判断の構造（法律構成）【2-6-3-3】

　＊実際には、以下に記すのは、X2の損害賠償請求権である。これと同様に、X3の同様な損害賠償請求権もあるのであるが、ここではその説明を省略する。それは、X2のそれと基本的に同様の性質のものであって、攻撃防御方法の構造も異ならない（もとより具体的な損害賠償の金額は異なるであろう）からである。

　＊＊Dは、本件事故後Cを退職し、現在ではその住所の把握も容易ではなく、かつ、Dには資力がほとんどないので、ここでは被告を、共同不法行為者としてのB及びCに限定して説明することとする。


### 1　訴訟物【2-6-3-3-1】

Bに対する一般の不法行為（民709）に基づく損害賠償請求権

及び

Cに対する特殊の不法行為（民715Ⅰ）に基づく損害賠償請求権

[説明]

148 第2部 具体的紛争の解決

　訴訟物の表現としては、単に、損害賠償請求権というのみでは、債務不履行に基づく損害賠償請求権と区別がつかないので、少なくとも、不法行為に基づく損害賠償請求権といわなければならない。

　その次に、Bに対する損害賠償請求権とCに対する損害賠償請求権という2つの訴訟物があると考えなければならず、しかも、本件ではその性質も異なることを考えなければならない。さらに、そうした訴訟物と共同不法行為責任（民719Ⅰ）の関係をも、訴訟物の視点からどのように考えるかを検討しなければならない。

### Bについての訴訟物

　これを、一般の不法行為（民709）に基づく損害賠償請求権と表示しているのは、民法709条に基づく損害賠償請求権と民法719条1項（ここでは、その前段が問題となる）に基づく損害賠償請求権とは、訴訟物は同一であるとの理解（異なるとする理解もあり得よう）に基づく。次にその理由を述べることとする。

　訴訟物の機能には多くのものがあるが、ここではそのうち特に重要なものとして、①基本的な審理・判断の同一性の範囲内であるかの決定基準（これは、すなわち、民訴法143条の訴えの変更となるかの決定基準）と②判決によって解決されたと考えるべき範囲の決定基準（これは、すなわち、民訴法114条1項の既判力の客観的範囲の決定基準）となることを念頭に置いて、訴訟物の異同を検討することとする。

　共同不法行為は、すでに（前記【2-6-3-2-2】「Bについて」〔140頁以下〕）述べたように、不法行為の一種で、複数の行為者が一体となって当該不法行為をした場合において、そのような関係になかった場合には、責任の全部又は一部を負わない行為者にも、その全部の責任を負わせたものという意味で特別なものである。その特別の意味を強調すると、訴訟物は別であるという理解につながり得る。

　こうした共同不法行為の審理をするに当たっては、個々の行為者の行為が無関係なのか一体性があるのかが問題になるのであるから、個々の行為者がどのような具体的状態において（故意・過失など）、どのような具体的行為をしたかは当然に審理の内容として視野に入ってくるものである。一般の不法行為と

共同不法行為とでは、具体的な攻撃防御方法は異なるところがある（例えば、請求原因に複数の行為の一体性を表す事実が表われ、それに応じて、これに関する抗弁以下の攻撃防御方法も異なる）が、審理としては同質的で融合的な審理の範囲内にあるものと考えられる。そこに訴えの変更手続などは不要である。また、それと裏腹の問題として、例えば、共同不法行為として審理が行われ、その間に主張立証が可能であったものを、共同不法行為に基づく損害賠償請求が棄却になったからといって、後日、不法行為に基づく損害賠償請求が許されるというのは相当ではない（これを、既判力の客観的範囲に抵触すると説明するのである）。あえて、その仮説的例を出すと、次のような例が考えられよう。本件のBの立場の者を、本件におけるように、Cとの共同不法行為者として訴求したXが、同請求を棄却された後に、Bが、Cにかつて事業の上で大きな損害を与えられたことを恨みに思い、今度はCに同様な損害を与えてやろうと思い、運転未熟なDを山岳道路にも経験豊富な優秀な運転手としてCに紹介し、本件のような事故を起こさせたことに基づく損害賠償を、民法709条を根拠にして訴求するようなことが可能であろうか。上記審理の範囲などに関する説明からして、そのようなことは許されないであろう[10]。

## Cについての訴訟物

これを、特殊の不法行為（民715Ⅰ）に基づく損害賠償請求権と表示しているのは、民法715条1項に基づく損害賠償請求権と民法719条1項（ここでは、その前段が問題となる）に基づく損害賠償請求権とは、訴訟物は同一であるとの理解（異なるとする理解もあり得よう）に基づく。次にその理由を述べることとする。

前述のように、共同不法行為は、不法行為の一種で、複数の行為者が一体となって当該不法行為をした場合において、そのような関係になかった場合には、責任の全部又は一部を負わない行為者にも、その全部の責任を負わせたものと

---

10) 河村ほか『要件事実・事実認定ハンドブック〔第2版〕』430頁は、「民法719条の各条項は、いずれも民法709条の発生要件（因果関係要件）を被害者に有利に修正したものに過ぎずその制度趣旨を異にしないから、」不法行為に基づく損害賠償請求権と共同不法行為に基づく損害賠償請求権は、訴訟物を同一にすると考えるべきであるとする。傾聴すべき意見である（ただ、本件のCについて問題となる民法715条と民法719条との関係については触れていない）。
　訴訟物の機能一般については、伊藤『要件事実の基礎〔新版〕』345頁以下参照。

いう意味で特別なものである。その特別の意味を強調すると、訴訟物は別であるという理解につながり得る。

そのような効果を持つ意味は、共同不法行為に関与した各行為者ごとに異なる。本件においては、Bはまさに、そのような特別の効果を受ける者である。なぜなら、Cの不法行為とは無関係な、B自身のした不法行為というものがあるかというと、少なくとも、それは明らかではない（例えば、BがCを運行会社として指定したことの過失というようなことは問題となっていない）からである。

他方、Cについては、Bと共同不法行為責任を負うことによって、その使用者の責任の発生要件についてなんの変更もない。前記Bについての訴訟物において検討した訴訟物に関する決定基準①と②に照らし、共同不法行為責任に基づく損害賠償請求権と使用者の責任に基づく損害賠償請求権とは、訴訟物を異にするとの理論上の意味も実際上の意味もないと思われる。

<u>訴訟物の決定と請求原因などの要件事実の構成のフィードバックの関係</u>

なお、他の場合の法律構成と同じく、訴訟物の場合も、いつも、請求原因などの要件事実が適切に構成できるかという作業とのフィードバックの過程を経て、最終的に訴訟物が決定される（訴訟物が、請求原因事実の適切な構成〔一般には、さらに、抗弁以下の構成についての適切な考察が必要となるが、請求原因の構成と抗弁の構成もまたフィードバックの過程を経て決定されることが多い〕と無関係にまず最初に決定され、そこから、いわば演繹的に請求原因事実が決定されていくものではない）。

本件の場合は、すでにした検討によって、前述のように訴訟物を考えてよい。


## 2　請求の趣旨【2-6-3-3-2】

B及びCは、X2に対し、連帯して○○○○万円を支払え。

$\boxed{\text{説明}}$

判決主文においては、これとは別の「各自……を支払え」とする書き方と、このように「連帯して……を支払え」とする書き方とがあり得る。後者は、被告らの支払う債務の性質を明示したほう分かりやすいという考え方に基づくものであり、前者は、各被告に対する全部給付の請求が併存するのであるから、

その結論を示せば足りるという考え方に基づくものである。司法研修所編『10訂　民事判決起案の手引〔補訂版〕』（法曹会、2020）13頁は、「当事者のための判決書であることを重視して、後者を相当とするのが最近の実務の考え方である。」と述べる。

　当事者の提示する請求の趣旨の書き方としては、このように「連帯して」と書いたほうが、判決主文で求められるよりも、一層強い理由で、そのほうがよいであろう。


### 3　請求原因【2-6-3-3-3】

①　Bは、観光バスを使用する「○○やまなみ絶景ドライブ」を、○○県○○村○○付近を通過する県道○号線を運行するツアー（本件ツアー）として企画し、2022年○月○日に実施した。

　　本県道は、全体としては、中央線の表示のある対面2車線・片側車線幅員3.5m（別に登坂車線はない）の道路であり、いずれの車線も、急勾配（10％程度）と急カーブ（R＝50程度）のある山岳道路であった。観光バス業界では、「あの道路は、美しい山並みの見える素晴らしい観光道路であるが、急勾配・急カーブの多い、運転の難しい道路である。」との評判であった。本件事故現場付近（標高300mくらい）は、特に長い急勾配（おそらく10％を超える程度）の下り坂の途中の右に急カーブするところで、以前に道路からその脇の斜面に転落しそうになった観光バスがあり、○○県が2020年に転落防止のガードレールを設置した所である。

②　Cは、Bから、本件ツアーを本件観光バス（定員45名）を使用して実施することを依頼されてこれを承諾し、その実際の運転を自社の従業員であるDに行わせた。

③　BとCとは、過去約10年間以上にわたって、相互に提携して、観光バスツアーを実施してきた。特に、「○○やまなみ絶景ドライブ」と称する本件ツアーは、両社のいわばドル箱ツアーとして、多大の利益を両社にもたらしてきたものである。両者の間には、本件ツアーの収益率を上げるべく、相互に有意義なノウハウを交換するために、重要な人事交流も行ってきた（正確には、それらの評価根拠事実が必要）。

④　Dは、2022年○月○日午前10時ころ（天候晴れ・気温15度ぐらい）、本件ツアーの一環として、本件事故現場である○○県○○村○○付近の県道○号線の右カーブの下り車線（指定最高速度・時速25km）を時速約50km以上で走行中に、同バスを同県道左側に設置してあるガードレールに激突させ、そのあおりで、同観光バスは車体が横転し、その横転した車体の後部が、上り車線である対向車線にはみ出した。

　　本県道は、同所付近に差し掛かる相当前の所から、長い急勾配の下り坂になっていたが、Dは、そこでの速度の出過ぎを防ぐため、本件観光バスのフットブレーキを何回にもわたって踏み続けた。その結果、いわゆるフェード現象（フットブレーキの踏み過ぎで、ブレーキの制御力が落ちる現象。前記注9参照）が生じた。前記激突が生じたのは、そのためである。

⑤　X1は、本件小型乗用車を運転して、本件事故現場付近の本県道の上り車線内を指定最高速度・時速内の25km未満で運転していた。そこへ突然に本件観光バスが猛スピードで現れて、下り車線側のガードレールに激突して横転し、その車体の後部が上り車線内に突出した。本件小型乗用車はそのまま同車体の後部に激突した。

⑥　本件小型乗用車を運転していたX1は、全身打撲・心臓破裂で即死し、後部座席左側に乗車していたX2は、全治3か月の大腿骨骨折の重傷を、助手席に乗車していたX3は、全治6か月の腰椎骨折の重傷を負った。

⑦　X2の逸失利益、慰謝料などの損害に関する評価根拠事実【その具体的説明は、ここでの事実摘示としては省略する】

|説明|

　以上で請求原因事実は、すべて摘示されているので、その意味について説明する。

　<u>本件事故の発生についてのB及びCの有責性</u>

　請求原因①〜⑤によってそのことが、具体的事実によって示されている（Dの過失は、④第2段で摘示されているところで十分であるので、理論上は、④冒頭の天候・気温は不要であるが、それらに原因のないことを念のため示したものである）。

　すでに（前記【2-6-3-2】「考えられそうな法的判断の構造（法律構成）」

〔137頁以下〕）説明したところによれば、このような具体的事実を前提とする限り、基本的にB及びCの共同不法行為が成立すると考えられる（もっとも、BとCとの「一体性」については異なった意見もあり得よう。本件観光バスのブレーキになんらかの「欠陥」があったと疑わせる状況はまったく認められない）。くわしくいうと、B及びCは、民法719条1項前段の共同不法行為責任を負い（Cが不法行為者となるのは不法行為となる直接の運転行為をした者Dの使用者であるため、民法715条1項本文の使用者責任を負うからである）。そのため、被害者に対して、それによって生じた損害を連帯して賠償する責任がある。

　もとより、過失相殺（民法722Ⅱ）で問題となり得るX側の過失がなかったことが請求原因になるわけではない（実際にも、過失相殺として問題となり得るようなX側に過失があったというような状況はまったく窺われない）。

### 本件事故による被害者の損害

　請求原因⑥（具体的事実を示している）と⑦（具体的事実を示すことを省略している）によってそのことが示されている。

　X2は（本稿では請求を省略したX1とX3も）、被害を受けなかったとすれば得ることができたはずの利益（いわゆる逸失利益）の賠償、支払った医療費などの積極的損害の賠償、精神的損害についての賠償（慰謝料）などを請求することができる[11]。

　X1については死亡しているので、そうした損害賠償請求権の相続の問題がある。X2は配偶者として、X3は子として、それぞれ2分の1ずつの相続分を持つ（民900①）相続権者であるので、その割合でX1の損害賠償請求権を相続する

### X1の死亡によってX2とX3に相続される慰謝料

　この点について難しい問題があり、かつ、法的思考の問題として有意義なと

---

11）　具体的な賠償額の算出方法については、下記文献が参考になるであろう。さまざまな問題があるかもしれないが、実務上は、下記文献がよく使われているようである。
　　日弁連交通事故相談センター本部編『交通事故損害額算定基準』（青本。2024）
　　日弁連交通事故相談センター東京支部編『民事交通事故訴訟損害賠償算定基準』上・下（赤本東京地裁の実務）（同支部、2024）
　　法的判断の構造を示すことが主な目的であるここでは、そのような点についての説明は省略する。

154 第2部 具体的紛争の解決

ころもあるので、ここで少し説明しておきたい。

X1には不法行為によって死亡したことによる慰謝料請求権が発生する。死亡直前の苦しみについてその状態ではまだ生きている人に精神的損害が発生し、それに基づく慰謝料請求権が、その人の死亡によって相続されるということはあり得るだろう。しかし、死亡による慰謝料というものがあるとしても、それは死亡しないと発生しないものであるが、死亡した時には権利を享受する主体は消滅してしまっているので、死亡による慰謝料請求権が死者に発生するということはないのではないか、という問題があるかもしれない。従来、この問題は、死亡した被害者が精神的苦痛を感じその賠償を求めるための意思を明らかにすることが必要かというような見地から議論されてきており、死亡したものが、その前に「残念」といえばそのような意思を表示したことになるとする有名な大審院判例もある[12]。

しかし、その点は、今は実質的に克服され（死亡による慰謝料請求権が死者に発生するということはあり得ず、その相続という問題もあり得ない、という上記問題は、果たして解決されたのかということを考えると、厳密に論理的には問題も残っているともいえよう）、一般に死亡による慰謝料請求権の相続は認められている[13]。

---

12) そのような議論の内容は、すぐ次に述べる最大判の補足意見、反対意見の中で詳しく紹介されており、法的思考というものを考える上でも、とても興味深いものがある。

13) これを認めた著名な判例は、最大判昭42・11・1民集21巻9号2249頁（LEX/DB27001026）であり、「不法行為による慰藉料請求権は、被害者が生前に請求の意思を表明しなくても、相続の対象となる。」（判決要旨）と判示する。非常に多数の判例評釈もある（上記LEX/DBの冒頭に詳細に紹介されている）。

その後も、例えば、最判平16・12・20裁判所HPは、事案としては、横断歩道上を歩行中に自動車に衝突され死亡した事案であるが、その死亡者の受けた損害として、慰謝料を認め、その相続人が相続によりこれを取得したとして損害賠償請求をする権利を認めている。

なお、同最判は、「不法行為により死亡した被害者の相続人が、その死亡を原因として遺族厚生年金の受給権を取得したときは、被害者が支給を受けるべき障害基礎年金等に係る逸失利益だけでなく、給与収入等を含めた逸失利益全般との関係で、支給を受けることが確定した遺族厚生年金を控除すべきものと解するのが相当である。」との判示（5頁）を主要な内容とするものであって、その前提をなす考え方は、「不法行為によって被害者が死亡し、その損害賠償請求権を取得した相続人が不法行為と同一の原因によって利益を受ける場合には、損害と利益との間に同質性がある限り、公平の見地から、その利益の額を当該相続人が加害者に対して賠償を求め得る損害の額から控除することによって、損益相殺的な調整を図ることが必要である（最高裁昭和63年（オ）第1749号平成5年3月24日大法廷判決・民集47巻4号3039頁参照）。」というもの（4頁）であって、この考え方は、死亡者自身の有する死亡による慰謝料の相続をしたことによる親族の有する慰謝料と民法

第6章　不法行為が問題となる事案　155

**民法711条による「近親者に対する損害の賠償」としてX2とX3に発生する慰謝料**

　直前に述べたように、X2は死亡したX1の配偶者として、X3はX1の子として（他にX1の相続人はいない）、それぞれ2分の1のX1の死亡による慰謝料請求権を相続する（民900①）とともに、それとは、別に、そのようなX1との身分関係に基づいて、民法711条に基づく固有の慰謝料請求権を有する。

　相続により取得した慰謝料請求権と民法711条による慰謝料請求権とは、その性質を異にするものであるから、両者は併存する。しかし、前者を多額に認めれば、親族固有の精神的苦痛も、それによって相応に軽減されるものとも考えられ、両種の慰謝料額は、全体を総合判断して、適切に算定されるべきものであると考える（前記注13掲記の最判平16・12・20裁判所HP〔4頁〕参照)[14]。


## 4　抗弁（Cによる、Dの選任及び事業の監督についての無過失）【2-6-3-3-4】

　Dは、Cに採用時に大型自動車の運転歴が1年あったほか、長年の普通乗用車の運転歴があり、運転免許としては無事故・無違反のゴールド免許取得者である。

　Dは、Cへの採用後2か月を経て、Cの運転業務にも慣れてきており、当日朝も、運行管理責任者から、所定の点呼を受け、健康状態に問題もなかった。

|説明|

　以上は、Cが、民法715条1項ただし書前段の被用者の選任及び事業の監督に過失がなかったという趣旨の抗弁として摘示したものである。

　この抗弁のうち、このような経歴のDを運転手として採用したことについては当然に過失があるとはいえない、すこしCに有利な見方をすれば、D選任については無過失であるということもいえるかもしれない、と考える。

　問題は、その後のDの業務に対する監督の仕方が相当であったか、ということである。「事実関係の概要」【本件事故現場付近の地形の特徴】（132頁以下）、【本件事故に関する関係者の言い分】（特に「C」の言い分）（133頁以下）を通

---

　　711条による親族に発生する固有の慰謝料との関係を判断する上で参考となる。
14)　実務の実情については、日弁連交通事故相談センター東京支部編・前掲注11など参照。

じて見れば、急坂・急カーブなどのある本県道を運転したことのないDを単独で（指導運転者を同行させることなく）本件ツアーの本件観光バスの運転者として使用したことに照らせば、Cは、Dの業務の監督について過失があった、少なくとも、無過失であったとはいえない、と考えられる。

ただ、このような事実関係を要件事実として構成するときに、「Dが本県道（その通行の困難性は、請求原因における事実で明らかである）を運転したことがないこと」を再抗弁として必要とするか、又は、裁判官の釈明権の行使が適切に行われていることを前提とすれば、Cとしては、Dの本県道の運転歴があればそれを当然に主張するはずであるから、抗弁にその主張がないということは、同運転歴がないことを意味する（少なくとも、抗弁の内容として、「本県道の運転歴があった」を含むものとはいえない）のであるから、あえて上記再抗弁までは不要であるとするか、の両様の意見があり得よう。

本件では、Cの言い分において「Dが本県道を運転したことがないこと」を自認しているので、再抗弁必要説をとっても、再抗弁不要説と結果において変わりがないが、もしもCがそのような自認をしていなかったとしたら、再抗弁必要説をとると、Dの本県道の運転未経験の事実は、X側に立証責任があることになり、その立証の成否は見通しができない（業務日誌の提出を求めるなどの方法も考えられるが、一般論としていえば、Cの妨害行為なども考えられなくはない）。

本件のような事案で、果たして、上記抗弁は、本質的にどのようなことを意味しているのかを考えて、要件事実に関する、いわば思考トレーニングをしておくことが重要である。

そこで、前記抗弁の「Dは、Cへの採用後2か月を経て、Cの運転業務にも慣れてきて」いるということが、要件事実の基本的考え方である原則・例外（本質・非本質）という思考方式（前記【2-1-2-3】「攻撃防御方法としての要件事実の種類」〔18頁以下〕参照）の視点から、どのようなことを意味しているかを考えることが重要である。

Cの業務内容全般が明らかになっているわけではない本件においては、Cは観光バス会社として都市にある名所旧跡の観光、平坦地・海浜などの絶景の観光などをさまざまに扱っていた（少なくとも、かもしれない）と考えるのが自

然であって、単にDがCの運転業務に慣れて来ていたということから、本県道のような厳しい状況の山岳道路の運転もしているということに当然にはならない（むしろ大型自動車運転歴1年、C入社後2か月程度では、上記のような本県道を運転していた蓋然性は低い）というように考えるべきであろう。つまり、この抗弁の内容の持つ原則的（本質的）意味は、少なくとも、「Dが本県道を運転したことがあること」を包含しているとはいえない、と考えられる。

したがって、筆者は、上記両説のうち、再抗弁不要説が正しいと考える。ちなみに、再抗弁必要説に立った場合の再抗弁は、「Dは、本件ツアー前には、本県道を運転したことはなかった。」というものになろう。

そのように考えてくると、前記抗弁は、その主張自体から見て理由がない（その主張通りの事実が立証されたとしても理由がない）、いわゆる「主張自体失当」の抗弁であるが、考え方の分かれ得るところかもしれないので、念のため摘示した。

<u>抗弁に限らないが、「事実関係の概要」に表れる当事者の主張をどこまで取り上げて、ここに摘示するかは</u>、ここでの摘示の趣旨に照らし、その主張の相当性・重要性の程度などを考慮して判断することになる。ここでは、読者に当事者の主張の攻撃防御方法として持つ意味をご理解頂くためという、ここでの摘示の趣旨を念頭に置いて、この主張が本件において重要な意味を持つこと、あるいは考えようによっては、この主張も一理あるという見方もあり得るかもしれないということから、ここで抗弁として摘示することにした。

判決における事実摘示の要否は、判決における事実摘示の趣旨（当事者の納得ということも重要な要素である）に照らしながら、同様なことを考えることになる。本件については、判決における事実摘示としても、抗弁として摘示したほうがよいであろう。

他方、<u>Dの言い分中にある「ブレーキの欠陥」の主張</u>自体は、その主張は、ブレーキの制御力が働かなくなったということを述べていて、状況によっては抗弁となり得るものではあるが、「欠陥」といえるためには、その対象物を通常の用法に従って使用していて、その本来の機能を発揮しないという状況であることが必要であるのに、Dのフットブレーキ操作に関する主張の中には、「ブレーキの欠陥」の主張と同時に、「フェード現象」を生ずる可能性の非常に

158 第2部 具体的紛争の解決

高いフットブレーキの操作方法も主張されていて、全体として見ると、「欠陥」の主張として意味のあるものになっていない。ここでは、そのようなDの言い分を抗弁として摘示することによって、その言い分が意味のある主張と誤解されかねないことを恐れて摘示しないこととした。こちらの方は、「主張自体失当」の程度の明らかさが前記「Cによる、Dの選任及び事業の監督についての無過失」の主張よりも、いっそう強いといえると考えたからである、といえよう。

### 5 本件についての最終的判断【2-6-3-3-5】

すでに前記【2-6-3-2】「考えられそうな法的判断の構造（法律構成）」における説明（137頁以下）及び前記【2-6-3-3-3】「請求原因」・前記【2-6-3-3-4】「抗弁」に関する各 説明 の箇所（152頁以下、155頁以下）で述べたところから、本件についての最終的判断がどのようになるかは、ほぼ明らかであるが、ここで全体を通して、事実の認定についての検討も含めて、最終的判断を簡潔にまとめておこう。

#### 本件事故の発生についてのB及びCの有責性

請求原因①～⑤における事実から肯定することができ（共同不法行為責任がBとCとの間に成立するか否かについては、私見は肯定説であるが、共同不法行為における一体性についての考え方の相違によって、あるいは意見が分かれるかもしれない。前記注3参照）、それらの事実の存在はほとんど当事者間に争いがないか弁論の全趣旨・証拠によって認められるはずのものである（本件観光バスのブレーキが利かなくなった原因が何であるかについては、鑑定などの専門的知見による十分な解明が必要であるが、「フェード現象」が起き、そのためにブレーキが利かなくなったということは、結局は立証されることになるであろう）[15]。

---

15) 本件は、死亡した被害者がある事案であるから、刑事事件になると考えられる。そうした場合には、X側は、刑事訴訟法53条、犯罪被害者等の権利利益の保護を図るための刑事手続に付随する措置に関する法律3条等（両者は要件に違いがある）によって、刑事事件における資料を入手することができるので、そうしたことも含めて考えれば、本件ブレーキの制御力の低下の正確な原因を立証することができよう。

### 本件事故による被害者の損害

請求原因⑥と⑦に摘示されているところであるが、これらのことは、証拠によって認められるはずのものである（具体的額の算定については、どのような額をもって適正なものとするか多くの問題があろうが）。

### Cによる、Dの選任及び事業の監督についての無過失の抗弁

いわば主張自体失当の抗弁であって、理由がない。

そうすると、X2の本訴請求は、具体的額の点は別として、基本的に認容されるべきものである、と考えられる。

160　第2部　具体的紛争の解決

# 第7章
# 不動産所有権が問題となる事案〔2-7〕

## 第1節　本章での検討の趣旨〔2-7-1〕

　後記【2-7-2】「事実関係の概要」は、次に述べることに関係があると思われる詳しい事実関係である。

　Aは、ある市の繁華街で土地・建物を所有して飲食店を経営していたが、不況でその経営がうまくいかなくなり、同土地・建物を売却して、故郷に帰り日常雑貨店をやろうと思っていたが、その売却がなかなかうまくいかなかった。その上、Aの債権者からはいつ同土地・建物を差し押さえられるかもしれない状況にあった。そうしたときに、同業者のBとの話で上記土地・建物についてBへの売買契約書が作成され、その引渡しもBにされた。飲食業者Cは、Bの話によって、同土地・建物はBのものであると信じてこれを買って引渡しを受け（所有権移転登記は未了である）、この建物での営業をその子のEにさせるべく、賃貸し、引き渡した。

　他方、Dは、Aの旧知の友であったが、Aから同土地・建物を買い受け、その所有権移転登記を済ませた（引渡しは未了である）。

　上記のようになった経緯（代金の支払関係なども含む）については、関係者の間で、さまざまに言い分の違いがある。

　この「事実関係の概要」記載の事実関係の特徴は、多くの関係者がさまざまな形で関係しているということであり、どのような視点からこの事実関係を検討すべきか、多くの問題がある。

　このような事実関係の下において、本件紛争を民事訴訟で解決するために、最も適切な（すなわち、最も事案の実態に即した適正迅速な）紛争の解決を導くことになる方法はどのようなものであるかを検討する。

## 第2節　事実関係の概要〔2-7-2〕

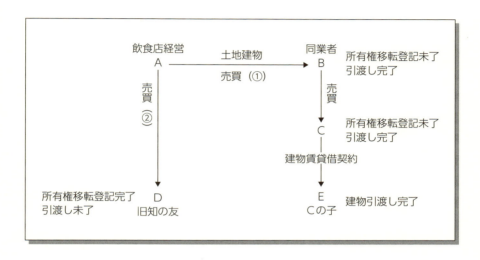

　感染症の流行やさまざまな原因による物価の高騰などがあって不況であった2022年11月のこと、○○県の地方都市である○○市の繁華街にある飲食店も経営困難に陥るところが出てきていた。Aの経営する飲食店も苦境に陥り、多額の債務を抱えるに至った。そこで、Aは、店をしまい、出身地の○○県○○郡○○村に戻って日常雑貨店を営もうと考えるようになった。○○市の繁華街にある、いずれも自己所有の前記飲食店の建物（以下「本件建物」という）・その敷地となる土地（以下「本件土地」という）を売れば、そのための資金は十分に確保できる見通しであり、○○村の現状から見れば、その日常雑貨店の営業見通しも立つと考えられた。

　Aは、今の店について、以上のような状況の下で、将来の見通しが立たないし、状況の推移によっては、債権者に差し押さえられかねない状況になったと考えた。そこで、Aは、早急に本件土地・建物を処分したいと考えて、何人かに声をかけたが、みな同様に苦しくなかなか成約には至らなかった。

　そのうち同業者として知っていたB（Bは、同業者のなかでは、多少やり方があくどいとの評判もあったが、経営がうまくいっているようにみえており、

同業者仲間では信用があった）が、この話に乗ってきて、当時の相場より５％ほど安い□□□□万円でなら買おうと言った。そこで、Ａは、急いでいたので、この機を逃してはならないと思い、売買契約書を作っておこうと考えた。Ｂは、すぐにそれに賛成し、このままではいつＡの債権者に差し押さえられるかもしれないので、同契約書を作成し、とにかく本件土地・建物をすぐに引き渡してほしい、店名をＢに変えるなど、自分にも考えがあるなどとＡに説いた。

Ｂは、Ａから本件土地・建物の引渡しを受けた後、ほどなく、本件土地・建物を当時の相場より３％ほど安い△△△△万円の代金でＣに売った。

Ｂは、Ｃとの売買契約締結に先立ち、Ｃに対し、「本件代金額は格安である。所有権移転登記は私が先の所有者からまだ受けてないので、すぐにはできないが、私が責任をもって、１か月以内にはするので、信用してほしい。現在は、代金額の４割を支払ってもらえばよい。全額を支払うのは所有権移転登記のときで差し支えない。」と述べた。

Ｃは、このＢの言葉を信じて、その通り、本件土地・建物を買い受ける契約を締結し、代金の４割分として△△△△万円×0.4をＢに支払い、同時に、本件土地・建物の引渡しを受けた。

Ｃは、本件土地・建物の引渡しを受けると間もなく、その子で、今まで、Ｃの経営する飲食店で働き経験を積んだＥに、本件建物で同様な飲食店を営ませるべく、本件建物を期間の定めなく１か月○○万円で賃貸し、引き渡した。

Ｄは、ＡとＢとの間で売買契約書が作成され、その引渡しも済んですぐに、上記の契約書の作成と引渡しの完了したことを承知のうえ、Ａから本件土地・建物をその相場の代金額○○○○万円で買い受ける契約を締結した。

Ｂは、その後分かったこととしては、ＡやＣとの上記取引があった当時には、その経営する飲食店が他の人からするとうまくいっているようにみえていたが、その内実は火の車で、非常に経済的に困窮していた。現在は、その経営していた飲食店も閉じ、Ｂ自身も行方不明となっている。ＣがＢに支払った金銭は、そのままの状態になっている。

<u>以上の事実関係について、関係者の間で特に争いはない。</u>

【関係者の言い分】

Ａ：前記売買契約書は、まさに形だけで、Ｂとの間には、「状況次第によっ

ては、またＡに本件・土地・建物を戻すし、Ａは、他に適切な買主があれば、本件土地・建物を売って所有権移転登記をしてもよい。そのようなＢの好意に対して、ＡはＢに××万円を支払う。」との話ができていた。そこで、Ａは、本件土地・建物をＢに引き渡した。その際に、Ｂに上記××万円も支払った。直ちに登記まで移すことまでは躊躇され、そのままになっていた。

Ｄへの本件土地建物を売買した事情は、後記のＤの言い分どおりである。後記のＣの言い分は事実と反する。Ｃは、ＡとＤの取引の事情などを知る由もなく、その言い分はまったく信用できない。

Ｂ（行方不明になる前に述べていたこと）：Ａとの間に作成した本件土地・建物の売買契約書は別に嘘のものではない。所有権移転登記をすぐにはしてもらえなかったが、Ａの債権者にいつ差し押さえられるか分からない状態にあったので、せめて引渡しだけは、すぐに済ませておいた方がよいというという話になったのである。代金は移転登記と引き換えに全額支払うということになっていた。もちろんＡから、名義のいかんを問わず、１円たりとも受け取ったことはない。

Ｃ：私が前記の〔前記の争いのない事実として記載されている〕ような行動に出たのは、次のような理由があるのである。

私は、○○市の外れで、飲食店を経営していたが、不況の中でも、非常に特色のある料理を提供して、好業績を挙げていた。このやり方でいけば、○○市の中心部でも十分やっていけるとの自信があって、○○市の繁華街への進出をかねてから強く望んでいた。Ｂは、飲食店業者の間では、ちょっと名前の知られた存在であって、仮にＡの言うことが真実だったとしても、自分としては、まさかＢの言うことが事実と違うなどとは、当時まったく思いもしなかった。前記のＢの言をその通り本当であると信じた。

ＢのほかにＤも本件土地・建物を買ったということを今は分かっているが、そのＤはとんでもない人であると思う。Ｄは、Ａの友人かどうかなど知らないが、Ａが苦境に陥って故郷で日常雑貨店を開くため、本件土地・建物を売却しようとしていることを知り、その上、ＡがＢに本件土地・建物を引き渡したまま、その代金が支払われず、Ｂとの交渉も難航していることも知るに至った。

そこで、本件土地・建物の名義がまだＡにあることを知って、Ａに交渉して、

本件土地・建物を安く買いたたき、登記を得ておけば、最終的になんとかなり、利益を得ることができると考えた。Dは、本件土地・建物の所有権移転登記を受けたというが、その登記を正式の手続きを経て取得したかは大いに疑問である。Dは、本件土地・建物を時価の○○○○万円で買い受ける旨の売買契約書を作成し、その実は、その代金をほとんど支払わないまま、言葉巧みにAをだまして、不正に本件土地・建物の所有権移転登記を得たものである。

　D：私は、Aの出身地の○○県○○郡○○村の出身で、Aとは小学校の同級生であって、現在まで親交がある。私は、同村に現在も居住して酒造業を営み、自分でいうのも僭越であるが、同村では資産家として有名である。

　Aが同村に帰って日常雑貨店を営みたいとのAの前記計画を知り、なんとか役に立ってやりたいと思った。

　私は、Aに対し、本件土地・建物が本当にAの所有であるのならば、自分が当時の相場で買ってもよいと申し出た。Aは非常に喜んでこれをすぐに承諾した。Aは、私との本件土地・建物の売買契約締結に先立ち、私に対し、「すでにBに、形の上だけのことではあるが、売ったことになり引渡しも済んでいるので、本件土地・建物の所有権移転登記はできるが、その引渡しは、差し当たりできない。早急にBに返還を請求する。」と述べた。私は、Aの苦境を思い、所有権移転登記を得ておけば、最終的にはなんとかなると思い、これを了解した。

　Aと私とは、所有権移転登記時に代金全額の6割に当たる○○○○万円×0.6を支払い、残額は本件土地・建物の引渡し時に支払うものとすることを合意したが、そうなったのは、このような理由に基づくものであって、不当な利益を得ようとしたことなどまったくない。私は、このAとの合意のとおり、所有権移転登記を受け、それと同時に代金全額の6割に当たる○○○○万円×0.6を支払った。その支払いを証明する銀行関係を含む証拠がある。

　Cの、この点に関する言い分は、なんの根拠もない想像に基づく妄言である。

　E：Cの言い分どおりである。


　前記【2-7-2】「事実関係の概要」は、ある事件の核心的部分を含み、かつ、その背景となる、ある程度広い事実関係を包含するもの、いわば生の紛争の諸

事情が複雑に入り込んでいる事実関係である。これは、**従来の実務書や裁判例で挙げられる「事案の概要」**は、法的視点の比較的明確な事実関係を題材とする、すなわち、要件事実論や事実認定論の視点から意味のある、ある程度特定した事実関係として整理されたものが多いように思われるが、これとは異なり、そのように整理される前の事実関係である。

　本書では、ここから出発して、この事実関係の下では、どのような法的判断の構造（簡単に、法律構成ともいう）を念頭に置いて考えるのが、最も適切な（すなわち、最も事案の実態に即した適正迅速な）紛争の解決を導くことになるかを考えることになる[1]。

＊　　＊　　＊　　＊　　＊

　以上のような基本的考え方に立って、次節【2-7-3】において、前記【2-7-2】「事実関係の概要」（以下本章において、これを単に「事実関係の概要」という）の下における具体的検討を行う。

## 第3節　民事訴訟として考え得る方法【2-7-3】

### 第1　直観的な印象【2-7-3-1】[2]

　本件は、すでに（前記【2-7-1】「本章での検討の趣旨」〔160頁〕）述べたように、多くの関係者がさまざまな形で関係していて、かつ、法的判断の構造の面でも基本的問題を含む、なかなか困難な事案である。

　「事実関係の概要」全体を見ると、やはりBが最も非難されるべき立場のように思われる。もとより、詳細な事実認定を経なければ、断定しがたいことではあるが、「事実関係の概要」中の争いのない事実関係末尾の段落（162頁）に記載されているBの行動に照らしてみても、そう考えて、大きな誤りはなさそ

---

1)　以上の考え方とその実践は、本書の持つ類書にない特徴に関する重要なものであって、これに関しては、前記【2-2-2-1】「『事実関係の概要』と『事案の概要』との違い」（33頁以下）、前記【2-2-2-2】「『事実関係の概要』を出発点とすることによる検討方法の違い」（35頁以下）、前記【2-2-2-3】「憲法訴訟における論証責任論とそこから要件事実論が学ぶべきもの」（38頁以下）において、第2章のみならず第3章を含む各章に共通するものとして、詳細に説明しているので、十分にご留意をお願いしたい。

2)　「直観的な印象」の意味については、前記【2-2-3-1】「直観的な印象」注9（42頁）参照。

166 第2部 具体的紛争の解決

うである。「事実関係の概要」【関係者の言い分】中の「Ｂ」の言い分（163頁）によっても、そうした印象を覆すには不十分であるように思われる。

他の関係者には、それぞれの言い分があって、Ａがトラブルの発端になったという意味では、分が悪い立場にはあるが、Ａを含めて**異なる利害の適切な調整（バランス）の取りよう**を考えなければならない。

次の【2-7-3-2】において、具体的な法的判断の構造（法律構成）を検討することになるが、上記のような問題点を念頭に置いて考える必要がある。

## 第2　考えられそうな法的判断の構造（法律構成）【2-7-3-2】

本件は、Ａが所有していた本件土地・建物の所有権の行方が問題となっている。本件では、所有権というものの持つ意味と対抗とはどのようなことかという法的問題が、その全体を通じて、基本的問題として存在する[3]。そこで、個々の関係者について、そのような理論がどのような形で現れるかは後述することとして、所有権というものの持つ意味と「対抗」（物権変動理論）とはどのようなものかについての一応の説明をここでしておくことが、後記の具体的問題についての説明を理解する基礎として必要である、と考える。

そこで、まずここで、そうした点について、本件に関係する限りで、基礎的な説明をしておくこととする。

### 1　所有権というものの持つ意味【2-7-3-2-1】

#### 所有権の内容

所有権は、物権のうち最も重要なものである。所有権は、目的物（有体物である。無体財産権である知的財産権〔特許権・商標権など〕は比喩的に、特許権を所有するなどといわれることがあるとしても、それは所有権の対象ではない）を、排他的かつ直接に（金銭債権が債務者の金銭の支払いという行為を介するように、人の行為を介して実現できる債権とは違い、人の行為を介せずに）、いわば完全に支配する権利である。民法206条は、「所有者は、法令の制

---

3）　最近の民法等の一部を改正する法律（令和3年法律第24号）で物権関係の改正もあるが、それは、相隣関係、共有、所有者不明土地、管理不全土地、相続財産の保存などに関するものであって、本件における説明には関係がない。

限内において、自由にその所有物の使用、収益及び処分をする権利を有する。」
と定めるが、それは、上記説明の内容を表現したものといえる。そこには、す
ぐに思いつく都市計画法、農地法などのさまざまな法令による制限がある。そ
の基本には、憲法29条2項の、財産権の内容は、公共の福祉に適合するように、
法律でこれを定める、との規定がある。

### 所有権が侵害された場合の効果

　前記のような所有権の強い内容に照らせば、それが侵害されたときには当然
その侵害に対応する強い権利の発生が考えられることになる。ここで「侵害」
という表現を使用していることから明らかなように、所有物に対する使用・収
益・処分が制限されるような場合でも、それが所有者の意思に基づく場合（本
件で問題になるような賃借権の設定の場合〔それが所有者の真意に基づくとき
であることが必要である〕）には、後記のような権利は発生しない。

　民法は、その点についての明文の規定を置いていないが、講学上次の3種類
の権利が、所有物に対する侵害の内容に応じて認められている。①所有物に対
して妨害があった場合には、その妨害を排除する権利（所有権に基づく妨害排
除請求権）、②所有物に対する妨害のおそれがあるときには、その妨害を予防
する権利（所有権に基づく妨害予防請求権）、及び③所有物の占有が奪われた
場合には、所有物の返還を請求する権利（所有権に基づく返還請求権）である。
いずれも、占有権について明文で認められている、①占有保持の訴え（民198）、
②占有保全の訴え（民199）及び、③占有回収の訴え（民200）に対応する本権
（所有権）に発生する権利である。

### 土地所有権の及ぶ範囲

　民法207条は、「土地の所有権は、法令の制限内において、その土地の上下に
及ぶ。」と定めるが、それは、所有者が所有地を使用・収益・処分するについ
ての通常の使用方法というものを当然に念頭に置いて定められているものであ
る。もとより一定の要件を具備する必要があるが、大空高く飛行する航空機は
他人の所有地の上を通過するし、逆に、所有地の地下はその直下であれば地球
の中心にまで所有権が及んでいるわけではない。例えば、近時ときに一部の都
市部において土地の沈下などとの関係で問題となる「大深度地下の公共的使用
に関する特別措置法」（平成12年法律第87号）では、同法にいう「大深度地下」

について、同法2条1項1号において、「建築物の地下室及びその建設の用に通常供されることがない地下の深さとして政令で定める深さ」と定め、関係政令では、その「深さは、地表から40メートルとする。」と定める。

もっとも、こうした土地所有権の及ぶ範囲外のことが本件で問題となることはない。

## 2　対抗とはどのようなことか【2-7-3-2-2】

### 「対抗」という言葉の意味

「対抗」という言葉からなにを思い浮かべるであろうか。例えば、小・中学校における「紅白対抗の運動会」、よくテレビ報道などのある「全国都道府県対抗○○」などを思い出す方も多いのではないか。つまり「対抗」という言葉は、基本的に競い合う複数の存在があって、その優劣を決めるという性質のことをいうのである。ちなみに、岩波『国語辞典〔第8版〕』は、「対抗」の見出し語の下に「相対してせり合うこと。」と説明する。

### 当事者の間で不動産の売買契約が成立したことの法的意味の捉え方

ある物（本件では、土地・建物という不動産）に対する所有権というものがAという人に帰属しているとまず考え、その所有権がBに移転したとする。もしBに移転した段階で、Aにはまったく何も残っていないと考えるとすれば、その後AがそれをDに移転するということは不可能である。この所有権が移転する原因として、AがBに当該土地・建物を売ると言っただけで、その所有権がAからBに完全に移転してしまえば、前記のように、Aには何も残っていないのであるから、その後、Aが当該土地・建物をDに売ることは不可能である。しかし、逆に、AがBに上記のように言っただけでは、所有権の移転はまったく生ぜず、その趣旨の所有権移転登記がされて初めて、その売買契約はあったことになる、と考える立場もあり得る。このように考える立場によれば、まだ完全にAが所有者であり、Aは、債務不履行の問題は別として、その後もDに売買によってその完全な所有権を移転することは可能である。

世界の国々では、さまざまな法制度があるようである。登記を所有権移転の成立要件とする（前記説明の後者の考え方となる）国もある[4]が、日本では、所有権などの物権の移転は当事者の意思表示のみによって効力を生じ（所有権

は移転し）（民176。同条は、わざわざ「意思表示のみによって」と定める）、所有権などの物権の対象物が不動産である場合には、その移転した所有権などの物権を第三者に対抗するためには所有権移転登記が必要であるとされている（民177）。この両者のいうところの関係をどのように理解すべきかは必ずしも容易ではない[5]。

### 関係者間の利害の実質的調整の問題

前記のように意思表示のみ、すなわち、AがBに本件土地・建物を売るという意思表示をしBがこれを承諾しさえすれば、それのみによって直ちにAからBへ本件土地・建物の所有権が移転する（所有者がAからBに直ちに変わる）とすれば、それだけで十分であって、そのことは、この売買から見れば第三者であるDに対する関係でも有効であり、Dもそれを認めなければならないはずではないか、という疑問が生ずる。

ただし、それだけでは、Dにとってみれば、AとBとの間でそのような売買がされたかはまったく分からない。特に本件土地・建物については所有権移転登記がAにあるままであるので、Dとしては、仮にその引渡しがBにされていることを知ったとしても、それはAがBに貸しているのかもしれず、当然には所有者がBになったとは思わないこともあり得る。

さらには、日本では、不動産登記がなければ不動産の移転を第三者に対抗できないとする制度（「対抗」ということは、基本的に両者が性質を同じくするものを有して、互いに競い合うということであることを想起すべきである）が

---

4）　福田充孝「土地の所有者把握のために―フランス、ドイツの不動産登記制度を参考に」国土交通政策研究所報第64号〜2017年春季〜（https://www.mlit.go.jp/pri/kikanshi/pdf/pri_review_64.pdf）4頁は、「ドイツにおいては、登記が不動産物権変動の成立要件である。また、ドイツにおける登記の効力として特筆すべきものは『公信力』であり、真実の権利関係と登記に不一致が生じている場合、登記を信頼して新たに取引に入った善意の第三者は、登記の公信力により保護される。これは、フランスや日本の不動産登記制度にはないドイツ特有の制度であり、不動産取引の安全性と登記の信頼性を大きく高めている。」と述べる。ここでいう「公信力」とは、「登記・占有等の権利関係の存在を推断させる外形的事実はあるが、真実にはこれに相応する権利関係が存在しない場合に、その外形に信頼して取引をした者に対し、真実に権利関係が存在した場合と同様に権利取得を認める効力。」（有斐閣『法律学小辞典〔第5版〕』375頁）を意味する。そうした効力によって、このような外形を信じた人を保護することを目的とする。日本では、登記に公信力は認められていない。

5）　この点に関する学説の考え方の詳しい説明は、河上正二『物権法講義』（日本評論社、2012）82頁以下でされており、有益である。

採られているのであるから、その下では、Dが、BがAから買うとの契約をしたことを仮に知っていたとしても、ただ知っているというだけであれば（後記「第三者の範囲──『背信的悪意者』の問題にも触れて〔174頁以下〕参照）、Bが所有権移転登記を得てない以上、自分もBと競い合うことのできる何らかの所有権を得ることができると思っても不相当であると非難することはできない。そのような状態の下で、AがDに売ると言えば、Dもそれを承知するということになるかもしれない。そうしたDを非難するわけにもいくまい。

　そうすると、直接の取引当事者であるAとBから見れば第三者であるDのような者の利益を保護するためには、第三者との関係では、単に直接当事者の間で売買の意思表示をしたのみで、それに合致する所有権の完全な移転があったとするのは相当ではない、ということになりそうである。

　ことの実質のみを見れば、第三者とはどのような者をいうのか（ここにいう第三者とは正当な利益を有する必要があるか）、第2買主が第1買主の登記の不具備に不当に付け込んだというような場合（いわゆる「背信的悪意者」の場合）はどうかなどの問題はあるとしても、以上で一応は説明になっているといえるかもしれない。しかし、これをいわば「理論的に」説明しようとすると、なかなか困難である。

### 民法176条と177条との関係の理論的説明の必要性──法律の理論（法理論）というものの持つ意味にも触れて

　実定法についての理論は、当然のことながら実定法の条文を前提としなければならず、その解釈という形をとることになる。法解釈というものが、それぞれの人の思いつきや感情のままにされてよいわけはない。それでは、なんのために法律が定めを置いているのか意味がなくなる。

　筆者は、実定法の解釈は、当該法律の制度趣旨によって決めるべきだと考えているが、それも一種の**法理論**である。このような法理論は、法の解釈が各人の恣意に流れるのではなく、ある意味で「客観性」を持つべきであるとの考え方である。しかし、なにが「客観的」であるかについては議論もあることであり、結局価値判断の問題には、最終的に「客観的」な判断というものが成立するかについては疑問も多い[6]が、上記の**制度趣旨による解釈**というのは、1つの解決方法になると考えている。この場合における制度趣旨とは、立法当時に

立法者が考えたままの（歴史的立法者意思）制度趣旨とは当然に同一ではない。その後の時代の変遷やそれに伴う市民の法意識の変遷なども考慮した相当なもの（あるべき立法者意思）による制度趣旨でなければならない[7]。

### 民法176条と177条との関係の理論的説明——第三者抗弁説と権利抗弁説

本件では、176条（意思表示のみによって所有権が移転する）と177条（登記が対抗要件）という問題が、関係して表れてくるので、その関係をどう説明するかが具体的に問題となる。

多くの考え方があるが、176条によれば所有権が移転し、177条によればなんらかの所有権が競い立つことを前提に、その優劣を所有権移転登記の存否によって決めるということを、整合的に説明するためには、176条によって移転するのは完全な所有権ではなく、不完全な所有権であり、それが両立し競い合っているのだが、177条による登記の具備によって、完全な所有権となって、決着がつく、と考えたい[8]。このような考え方は、前記注8における学説の分

---

6）　有斐閣『法律学小辞典〔第5版〕』1186頁は、「法意識・法思想・法理論」の見出し語の下に、法理論について、「法理論は、特定の思想的立場を超えて、何らかの普遍的・客観的な基盤の上で、法的問題に回答を与えようとする体系であ」ると述べる。

　「客観性」という言葉とは、似てはいるが異なるものとして「間主観性」という言葉がある。永井均ほか編『事典　哲学の木』（講談社、2002）206頁以下〔熊野純彦〕は、「間主観性」の見出し語の下に「虹は何色か——感覚の次元」、「西瓜は果物か——言葉の次元」などの例を挙げて、興味深い説明をする。「間主観性」とは、世のなかに人間の主観から離れた純粋に客観的なものなどなく、あり得るのは、ある範囲の人々の間に共通するものの見方のみであることを示唆するものといえよう。

　こうした問題は、哲学上の大問題であって、到底筆者の力の及ぶところではないので、この程度の問題提起をするに止めておきたい。

7）　例えば、ごく簡単な例としては、民法85条は、「この法律において、『物』とは有体物をいう。」と定めるが、現在のようにテクノロジーの発展した時代において、このような規定を所有権の客体を表すすべてのものをいうと解することは、明らかに不合理である。そこで、この条文については、さまざまな考え方が示されている。

　また、旧国籍法3条1項の規定の1部を違憲とした最大判平20・6・4民集62巻6号1367頁は、社会経済環境等の変化に伴う法意識の多様化等を指摘した上、「以上のような我が国を取り巻く国内的、国際的な社会的環境等の変化に照らしてみると」当初の立法目的とは適合しない状態が生じていることを理由として判示している（裁判所HP7頁）。

　法律の解釈における制度趣旨の持つ意義については、拙著『民事法学入門——法学の基礎から民事実務までの道しるべ』（有斐閣、2012）153頁以下にも詳説した。

8）　176条と177条との関係については、河上・前掲注5・82頁以下に多数の学説を示して詳細な説明があるが、最終的には必ずしも明確な結論が出ているともいい難いように思われる。そこでの説明において「不完全物権変動説」とされる考え方「が一般に判例によっても受け入れられてきた（最判昭33・10・14民集12巻14号3111頁）」（同85頁）とされる。

類からいえば、**不完全物権変動説**とされる考え方である（実務上は**第三者抗弁説**という呼称も多く用いられる）といえよう。

ただ、この考え方については、要件事実論の立場から一定の注文を付ける必要がある。第三者抗弁説では、対抗関係に立つ事実関係が要件事実として摘示された段階で、他者の所有権を認める意思でいる権利者も、対抗要件の具備がなければその所有権が認められないとの事実関係が出ていることになって、対抗要件の具備の主張が必要とされることになる。

例えば、①甲がある土地を過去に所有していたこと、②乙は甲から同土地を買ったこと、③丙が同土地を占有していることを請求原因として、乙が丙に対して同土地の明渡請求訴訟を提起したとする。これに対して、丙が抗弁として、①丙は甲との間に地上権設定契約を締結したこと、②請求原因③の丙の占有は同契約に基づくことを主張したとする。所有権は同土地に対する完全な排他的支配権であるから、同土地を占有する物権である地上権とは対抗関係に立つことになるので、第三者抗弁説によれば、この抗弁によって、丙が乙の所有権移転登記の具備を求める意思はない（乙が所有権者であることを争うのではなく、ただ同地に対する自分の占有正権原を具体的に述べただけの意思である）ときであっても、上記事実関係が出ただけで、乙の登記の具備を求めた結果となり、もし乙が未登記であれば、その理由で乙が敗訴することになる。これはいかにも不相当である。第三者抗弁説をそのまま正当とすることは、要件事実論の立場からはできないといわざるを得ない[9]。

基本的には、筆者も前記注9の**権利抗弁説**を正当とするが、本件においては、A（元所有者）からBとDへの2重譲渡であるから、要件事実として摘示される事実関係から、競合する対抗関係であることが明らかであり、事実摘示として、権利抗弁説のいうような権利主張は、黙示にされていると解することも可能ではあろう[10]。

---

9）　これは、司法研修所編『増補　民事訴訟における要件事実1巻』（法曹会、1986）250頁の挙げる例である。同頁以下では、他にいくつかの例を挙げる（それらはいずれも、所有権の2重譲渡の例ではない）。そこで、「対抗要件を具備するまでは、その権利取得を認めない。」との権利主張を必要とする権利抗弁説が正当とされる（事実抗弁説に対する他の批判もある（同252頁）が、ここではその点にまでは言及しない）。

10）　司法研修所編『4訂　紛争類型別の要件事実—民事訴訟における攻撃防御の構造』（法曹会、

第7章　不動産所有権が問題となる事案　**173**

### 第三者の範囲——賃借人は入るかの問題にも触れて

　今までは、「対抗」とはどういうことかから始まって、意思表示による所有権の移転と対抗要件の具備との関係を考えてきた。その際に、関係当事者として第三者というものの意味を特に明らかにしないまま、2重譲渡の場合を考えてきたが、そこでは「対抗」ということの意味からいって当然に、互いに競合する関係にある場合であることを前提としてきた。すなわち、売買関係の直接の当事者以外のすべての者を無制限に第三者とするのではなく、その第三者を合理的な範囲に制限する考え方（**制限説の立場**）を採ってきた。ここで制限説についてされる標準的な説明として、次の説明を引用しておこう。すなわち、「判例は制限説を採っている〔略〕。判例によれば、第三者とは、①当事者およびその包括承継人ではなく、かつ、②不動産に関する物権変動に登記がなされていないことを主張するにあたって正当な利益を有する者とされる。」と[11]。簡単な表現でいえば、ここでの第三者とは、**正当な利益を有する第三者**ということになる。

　そうすると当然のことながら、「正当な利益を有する」といえる**第三者の範囲**が問題となる。不法占有者が入らないことは当然としても、本件で問題となるＥのような立場の者はＤから本件建物を退去して本件土地を明け渡すように請求された際に、Ｄに本件土地の所有権移転登記の具備を要求し得る正当な第三者といえるかということが問題となる。

　Ｄから本件土地・建物の賃借人であるＥに対する訴訟を考えた場会、Ｄは、本件土地建物の所有者であるという立場を取るに違いないから、Ｃに対してもＥに対しても、自己の所有する建物を収去して土地を明け渡せとの請求をするのではなく、自己の所有する建物から退去して土地を明け渡せとの請求をすることになる[12]。そして、すでに（前記【2-7-3-2-1】「所有権というものの

---

2023）128頁以下は、動産の2重譲渡の場合において、「対抗要件を具備するまでは、その所有権取得を認めない。」との権利主張（民178参照）を明示で摘示している。

11)　秋山靖浩ほか『物権法〔第3版〕』（日本評論社ベーシック・シリーズ）（日本評論社、2022）64頁〔大場浩之〕。

　　ただ、要件事実論の立場からすると、ここでも、「登記がなされていないことを主張する」というべきではなく「登記を具備するまでは、その所有権取得を認めないと主張することができる」というべきである。

12)　このことは、建物を占有している者がその敷地である土地を占有しているといえるかという問

174 第2部 具体的紛争の解決

持つ意味」所有権の内容（〔166頁以下〕）述べたように、所有権は同土地に対する完全な排他的支配権であるから、同土地を占有する物権である地上権とは対抗関係に立つことになる。確かに賃借権は、賃貸借契約に基づき賃貸人に対して賃借人が目的物を使用させるように請求することができる権利（債権）であり、そのような対人的請求を介さず、目的物を直接に排他的に支配できる物権とは権利の性質を異にする。しかし、実質的に見ると、目的物を占有する権利であるという点では類似しており、特に建物の賃借権については、その居住者である賃借人の権利を保護する必要があるので、その権利を強化する必要がある。そこで借地借家法31条は、「建物の賃貸借は、その登記がなくても、建物の引渡しがあったときは、その後その建物について物権を取得した者に対し、その効力を生ずる。」と定めた（民法605条は、登記のある不動産の賃貸借に対抗力を認めたが、賃借人が賃貸人に対して当然に登記請求権を有するとはされていないので、これのみでは、賃借人の保護として不十分である）。事情は、建物所有を目的とする土地の賃貸借についても同様であり、借地借家法10条は、「借地権は、その登記がなくても、土地の上に借地権者が登記されている建物を所有するときは、これをもって第三者に対抗することができる。」と定めた。

　そうだとすると、2重譲渡の関係にあるとする所有者から建物を賃借し、その引渡しを受けた者（本件におけるE）も、ここでいう正当な利益を有する第三者に入ることになる（もっとも、本件では、A→B→Cの各売買のうち、A→Bの売買は虚偽表示ではないかとの問題がある。その点は、後に〔185頁以下〕述べる）。

### 第三者の範囲──「背信的悪意者」の問題にも触れて

　不動産の2重譲渡があった場合において、登記の対抗要件として持つ意味が以上のようなものであるとすると、所有権移転登記を現に有する者がすでに第1買主に売却をしていたことを知った上で、その者から、第2買主が同一不動産を買ったとしても、その売買契約が無効であるとか、その第2買主が当然に第1買主との関係で、当該不動産の所有権取得について劣後する関係にあるとかいうことはできない。第1買主も第2買主も、それぞれ不完全な所有権を取

---

題と関係があるが、その点は、後記【2-7-3-3-Ⅱ-1】建物の占有者は土地を占有するか（189頁以下）で説明する。

得していて、その優劣は、先に所有権移転登記を具備することによって決まる、という関係にある。

ごく簡単にいうと、すでに売買がされたことについて**悪意**（単に知っているという意味を「悪意」であると表現する。これは、何か恨みを持って、特に不都合な行為をしようとしているということを意味するわけではない。「善意」の第三者というのも、特に好意を持っているという意味ではなく、「知らない」という意味である。いずれも、ちょっと常識的意味とは違う意味の用語であるので、注意をする必要がある）の第三者であるからといって、そのことだけのために、ここでいう正当な利益を有する第三者になることを妨げられるわけではない、ということである。このような考え方は、不動産取引の自由を重んじたものとみることもできよう。

とはいえ、その自由競争が過度になって正義に反するものになってはなるまい。例えば、所有者から、当該不動産の売却の仲介依頼を受け、第1買主との間にその売買契約を成立させて仲介料を得た者が、当該不動産の所在地近くに大規模商業施設ができるとの情報をひそかにキャッチしたため、当該不動産の価格高騰を見越して、第1買主の資産繰りが苦しく、当該売買代金を約束の期限に支払う見込みが困難で売主と交渉中であることに付け込み、第1買主の代金支払いに不安を持つ所有者に第1売買よりも高額の代金額を提示する（実際にその全額を支払う意思もないのに）などして所有者を巧みにその気にさせて、第2買主として、当該不動産を取得して、所有権移転登記を先に受けたような場合を考えると、このような第2買主を第1買主に優先すると考えることは躊躇される（もし第1買主が所定の代金額を期限までに支払わないのであれば、同不動産の買受けを望む同仲介者は、第1買主との売買契約を適法に解除するなどの方法を示唆すべきであろう）。このような者は、単なる悪意者ではなく、関係者との信頼関係に背く悪意者であって、**背信的悪意者**と呼ばれ、登記なくして対抗できるべきであると考えられている。

このような**背信的悪意者の典型例**は、「登記がないことを主張することができない第三者」との見出しの下に、不動産登記法5条が「詐欺又は強迫によって登記の申請を妨げた第三者」（1項）、「他人のために登記を申請する義務を負う第三者〔除外理由がある〕」（2項）を挙げている。同条に挙げられていな

い第三者であっても、このような者と同視すべき者も、背信的悪意者として同様に扱われるべきであり、判例（最判昭43・8・2民集22巻8号1571頁、最判平18・1・17民集60巻1号27頁など）の認めるところである。前者の最判は、「実体上物権変動があつた事実を知る者において右物権変動についての登記の欠缺を主張することが信義に反するものと認められる事情がある場合には、かかる背信的悪意者は、登記の欠缺を主張するについて正当な利益を有しないものであ」ると判示する。通説（例えば、秋山ほか・前掲注11・68頁以下〔大場浩之〕）も同様であり、そこでは、背信的悪意者の排除について詳しく説明があり、有益である。

本件においてどのように考えるべきかは、後に（後記【2-7-3-3-Ⅰ-6】「再々抗弁」〔187頁以下〕）検討する。

### 誰を被害者として検討するか

すでに（前記【2-7-1】「本章での検討の趣旨」〔160頁〕））述べたように、以上に検討してきた「事実関係の概要」の下において、本件紛争を民事訴訟で解決するために、最も適切な（すなわち、最も事案の実態に即した適正迅速な）紛争の解決を導くことになる方法はどのようなものであるかを検討しなければならない。その趣旨に沿って、前記【2-3】「賃貸借契約が問題となる事案」、前記【2-5】「債務不履行が問題となる事案」においては、主として、特定の当事者が決まっていて、その間の紛争を最も適切に解決する方法を検討することができた。しかし、本件では、ＡもＣもＥも（Ｂはおそらく別）、それぞれの意味で被害者であるといえ、その全体を解決するための最も適切な方法をここですべて検討することは困難である。そこで、前記【2-6】「不法行為が問題となる事案」でしたように、本書における編集方針の視点も加えて、どのような当事者を念頭に置いた訴訟を考えるかを決めて、そこでの最も適切な紛争の解決を導くことになる方法を考えることになる。

1つは、原告をＣとしてＤに対し、所有権に基づく妨害排除請求としての所有権移転登記抹消登記手続請求訴訟を提起するというものである。もう1つは、原告をＤとしてＣ、Ｅに対し、所有権に基づく返還請求としての建物明渡請求訴訟、建物退去土地明渡請求訴訟などを提起するというものである。さらには、Ａ又はＣを原告とするＢに対する債務不履行に基づく損害賠償請求訴訟などが

考えられる。

この章での検討課題が「不動産所有権が問題となる事案」であるから、その意味で、A又はCを原告とする債務不履行に基づく損害賠償請求訴訟をここで検討するのは相当でない。不動産の所有権に基づく上記訴訟で、原告をDとするものか、原告をCとするものかということになるが、これまでの検討の経過から見る限りでは、Cの請求は棄却になる恐れが高く、それだけでは、紛争の解決にほとんど有用ではない。Dの請求によって、何らかの紛争の解決が図られ得る可能性がある。

そこで、次の第3における検討においては、Dを原告とする訴訟について検討する。

## 第3　最も適切と思われる法的判断の構造（法律構成）【2-7-3-3】

本件では、訴訟物は複数考え得る。すぐ次に述べるⅠ1の訴訟物のほかに、後記【2-7-3-3-Ⅱ-1】「訴訟物」188頁以下）で述べる「DのEに対する所有権に基づく返還請求権としての土地明渡請求権」がある、これについては後に同所で述べる。

### Ⅰ　1　訴訟物【2-7-3-3-Ⅰ-1】
### DのEに対する所有権に基づく返還請求権としての建物明渡請求権
説明

すでに（前記【2-7-3-2-1】「所有権というものの持つ意味」所有権が侵害された場合の効果〔167頁〕）述べたように、所有権が侵害された態様によって異なる性質の請求権が発生する。この異なった請求権は互いに訴訟物を異にすると解すべきである（所有物の占有が奪われているとしてした返還請求が棄却になっても、所有物に対して妨害が加えられる恐れがあるとして、妨害予防請求をさらに提起することは妨げられない（もっとも、所有地が全部占有されている場合の返還請求とその1部に置かれているコンクリート片などの有体物の除去請求〔妨害排除請求〕との区別はときに微妙であろう）。

Dは、本件土地・建物を所有しており、Eは、本件建物を占有している。このことだけを端的に見れば、このⅠ1の訴訟物はごく自然に念頭に浮かぶ。

178 第2部 具体的紛争の解決

関連して考えることとしては、①CがEを介して本件建物を占有している点をどう考えるか、②本件建物の敷地としての本件土地の明渡しを求めなくてよいか、の2点である。

①については、次のように考えられる。Cは、本件建物をEに賃貸して引き渡している（本件土地を賃貸したとまでいえるかは、必ずしも明らかではないが）ので、その建物に対する占有は、間接占有（Eを占有代理人として占有している。代理占有ともいう。民181）である。代理占有は、代理人が占有物の所持を失ったときに消滅する（民204Ⅰ③）ので、直接占有者（ここにいう代理人）であるEが本件建物を退去してこれをDに明け渡した段階で、Eの本件建物に対する所持（支配）はなくなる。それによってCの本件建物のDに対する明渡しも終了したことになる。したがって、Cに対する上記訴訟を提起する必要はない。

なお、**民事執行法170条1項**は、強制執行の目的物を第三者が占有する場合の強制執行の方法を規定するが、これは、債務者に対し目的物を債権者に引き渡すことを命ずる債務名義はあるが、同目的物を第三者が占有するために、同債務名義で直接に目的物を債権者に引き渡すための強制執行をすることができない場合[13]のために、そうした強制執行の方法を定めたのである。本件ではその必要はない。

---

### さらに進んだ問題点

　このようにEに対してのみ訴訟を提起した場合に、Cの立場の手続法上の保証を考える必要がある。なぜなら、Eが敗訴すれば、Cも本件建物の占有を喪失する（ひいては、本件建物の賃貸人の地位を喪失する）からで

---

13) そのような場合について判示した裁判例としてよく引用される、東京高決平21・4・30LEX/DB25451689 は、民事執行法170条1項の適用がある事案において、「債権者は債務者の特定の動産に対する引渡請求を認める債務名義を有するが、同動産は債務者によって銀行の貸金庫内に保管されている場合において、債権者は、受領を求める動産を上記特定の動産に限定して、債務者が第三債務者（銀行）に対して有する本件貸金庫契約に基づく包括的引渡請求権を差し押さえることができる。こうした方法によって、同金庫内にある同動産の引渡しを受けることができる。」旨をいう。

　中野貞一郎ほか『民事執行法（改訂版）』（青林書院、2021）839頁は、不動産を含む民事執行法170条1項の説明をした箇所で、「また、債権者が占有第三者に対し直接の引渡請求権〔引渡請求権を含む趣旨と考えられる――筆者伊藤注記〕を実体法上有するときは、その債務名義を獲て執行するのでもよい。」と述べる。これは私見と同旨と思われる。

ある。その基礎となる民法の条文として、615条がある。同条は、賃借物が修繕を要する状態となったとき又は賃借物について権利を主張する第三者があるときは（まさに、本件では、EはCが本件建物について適法な賃貸権限を有している者であるという認識のもとに、本件建物をCから賃借しているのであるから、Dから建物所有権に基づく建物明渡請求訴訟を提起されたときというのは、同条にいう賃借物について権利を主張する第三者があるときに当たることになる）、そのことを賃貸人に通知しなければならない、と定めている。同条は、賃貸人がこの状態を知ることによって、相応の防御方法を採ることを想定し、賃貸人の権利保障をしようとするものである。

　本件では、賃借人Eは、同条の定めにより、賃貸人CにDから所有権に基づく建物明渡請求訴訟の提起があったことを通知しなければならない（そうしなければ、賃借人の債務不履行として、そのような通知をしたとすれば避けられたCの受けた損害をEは賠償しなければならない〔もっとも、本件では、そうした損害が実際にあるとは考えにくいが〕）。

　その1つの方法としては、EがCに訴訟告知（民訴53Ⅰ）をして、Cに補助参加の機会を与えればよいであろう（その場合には、Eの敗訴判決の効力が賃貸人に及ぶことになる（民訴53Ⅳ、46）。

　なお、民法615条と同様な条文は、寄託に関して民法660条にもある。ただし、660条1項の内容も615条とは異なるし、660条2項、3項には615条にないような詳しい定めがされている、これは、賃貸借契約（特に賃借人の地位）と寄託契約（特に受寄者の地位）と性質の違いによるものと思われる（例えば、後記阿部論文139巻1号28頁参照。なお、幾代通ほか編『新版注釈民法（15）債権（6）』〔有斐閣、1989〕293頁には、旧民法615条の説明として、「民法660条が、本条と異なり、そのように通知を必要とする場合を制限したのは、各契約の特色を尊重したからである」〔石外克喜〕との説明がある）が、詳細を正確に説明することは難しい。

　この関係では、阿部祐介「代理占有と物権的返還請求権——帰属保障と手続保障」法協2022年1月号（139巻1号）1頁以下、6月号（139巻6号）555頁以下、12月号（139巻12号）1236頁以下、2023年9月号（140巻9号）

1291頁以下、2024年1・2月号（141巻1・2号）96頁以下という長大な論文がある。同論文は、フランス法が、現在の日本民法と異なり、賃貸人に当たる者のほうに被告適格を与えながら、賃借人に当たる者のほうの権利保障にも配慮していることなどを契機として、ドイツ法、日本における明治民法前の旧民法・明治民法・現行民法のきわめて詳細な検討を行っている。実務家の気づかない論点にも触れていて、深い研究を志す方にとっては、有益であろう。

②については、次のように考えられる。「事実関係の概要」においては、「本件土地」の定義が「本件建物の敷地となる土地」となっている（161頁）。しかも、本件土地・建物は、○○市中心部の繁華街にあって、本件建物は、ほとんど本件土地いっぱいに建てられているものと考えてよい。理論上は、本件建物の直下の部分以外の本件土地の空きスペースに、なんらかの動産が置かれている可能性もある（実際にそうであるとすると、土地所有権に基づく返還請求権（あるいは、妨害排除請求権）としての土地明渡請求権に基づく、本件土地明渡請求が必要となるかもしれない）が、この箇所における考察としては、あまり問題を複雑にしないために、そのような動産は置かれていないものとする。そうすると、本件建物の明渡しが完了すれば、それはすなわち、本件土地の明渡しが完了したと同様となる（土地所有者であるDは、例えば、隣家との狭い空き地にある扉などに鍵をかけて、そうした土地に誰も入れないようにすればよい）。

<u>占有移転禁止の仮処分の必要性</u>

実務上の配慮としては、おそくとも、本訴訟の事実審の口頭弁論終結前に、D（債権者）はEを相手方（債務者）として、**占有移転禁止の仮処分**（民事保全法23、24等）によって起こり得る本件土地・建物の占有者の変更による勝訴判決の執行が妨げられないようにしておく必要がある（少なくとも、望ましい。本件では、Eに対して勝訴判決を得ても、例えば、C、Bなどの関係者によって、事実上、本件土地・建物の占有が取得される危険があるので）。同仮処分を得ておけば、法律上一定の要件は必要であるが、同仮処分の効果（実際には仮処分を受けた債務者から占有の承継を受けた者があっても、法的には依然と

して債務者が占有しているものとされる当事者恒定効）がある（民事保全法62、63）ため、**承継執行文**（民事執行法23Ⅰ③）によって、同勝訴判決の執行が可能となる。

### Ⅰ 2 請求の趣旨【2-7-3-3-Ⅰ-2】
**Eは、Dに対し、本件建物を明け渡せ。**

[説明]

本件建物はDの所有であるから、建物の存在はそのままにして、建物の占有のみをDに取得させればよい。

「本件建物を明け渡せ」ではなく「Dに対し、本件建物を明け渡せ」となる理由

Eが、単純に、本件建物からどこかに立ち去るというのみでは、本件建物をDに明け渡したことにはならない（仮に、極端な例として、Eが、本件建物の中をすべてからにした上、誰でも入ることができるように建物の出入口に施錠をしないで、どこかへ立ち去ったとしても、それでは、誰かがすぐに本件建物に入ってしまうかもしれず、Dは本件建物の占有を確保しておらず、本件建物をDに明け渡したことにならない）。

ごく普通に、言葉の意味としても、「明け渡す」とは、「建物・土地・城などを立ちのいて人に渡す。」ことをいうのである（岩波『国語辞典〔第8版〕』の見出し語「明け渡す」〔19頁〕の説明）。Dへの「明渡し」といえるためには、本件建物の占有がEからDに移転しなければならない。本件建物はEによって占有されているから、その占有がDに移転されることが必要である。そのため、「Dに対し」が必要なのである。

民事執行法168条1項は、「不動産等（……）の……明渡しの強制執行は、執行官が債務者の不動産等に対する占有を解いて債権者に取得させる方法により行う。」と定め、これを受けて、同条3項は、「第1項の強制執行は、債権者又はその代理人が執行の場所に出頭したときに限り、することができる。」と定める（そうでないと、解かれた占有の取得者がいないことになるため、明渡しが完了しないことになる）。このような執行法の定めは、前記の「明渡し」の意味に沿うものといえる。

182 第2部 具体的紛争の解決

## Ⅰ 3 請求原因【2-7-3-3-Ⅰ-3】

＊ 以下では、実際には、各行為の具体的時期が主張されることになるが、ここでは、そのような具体的時期が示されなくても、主張されている具体的事実から、基本的な時期の前後関係は、必要な限りで理解できるので、要件事実の記載としては、不十分ではない。

① Aは、本件建物を所有していた。

【説明】

本件訴訟物は、本件建物の所有権に基づく返還請求権としての建物明渡請求権であるから、このことが請求原因として必要である。

所有権は、現所有でなくても、ある時期において所有していたこと（実務上は、略して「元所有」と呼称することもある）を主張すれば、その喪失原因が主張されない限り、その主張は理由がある。権利は、その発生原因事実の主張立証がある限り、その消滅原因事実の主張立証がない限り、そのまま今も存在するものと扱う、というのが要件事実の基礎理論である。

「所有していた」では所有権の発生原因事実を主張したことにはならないが、そのことに争いがなければそれで十分としている（そのような扱いを認めないとすると、所有権の発生原因事実を正確に主張することは実際上不可能となる）。それで不都合はない。

② AはDとの間で、Aを売主、Dを買主、代金額○○○○万円として、本件土地・建物について売買契約を締結した。

【説明】

これによって、この売買契約締結当時にDが本件建物の所有者となったことが示されたことになる。前記説明にいうDが「所有していた」が示されたことになる。本件事案では、本件建物について、Cが自己も、AからBへの売買、BからCへの売買という経路で所有者となったとの主張をするに違いないから、「D元所有」から、請求原因を始めたのでは、両者の主張が適切にかみ合わないことになる。

なお、売買契約が、本件土地・建物について不可分の1個の契約でされているので、このように、ここでは所有を主張する必要のない土地も、売買の目的物として表示されることになる。

③　Eは、本件建物において飲食店を経営している。

[説明]

占有について自白が成立するか

　Eは、本件建物を占有しているが、「占有している」は評価的要件（前記
【2-1-2-3】「攻撃防御方法としての要件事実の種類」評価的要件〔21頁以下〕
参照）であるから、その評価根拠事実を示さなければならない。Eの占有につ
いては、Eは争わないものと考えられるので、「所有している」との主張に対
して権利自白が成立すると同様に、Eの占有について自白が成立するかが問題
となる。従来は、その点を明確に意識して議論しないまま、それを認めてきた
と思われる。

　その点を鋭く指摘したのは、河村ほか『要件事実・事実認定ハンドブック
〔第2版〕』100頁（263頁も）である。同頁では、重畳的に成立しない所有権な
どの物権についての権利自白を認めるが、占有という評価についての自白（「評
価自白」という用語が使用される）は、評価については共通のイメージが考え
にくいから、これを認めるべきではない、とする。賛成すべきである。

　もともと、評価と事実の区別は、そのことについて「共通のイメージ」が持
てるかというところにあるのであるから、占有を評価とすることは、それにつ
いて「共通のイメージ」が持てない（いろいろな態様の目的物に対する事実上
の支配が考えられる）ということを意味するわけである。したがって、それに
ついての自白を認めると、主張する当事者とそれを認めた当事者とが、実際に
同じイメージを持った支配状態を考えているのかに離齬が生じている恐れがあ
り、当該訴訟の攻撃防御に不都合をきたす恐れがあって、相当でないと考える。

　「事実関係の概要」における記載からすれば、前記③のように主張をすれば、
本件建物の占有状態を具体的に示したことになる。本件建物に居住しているか
は、「事実関係の概要」の記載からは不明であり、飲食店の経営状態としては、
同店舗に居住する場合も同店舗以外の場所に居住して、そこから通って飲食店
を経営している場合も考えられるが、そのどちらであるかまでの具体的事実の
主張は不要であろう。

184　第2部　具体的紛争の解決

Ⅰ　4　抗弁（Dに対する対抗要件具備を求めるEによる権利抗弁）〖2-7-3-3-Ⅰ-4〗

① AはBとの間で、Aを売主、Bを買主として、代金額□□□□万円として、本件土地・建物について売買契約を締結した。

② Bは、Bを売主、Cを買主として、代金額△△△△万円として、本件土地・建物について売買契約を締結した。

③ Cは、本件建物について期間の定めなく1か月○○万円で、Eに賃貸するとの契約を締結し、同契約に基づいて本件建物をEに引き渡した。

|説明|

抗弁③は、Dの登記具備を要求する権利抗弁を行使する適格がEにあることを示すために必要である。（前記〖2-7-3-2-2〗「対抗とはどのようなことか」第三者の範囲——賃借人は入るかの問題にも触れて〔173頁以下〕参照）。なお、「期間の定めなく」の必要な理由については、前記〖2-3-3-3-Ⅰ-3〗「請求原因」① |説明| 「貸借型理論」を認める考え方64頁以下）参照。

④ Dが請求原因②の売買について、本件建物の所有権移転登記を具備するまでは、Dの本件建物の所有権取得を認めない。

|説明|

対抗要件について権利抗弁説を採る（172頁）ため必要となる権利主張である。


Ⅰ　5　再抗弁（D登記具備）〖2-7-3-3-Ⅰ-5〗

Dは、請求原因②の売買について、それに基づく本件建物の所有権移転登記を受けた。

|説明|

この主張は、「事実関係の概要」の記載に照らし、弁論の全趣旨又は明白な証拠によって認めることができよう。そして、この主張に対する再々抗弁は、理論上の可能性としては、Dがいわゆる背信的悪意者であるとの主張（これについては、後に（後記〖2-7-3-3-Ⅰ-6〗「再々抗弁（Dは、登記のないことを主張できない背信的悪意者）」〔187頁以下〕）が考えられるが、「事実関係の概要」の記載を前提とする限り、そのような事実関係を認めることはできない

第7章　不動産所有権が問題となる事案　**185**

であろう。

　そうすると、この再抗弁によって、本件訴訟は、Ｄの請求は認容されることが予想できるので、この再抗弁は、本件紛争を適正迅速に解決するという趣旨からは、それでよいであろう。

---

**さらに進んだ問題点**

　ただ、この再抗弁を主張するＤの立場になると、考えようによっては、Ｄの気持ちとして、多少不満が残るかもしれない。それは、次のような事情があるからである。

　この再抗弁は、抗弁①の売買契約が虚偽表示のため無効であることを、再抗弁において主張しないという意味で、同契約が有効であることを前提とするものともいえる。Ｄとしては、同契約の締結以後の経緯（「事実関係の概要」の関係部分の記載〔162頁以下など〕参照）もＡから聞いて知っているであろうから、同契約の締結が不自然であって、嘘のものであると思っているであろうので、その気持ちに反するということである。

　もし、前記再抗弁の摘示と異なり、まず**再抗弁**として、「**抗弁①の売買契約の締結に当たって、ＡとＢとは、同契約による効力を発生させないことを合意した。**」と主張（民法94条1項の虚偽表示の主張）した場合には、その後の攻撃防御方法の骨子は、次のようになるであろう。

**予備的抗弁**

　Ｃは、抗弁②の売買契約締結の際、再抗弁の合意のあることを知らなかった。

[説明]

　この予備的抗弁の立証ができたとすると、Ｃは、Ｂからの所有権取得者としてではなく、Ａからの所有権取得者として、前記抗弁1（Ｄに対する対抗要件具備を求めるＥによる権利抗弁）の内容を主張することになり、それに対して、Ｄは、前記再抗弁の登記具備の主張をすることになって、仮に、この予備的抗弁が立証できたとしても結果は、変わらない。

　裁判所としては、このような再抗弁は、Ｄの気持ちとしては主張したくても、訴訟上意味がないとして、その主張を撤回するよう促すことになる

のではあるまいか。

この**予備的抗弁の意味**（かなり特徴のある性質の主張であるから）を、参考のために、ここで簡単に説明しておく。

この予備的抗弁は、再抗弁の虚偽表示であることを前提とし、それに対する再々抗弁と考えるのではなく、当初のAからBへの売買という抗弁（これが主位的主張）と同様のレベルでの、AからCへの売買という抗弁（前記主位的主張に対する予備的な主張と位置づけられる抗弁）である。

審理における判断の順序としては、主位的に位置づけられる抗弁の審理判断をして初めて問題となるものであって、予備的に位置づけられる抗弁から先に審理判断することは、少なくとも適切ではない（売買代金支払請求に対して、その債務免除、弁済など抗弁が主張されるときのように、一般的抗弁が複数あるときには、そのどれから審理判断しても、特に不合理との事情がない限り、差し支えない）。ただ、予備的抗弁であるという理由だけで、予備的抗弁からの審理判断が違法とまでいえるかは、当該事案の具体的状況によるのかもしれないので、断定を避けておきたい）。

その実体法上の裏付けとなる考え方は、虚偽表示について善意の第三者であるCは、本件土地建物の所有権を取得するが、それはBからではなく、真実の元所有者であるAからであるという考え方に基づくものである（AからBへの売買契約を有効として扱うというのは、虚偽表示について善意の第三者であるCを保護するための一種のフィクションに過ぎないので、所有権移転の経路は、BからCへではなく、AからCへあったとの考え方に基づくものである）。このような考え方を**法定承継取得説**と呼び、これに対して、再々抗弁とする考え方は、順次取得説と呼ばれる[14]。

---

14）　こうした点については、筆者も、伊藤『要件事実の基礎〔新版〕』380頁以下でも紹介しているが、幾代通「通謀虚偽表示に対する善意の第三者と登記――補論」奥田昌道編『林良平先生還暦記念論文集　現代私法学の課題と展開　下』（有斐閣、1982）1頁以下が、説得力ある論旨で、法定承継取得説の見解を展開している。

第7章　不動産所有権が問題となる事案　　187

## I　6　再々抗弁（Dは、登記のないことを主張できない背信的悪意者）
【2-7-3-3-I-6】

　Dは、Aが経済的に困窮して故郷で日常雑貨店を開くため、本件土地・建物を売却しようとしていることを知り、その上、AがBに本件土地・建物を引き渡したまま、その代金が支払われず、Bとの交渉も難航していることも知るに至った。

　そこで、本件土地・建物の名義がまだAにあることを知って、Aに交渉して、本件土地・建物を安く買いたたき、登記を得ておけば、最終的になんとかなり、利益を得ることができると考えた。Dは、本件土地・建物を時価の○○○○万円で買い受ける旨の売買契約書を作成し、その実は、その代金をほとんど支払わないまま、不正に本件土地・建物の所有権移転登記を得るため、言葉巧みにAをだました。本件登記はそのような事情に基づいてされた。

[説明]

　この主張は、「事実関係の概要」における【関係者の言い分】中の「C」の言い分（それがそのまま「E」の言い分でもある）にそのまま拠っているものであるため、評価にわたる主張も多く、厳密には主張自体失当である部分もありそうだが、全体として一連の主張であるので、このように記載するほかはない。

　また、その主張内容は、一見した感じでは、やや過剰な（必要最小限を超えている）内容を含むようにも思われる。評価的要件の内容については、量的な程度が問題となるため、判決に先立つ審理の段階では、後に判決において必要かつ十分であると考えられた事実よりも、量的に、いわば結果として過剰な（余分な）主張をすることも許される（主張すること自体が失当として許されないわけではない。本件では、結局どうなるかについては、後記【2-6-3-3-I-7】「本件についての最終的判断」188頁参照）。

　背信的悪意者の意味については、すでに（前記【2-7-3-2-2】「対抗とはどのようなことか」第三者の範囲──「背信的悪意者」の問題にも触れて〔174頁以下〕）詳しく述べた。同所において述べたところに照らし、再々抗弁の示す通りの事実があったのであれば、Dは、いわゆる背信的悪意者であり、再々抗弁は理由があることになって、Dの請求は、すべて棄却ということになる。

188　第2部　具体的紛争の解決

## Ⅰ　7　本件についての最終的判断【2-7-3-3-Ⅰ-7】

これまでの1から5については、特に、主張自体理由がないという点も見当たらず、事実認定の上でも、当事者間に争いがないか、弁論の全趣旨によって認められるようなものばかりである。前記6の背信的悪意者の点については、主張としては成り立つとしても、これを認めるに足りる証拠又は間接事実は、Cの供述（その信用性には疑いがある）以外には、おそらく見つけられないであろう。

したがって、<u>本訴訟物による原告の請求は認容されるべきものである。</u>

## Ⅱ　1　訴訟物【2-7-3-3-Ⅱ-1】

**DのEに対する所有権に基づく返還請求権としての土地明渡請求権**

[説明]

すでに（前記【2-7-3-2-1】「所有権というものの持つ意味」<u>所有権が侵害された場合の効果〔167頁〕）</u>述べたように、所有権が侵害された態様によって異なる性質の請求権が発生する。この異なった請求権は互いに訴訟物を異にすると解すべきである（所有物の占有が奪われているとしてした返還請求が棄却になっても、所有物に対して妨害が加えられる恐れがあるとして、妨害予防請求をさらに提起することは妨げられない（もっとも、所有地が全部占有されている場合の返還請求とその1部に置かれているコンクリート片などの有体物の除去請求〔妨害排除請求〕との区別はときに微妙であろう））。

建物収去土地明渡請求の場合には、土地の占有の内容は、「建物を所有することによってその敷地を占有する。」ということになって、建物退去土地明渡請求の場合における土地の占有の内容である「建物を占有することによってその敷地を占有する。」というのとは、違いが生じる。

Eに対する訴訟物は、所有権に基づく返還請求権としての土地明渡請求権である。このことは、Eが本件建物を占有することによって、本件土地を占有しているからである（CがEを介して本件土地・建物を占有している点をどう考えるかという問題があるが、その点については、すでに〔前記【2-7-3-3-Ⅰ-1】「訴訟物」[説明]〔178頁以下〕〕で述べたように、Cに対する同様の請求は不要である）。しかし、建物の占有者は土地を占有するかということが大

きな問題であるので、次に、その点について、くわしく説明する。

### 建物の占有者は土地を占有するか

この点について見解は分かれている。

最判昭34・4・15裁判所HPも、「建物は、その敷地を離れて存在し得ないのであるから、建物を占有使用する者は、おのづからこれを通じてその敷地をも占有するものと解すべきである。」と判示する。大江忠『要件事実民法（2）物権〔第4版補訂版〕』（第一法規、2024）272頁以下は、不明確であるが土地占有説に反対するとまでは思われない。伊藤滋夫総括編・藤原弘道＝松山恒昭編『民事要件事実講座第4巻〔民法Ⅱ〕物権・不当利得・不法行為』（青林書院、2007）28頁〔徳岡由美子〕、河村ほか『要件事実・事実認定ハンドブック』263頁以下も、被告が土地上の建物（被告以外の者の所有）の賃借人である事例を挙げて、建物の占有によるその敷地の占有を認め、土地所有権による建物退去土地明渡請求訴訟というものがあることを認めている（前記判例が占有肯定説を採ると考えてよいかについては異論もあるとしても、前記3つの文献のうち前2者は、判例が占有肯定説を採るものとしている）。土地の占有の内容は、「建物を占有することによってその敷地を占有する。」ということになる。いずれの説も、民事執行の実務において、このような訴訟が認められていないというような説明はしていない。

論文としては、吉川慎一「要件事実論第1講　所有権に基づく不動産明渡請求訴訟の要件事実④」判タ1177号（2005）84頁以下があり、同論文は、土地所有権による建物退去土地明渡請求訴訟を明確に認める（特に、90頁）。

しかし、浅生重機「物の占有と土地の占有　民法、民事訴訟法、民事執行法を踏まえた法的分析」判タ1321号（2010）20頁以下は、多くの判例・学説を検討しながら、詳細に「占有肯定説」を批判して、「限定的占有説」と呼称する説明を展開する。執行法・執行実務に詳しい著者の力作であり、傾聴すべき点もあるが、全体として、筆者は賛成することができない。

同論文では、「土地所有権に基づく建物退去土地明渡の判決は、執行できない判決となる。執行できない給付判決とは、その言葉自体が自己矛盾であって、無意味な、その意味で無効な判決であるということになる。」（33頁右欄）、「建物の占有は、通常は、土地の占有ではないが、建物を収去すべき場合には、土

地の占有と評価されるとの限定的占有説の考え方を導き出した。……建物を収去すべき場合に、建物を占有することは、土地の占有であり、……土地の所有者は、建物占有者に対して、物権的返還請求権としての土地明渡請求権を取得する」（34頁右欄）と述べられている。

なお、このほかに、橋本昇二「要件事実論ノート」白山法学6号（2010）14頁（特に、29頁以下）、橋本昇二「建物退去土地明渡請求について」白山法学14号（2018）95頁以下があり、これらは「非占有説」（占有否定説）を採り、建物占有による土地占有を全面的に否定し、土地所有権に基づく建物退去土地明渡請求権の存在も否定する（14号106頁では、限定的占有説は一貫性がない、と批判する）。

筆者は、<u>占有肯定説が正当である（建物の占有はその敷地の占有をはなれてはない）</u>と考える。

まず何よりも、土地上の建物を占有（例えば居住）してその敷地である土地を占有していないというようなことは、いわば空中に浮かぶ建物を想定するようなもので、納得しにくい。何かの目的で、建物に床板を張らずに、土地をコンクリートで舗装し、直接そこで人が仕事をする場合も、工場などではあり得るが、そのような場合には、建物を占有して、かつ、土地も占有しているということが明らかなように思われる。さらに、仮にいわゆる「教室設例」として、もしもある土地の上にある建物1階の範囲が同土地の範囲と寸分違わず一致している場合には、建物の占有とはなれた土地の占有はあり得ず、建物明渡しは当然に土地明渡しと同じことであることが、より明確となるのではあるまいか。

あるいは、そのような考えは、常識論としての素朴な感情であって法律論ではないという批判があるかもしれないが、そう考えても、法律上不都合がなければ、法律論が常識（それは、社会通念[15]といわれるものに通じるものであ

---

15) 有斐閣『法律学小辞典〔第5版〕』587頁は、「社会通念」の見出し語の下で、「社会で一般的に受け入れられている物の見方・判断。ある事実がある法的要件にあたるか否かの判断について、しばしば参考にされ、ときには決定的判断基準となる。」としたうえ、「婚姻を継続し難い重大な事由」などの例に続けて、「"占有"……などの通常の法的要件の判断についても、社会通念の参照が必要となることがある。」と述べているのが興味深い。

ちなみに、前記橋本「建物退去土地明渡請求について」105頁は、占有肯定説によると、高層ビルの上の階の占有者も、土地を占有していることになるが、常識は、そうではない、として、そのことを占有肯定説に対する批判の論拠の1つとする。筆者は、そういう考え方が常識に反するとは

る）と同様なところがあること自体が悪いとは考えられない（もちろん、何を
もって常識又は社会通念とするかは、困難な問題であることには十分に留意す
る必要がある）。

**占有肯定説の難点とされる点**　①建物の占有による土地の占有を認めると、
土地の賃貸借を受けて地上に建物を建築し、同建物を賃貸すると民法612条違
反としての土地の転貸となること、②建物の敷地の時効取得を認めることにな
ること、③一方の訴訟で敗訴しても、再び他方の訴訟を提起される危険のある
ことなどが指摘される。

　筆者は、いずれもそれを回避する方法があると考える。①と②については、
それぞれの制度趣旨に照らし、建物占有による土地の占有は、民法612条の要
件として必要な土地の占有にも、時効取得に必要な土地の占有にも該当しない、
と考えるからである。③については、後記【2-7-3-3-Ⅲ】「ⅠとⅡとの関係」
（200頁以下）で述べる。

　実務上の配慮としての**占有移転禁止の仮処分の必要性**については、前記【2-
7-3-3-Ⅰ-1】「訴訟物」　説明　占有移転禁止の仮処分の必要性（180頁以下）
参照。

「建物を退去して」と判決主文に書く意味

　Eは本件建物を占有して本件土地を占有しているが、訴訟物は土地明渡請求
権1個であり、「建物を退去して」が判決主文に書かれるのは、一般に民事執
行法上必要であると説かれるが、目的土地の上に建物が存在し、そこに人が居
住しているので、建物収去土地明渡請求との区別を明確にし、明渡しの履行態
様を明確にするために望ましいからである、と考えるべきではなかろうか。

　建物収去土地明渡請求の場合には、単純に土地の明渡しを受ける場合（民事
執行法168条1項の定めるところである）と土地上にある建物を収去して土地
の明渡しを受ける場合（同法171条1項の定めるところである）とでは、執行
方法が異なるので、主文のうちに、必ず「建物を収去して」が必要である（同
文言がないと、建物収去の強制執行ができない）が、建物退去土地明渡請求の
場合には、そうした意味で、理論上必ず必要であるとまではいえないのではな

---

必ずしも思わないが、常識を1つの論拠にする態度には反対ではない。

192　第2部　具体的紛争の解決

いかとの疑問を持つ。債務者を建物から退去させるための強制執行の性質は、債務者に土地を明け渡させる強制執行の性質と同様であるので、判決主文において「建物を退去して」の文言がなくても、建物退去土地明渡しの強制執行は、法律上ギリギリの問題としては、できるのではないかとの疑問である。しかし、この私見を根拠付けるものを見出せなかった[16]ので、疑問の提起に止める。

　他の場合の法律構成と同じく、訴訟物の場合も、いつも、請求原因などの要件事実が適切に構成できるかという作業とのフィードバックの過程を経て、最終的に訴訟物が決定される（訴訟物が、請求原因事実の適切な構成〔一般には、さらに、抗弁以下の構成についての適切な考察が必要となるが、請求原因の構成と抗弁の構成もまたフィードバックの過程を経て決定されることが多い〕と無関係にまず最初に決定され、そこから、いわば演繹的に請求原因事実が決定されていくものではない）。

　本件の場合は、すでにした検討によって、このように訴訟物を考えてよい。


## Ⅱ　2　請求の趣旨【2-7-3-3-Ⅱ-2】

　Eは、本件建物を退去して、Dに対し、本件土地を明け渡せ。

[説明]

　Dの立場としては、Eは本件土地はもとより、本件建物も所有しているわけではないから、本件建物を収去して本件土地を明け渡せとの請求ではなく、本件建物を退去して本件土地を明け渡せとの請求となる。

　<u>「本件土地を明け渡せ」ではなく「Dに対し、本件土地を明け渡せ」となる理由</u>

　前記【2-7-3-3-Ⅰ-2】「請求の趣旨」[説明]「本件建物を明け渡せ」ではなく「Dに対し、本件建物を明け渡せ」となる理由（181頁）参照。

---

16)　中野ほか・前掲注13・838頁は、「建物を占有する債務者の退去執行は、土地明渡しの債務名義を直接強制（または間接強制）の方法により執行する一環としてされ、独立の作為（代替）執行ではなく、したがって格別の退去名義も要しない。」と述べるが、この説明は、建物収去土地明渡請求が買取請求権（借地借家法13条）等により、建物退去土地明渡請求に縮小した場合についてされた説明であると考えられ、上記私見の根拠とすることは難しい。
　伊藤滋夫総括編・前掲（189頁）29頁〔德岡〕は、主文に「建物を退去して」と掲げる必要性を、建物収去土地明渡請求の場合と同様に説明する。河村ほか『要件事実・事実認定ハンドブック〔第2版〕』263頁も同様である。

第7章　不動産所有権が問題となる事案　　**193**

**Cが本件土地・建物を間接占有していることをどう考えるか**

前記【2-7-3-3-Ⅰ-1】「訴訟物」 説明 において、Cに対して、Eに対するのと同旨の訴訟を提起する必要はないとした説明（178頁）参照。

### Ⅱ　3　請求原因【2-7-3-3-Ⅱ-3】

＊　以下では、実際には、各行為の具体的時期が主張されることになるが、ここでは、そのような具体的時期が示されなくても、主張されている具体的事実から、基本的な時期の前後関係は、必要な限りで理解できるので、要件事実の記載としては、不十分ではない。

①　Aは、本件土地を所有していた。

説明

本件訴訟物は、本件土地の所有権に基づく返還請求権としての土地明渡請求権であるから、このことが請求原因として必要である。

このように、いわゆる「元所有」を摘示する理由については、前記【2-7-3-3-Ⅰ-3】「請求原因」①の 説明 （182頁）参照。

②　AはDとの間で、Aを売主、Dを買主、代金額○○○○万円として、本件土地・建物について売買契約を締結した。

説明

前記【2-7-3-3-Ⅰ-3】「請求原因」②の説明（182頁）参照。

③　Eは、本件建物において飲食店を経営している。

説明

本件土地は本件建物の敷地

本件建物を占有することによって、本件土地を占有しているというためには、本件土地が本件建物の敷地であることが主張されなければならない。

「事実関係の概要」では、「○○市の繁華街にあるいずれも自己所有の上記飲食店の建物（以下「本件建物」という）・その敷地となる土地（以下「本件土地」という）」（161頁）との記載があるので、上記③の摘示によって、本件土地上に本件建物が存在する（本件土地は本件建物の敷地である）ことも摘示されていることになる。

ここで、建物とその敷地との関係について、少し検討してみよう。

194　第2部　具体的紛争の解決

　例えば、〇万㎡の野球グラウンドの隅に、50㎡の野球用具置場用の建物が
あったとしても、そのグラウンド全体が同建物の敷地とは、とてもいえまい
（ちなみに、岩波『国語辞典〔第8版〕』630頁は、「敷地」の見出し語の下に、
「建造物を建てる、また道路・堤防などに使う、一定区域の土地」という）。

　本件建物の敷地というためには、本件建物の使用のために、これと一体をな
して使用されている範囲の土地であることが必要である。そのような関係のあ
る土地であって初めて、本件建物を使用することによって、本件土地も使用し
ているといえるし、本件建物を退去すれば本件土地を明け渡すことになる。

　「事実関係の概要」には、本件土地が本件建物敷地であることを示す明確な
面積の表示はないが、そこにある繁華街の中の、飲食店とそのための土地であ
ることから、通常そのような関係があるものとして、「事実関係の概要」中に
おいて「本件土地」の定義が「本件建物の敷地となる土地」となっているので、
上記の摘示でよいことになる（「事実関係の概要」にある繁華街における飲食
店の建物の敷地といえば、各人がそれがどのような範囲の土地であるかについ
て共通のイメージを持つことができるので、「敷地」というものを「評価」で
はなく「事実」として扱ってよいと考える。したがって。その評価根拠事実を
摘示する必要はない[17]）。

　やや類似の問題として、「建物の所有を目的とする土地の賃借権」（借地借家
法1条、旧借地法1条で問題となる）の意味をどう考えるかの問題がある。

　判例上で問題となった事例として、最判昭42・12・5民集21巻10号2545頁、
最判昭58・9・9裁判所HPなどがある。昭42の判決は、「ゴルフ練習場として
使用する目的でされた土地の賃貸借がされた場合には、たとえ当初からその土
地上にゴルフ練習場の経営に必要な事務所用等の建物を築造、所有することが
予想されていたとしても、特段の事情のないかぎり、その土地の賃貸借は、借
地法第1条にいう『建物ノ所有ヲ目的トスル』賃貸借ということはできない。」
〔判決要旨〕とする。また、他方、昭58の判決は、「自動車学校建築のため木造
家屋の敷地に使用する目的で土地の賃貸借がされた場合には、たとえその土地
の大半が自動車運転教習コースとして使用されているとしても、右賃貸借は、

---

17）「評価」と「事実」の区別については、前記【2-1-2-3】「攻撃防御方法としての要件事実の
　種類」評価的要件〔21頁以下〕参照。

借地法1条にいう『建物ノ所有ヲ目的トスル』賃貸借にあたる。」（判決要旨）とする。

　後者の判決については、「敷地」という用語の使用が適切であるか、筆者は疑問を持つ。

　しかし、両判決とも、土地の賃貸借がされた目的を当該場合の判断基準としている。この場合の「建物の所有を目的とする土地の賃貸借」の場合は、ここで説明している「敷地」かという問題よりも、はるかに評価性が高く、評価的要件である、と筆者は考える。

　<u>占有について自白が成立するか</u>

　前記【2-7-3-3-Ⅰ-3】③の 説明 （183頁以下）参照。


## Ⅱ　4　抗弁（Dに対する対抗要件具備を求めるCとEによる権利抗弁）【2-7-3-3-Ⅱ-4】

① 　AはBとの間で、Aを売主、Bを買主として、代金額□□□□万円として、本件土地・建物について売買契約を締結した。

② 　Bは、Bを売主、Cを買主として、代金額△△△△万円として、本件土地・建物について売買契約を締結した。

③ 　Cは、本件建物について期間の定めなく1か月○○万円で、Eに賃貸するとの契約を締結し、同契約に基づいて本件建物をEに引き渡した。

説明

　抗弁③は、Dの登記具備を要求する権利抗弁を行使する適格がEにあることを示すために必要である。（前記【2-7-3-2-2】<u>第三者の範囲——賃借人は入るかの問題にも触れて</u>〔173頁以下〕参照）。なお、「期間の定めなく」の必要な理由については、前記【2-3-3-3-Ⅰ-3】「請求原因」①の 説明 <u>貸借型理論を認める考え方</u>（64頁以下）参照。

④ 　Dが請求原因②の売買について、本件土地の所有権移転登記を具備するまでは、その所有権取得を認めない。

説明

　対抗要件について権利抗弁説を採る（179頁）参照）ため必要となる権利主張である。

196　第 2 部　具体的紛争の解決

## Ⅱ　5　再抗弁（D登記具備）【2-7-3-3-Ⅱ-5】

Dは、請求原因②の売買について、それに基づく本件土地の所有権移転登記を受けた。

[説明]

前記【2-7-3-3-Ⅰ-5】「再抗弁（D登記具備）」の説明（184頁以下）参照。

## Ⅱ　6　再々抗弁（Dは、登記のないことを主張できない背信的悪意者）【2-7-3-3-Ⅱ-6】

前記【2-7-3-3-Ⅰ-6】「再々抗弁（Dは、登記のないことを主張できない背信的悪意者）」の摘示の通り。

[説明]

前記【2-7-3-3-Ⅰ-6】「再々抗弁（Dは、登記のないことを主張できない背信的悪意者）」の [説明]（187頁）参照。

## Ⅱ　7　本件についての最終的判断【2-7-3-3-Ⅱ-7】

これまでの 1 から 5 については、特に、主張自体理由がないという点も見当たらず、事実認定の上でも、当事者間に争いがないか、弁論の全趣旨によって認められるようなものばかりである。前記 6 の背信的悪意者の点については、主張としては成り立つとしても、これを認めるに足りる証拠又は間接事実は、Cの供述（信用性は疑わしい）以外には、おそらく見つけられないであろう。

したがって、<u>本訴訟物による原告の請求は認容されるべきものである。</u>

### 民事執行法の運用の実務から見た問題点

ただ、ここで前記浅生論文（189頁）と前記橋本論文（190頁）が指摘する、民事執行法上の問題点（すなわち、「建物退去土地明渡請求の判決は執行不能であるとする問題点」について触れておかなければならない（占有肯定説に実体法の解釈上生ずるとされる問題点については、すでに（191頁）触れた）。

浅生論文は、「土地引渡は、執行官が土地の占有を取得して、その占有を執行債権者に移転することによって行われる。地上に建物があると、執行官は、その建物が存在する以上、建物の敷地の占有を取得していない（……）。……土地引渡の受忍義務としての建物退去という概念は、存在しないのである。」

と述べる（浅生論文23頁左欄）。ただ、「建物収去の受忍義務としての建物退去」と題する説明の中で「建物退去を直接実現する強制執行として、建物の引渡執行（同法168条）のうちの前半部分、すなわち、執行債務者の建物の占有を解いて執行官が建物の占有を取得するまでの執行と、執行官が建物収去まで建物を保管する執行が行われる。」と述べる（同論文21頁右欄）ので、建物収去土地明渡しの強制執行の過程において、建物収去まで建物を保管する執行が行われる、ということは肯定している、といえる。そして、さまざまな検討のうえ、すでに引用した（189～190頁）ように、「建物の占有は、通常は、土地の占有ではないが、建物を収去すべき場合には、土地の占有と評価されるとの限定的占有説の考え方を導き出した。」と述べられている（同論文34頁右欄）。

　この説明は、建物の占有が通常は土地の占有ではない（この直前の段落で最初に引用した同論文23頁左欄における説明も、地上に建物が存在する以上、建物の占有による土地の占有というものがないことが前提となっている、と考えられる）のに、建物を収去すべき場合には、なぜ建物の占有が土地の占有と評価されるかの実体法上の理由を説明していない。論文全体を見ても、限定的占有説の上記のような考え方の根拠として、強調されているのは、建物所有者に対する建物収去土地明渡しの執行の場合において、同建物を建物所有者以外の者が占有しているとき（同論文35頁左欄～右欄における、限定的占有説による建物退去土地明渡請求の請求原因の記載参照）には、同人に対して同建物退去土地明渡義務を肯定しないと、上記収去の執行ができないという実際上の必要性以外の積極的法的根拠が示されていない（占有肯定説の難点は指摘されている〔同論文29頁右欄〕が、そうした難点は解消可能である、と筆者は考えている。190頁以下における説明参照）。

　もとより執行不能になるような判決主文の内容であってはならないが、そのために、実体法上説明のできない考え方をするわけにもいかない。そこで、なんらかの適切な解決方法を考えなければならない。

　ここで、ごく簡単に、浅生論文全体の趣旨をまとめておきたい。同論文全体を整合的に解釈しようとすると、同論文は、建物が収去されない限り、土地の占有は回復できない（そのようなものは、土地の占有とはいえない）が、その収去が確実な場合に限っては、まだ存在している建物の占有による土地の占有

を認めるという趣旨に帰するように、思われる。

橋本論文の表現は、同様の問題について、浅生論文とややニュアンスを異にした表現を使用する。すなわち、「Y2〔Y1所有の建物に居住する第三者──筆者伊藤注記〕に対する建物退去土地明渡請求を執行することになりますが、それは、……民事執行法168条を類推適用して、①執行官が、乙建物についてのY2の占有を解くこと（１項）、②そのために、執行官が、乙建物内の動産を取り除くこと（５項）という２つの作業を実行します。これによって、Y2の乙建物についての占有が奪われます。しかし、……執行官のY2に対する執行は、その作業によって完了してしまい、……執行官は、Y2に対する甲土地の明渡しを執行することができません。執行官は、Y2に対する上記の作業が終了した後、Y1〔建物所有者──筆者伊藤注記〕に対する乙建物の収去と甲土地の明渡しの執行に着手することになり、Y2に対する甲土地の明渡しというのは、一切実行できないんです。」（橋本論文14号・100頁）

両論文とも、強制執行の過程として、建物占有者の地上建物についての占有がなくなること（執行官がその占有を取得する）ことを認めるものと考えられる（橋本論文は、そのことを、建物居住者の「建物についての占有が奪われます」という表現でより明確に認めている）。

そして、両論文を前提とすると、現在の民事執行法の実務における解釈としては、ある土地上に収去明渡義務の対象となる、つまり土地所有者とは異なる人が所有する建物が存在するという状態がある限りは、同土地の明渡しというものは観念できない、ということになるように考えられる。

執行実務の解釈としてのこの結論の限りでは、筆者もこれに賛成である。そうだとすると、本件では、地上建物を土地所有者が所有しており、その収去の必要はまったくない場合であるので、執行官は、自己が取得した地上建物の占有を同土地の所有者であるXに引き渡すことができ、これによって、建物退去土地明渡しの強制執行が完了する、と考えられる（実際問題としては、建物の占有が奪われた時点で、土地所有者であるXは、土地の出入り口に施錠して、その土地の占有を回復することができよう）。

第7章　不動産所有権が問題となる事案　　*199*

**さらに進んだ問題点**

　そこで原点である「建物占有者は土地を占有するか」という問題に戻ってさらに考えると、前記浅生論文のいう「限定的占有説」というように考える方法は、実体法が民事執行法の視点を無視すべきではないことを強調するあまり、逆に民事執行法の視点からのみ「占有」という本来実体法の問題であることを考察しているように思われ不合理である（もとより、民事執行法の視点を無視した実体法の解釈も許されないが、逆に、実体法の視点を無視した民事執行法の解釈も許されないのである）。**実体法と民事執行法の適切な調整が図られなければならない**。そのことは、次のように考えればすることができよう。

　ある建物の存在する土地がその敷地であるといえる限り、同土地は同建物の存在によって<u>も</u>占有されている。したがって、同建物に居住していた者が、同建物の占有を奪われ、同建物の占有を執行官が取得した（同居住者が同建物から退去させられ、同建物の占有による土地の占有も執行官が取得したことになる）ということがあっても、同土地の所有者と異なる者が同建物の所有者である状況の下においては、それだけでは、同土地の占有は依然として同土地の所有者には回復されない。執行という事実状態を実現するという作業の性質に照らし、この段階で、執行官が取得した同建物の占有による同土地の占有だけを土地の所有者に観念的に取得させる、というように考えるべきではなかろう。

　執行官は、同建物が収去された時点においてはじめて現実に、同土地の占有を同土地の所有者に取得させて、同土地の明渡しを完了することができる。そして、ここにいう「同土地の占有」とは、同建物を占有することによる同土地の占有も同建物を所有することによる同土地の占有も、いずれも含むものである（そう考えないと、執行官によって取得された建物の占有による土地の占有というものは、どこかへ消えてしまうことになる〔それを突き詰めると、もともとそのようなものはなかったのだ、ということになりかねない。それでは、建物の占有による土地の占有を認めるという正しい出発点と矛盾することになる〕）。

このように考えれば、「土地引渡は、執行官が土地の占有を取得して、その占有を執行債権者に移転することによって行われる。地上に建物があると、執行官は、その建物が存在する以上、建物の敷地の占有を取得していない（……）。……土地引渡の受忍義務としての建物退去という概念は、存在しないのである。」（前記浅生論文23頁左欄）のようにいう必要はない。すでに（197〜8頁）述べたように、浅生論文全体の趣旨は、ごく簡単にいえば、「土地上の建物の収去が確実な場合に限っては、まだ存在している建物の占有による土地の占有を認める。」ということに帰するように、思われる。この浅生説と私見とでは、浅生説の強い表現にもかかわらず、そのいうところの実質はあまり変わらないともいえるのではあるまいか。

　上記に述べた趣旨からすれば、例えば、土地所有者と建物所有者との間では、建物収去について、話が付いていて（建物所有者は建物収去を承諾していて）、建物内の居住者との間では、退去の合意が得られず、建物退去土地明渡請求訴訟のみを提起することには問題がないように思われる（このようなケースは、実務上もあり得る例ではあるまいか）。

## Ⅲ　ⅠとⅡとの関係【2-7-3-3-Ⅲ】

　Ⅰの訴訟物は建物所有権に基づく建物明渡請求権であり、Ⅱの訴訟物は土地所有権に基づく土地明渡請求権であり、両者は訴訟物を異にする。本件のような場合には、実務上は、Ⅰの訴訟物が選択されるのが通常であると考えられる。

### Ⅰ又はⅡの訴訟を先行させて、その訴訟で敗訴した場合

　そのような場合には、他方の訴訟を提起することは可能か。これを認めると、前記浅生論文の「原告側に立つ者は、……建物占有者を2度被告席に立たせることができて、好都合である。しかし、建物占有者にとって、手続権の保障を奪うこのような考え方は、一方に偏しており、公平を旨とすべき法の目からみてとても同意できるものではない。」との批判（33頁左欄）を受けることになる。しかし、次のように考えるので、この批判は当たらない。

　実際問題としてどのような場合が考えられるであろうか。

　例えば、建物（又は土地）明渡請求訴訟において、建物占有者の建物占有権

第7章　不動産所有権が問題となる事案　*201*

原（建物賃借権など）の有無が問題となり、それが争点となる場合があると考えられる。そのような場合において、前訴（建物所有権に基づく建物明渡請求訴訟）で、被告からそうした占有権原があると主張され、原告はそれを否認したが、被告の主張が認められて、請求棄却となったとする。敗訴した原告が再び提訴する後訴（土地所有権に基づく土地明渡請求訴訟）でも、両者による同様の主張がされると見込まれるようなケースが考えられる。このような両訴では、その対象となる紛争が同一で、かつ、当事者の争点に関する主張も同一であると考えられるので、下記に説明する信義則による法理によって、このような後訴の提起を認めるべきではないと考える（したがって、浅生論文の前記批判は当たらない）。

　信義則違反によって後訴を排斥した裁判例は多く存在するが、その重要なものとして、まず、最判昭51・9・30民集30巻8号799頁〔28・岨野悌介〕（民事訴訟法判例百選［第5版］168頁〔高田昌弘〕）がある。同判決は、「後訴が実質的に前訴のむし返しであり、かつ、前訴において後訴の請求をすることに支障はなく、更に、後訴提起時は買収処分後約20年を経過していた等判示の事情があるときは、甲の後訴の提起は、信義則に反し許されない。」（要旨）とする。同最高裁判例解説328～329頁は、「本判決は、本訴が実質的に前訴と二重の提訴にあたるとみうるほど近い関係にあり、また、一連の紛争の過程で早期に請求原因として主張することのできた買収、売渡処分の無効を主張するのがあまりに遅すぎたといった訴訟法的観点を重視し、これを根拠に本訴を門前払いする結論を重視したものかと思われる。」と述べる。

　次に、最判平10・6・12民集52巻4号1147頁〔25・山下郁夫〕がある。同判決は、「金銭債権の数量的一部請求訴訟で敗訴した原告が残部請求の訴えを提起することは、特段の事情がない限り、信義則に反して許されない。」（要旨）とする。同最高裁判例解説616頁は、前記最判昭51・9・30に示された「判例法理の適用に当たっては、後訴が実質的に前訴の蒸し返しに当たるかどうかが重要な要素となっている。」と指摘し、前訴の後、後訴まで長期間経過したことを重要な要素として挙げてはいない。

　関係する学説は、上記各最高裁判例解説、判例百選に詳しい。ちなみに、最近の文献である伊藤眞『民事訴訟法〔第8版〕』（有斐閣、2023）604頁は、「判

決理由中の判断の拘束力」中の「信義則に基づく拘束力」の1つとして、「訴訟上の権能の失効」という考え方を挙げ、「信義則適用の前提として、前訴と後訴とが同一紛争にかかわることのほかに、後訴の主張が前訴の主張と同視できる事情や、訴え提起までの時間の経過などの事情を考慮し、後訴における主張を制限しても、前訴における相手方の信頼を保護すべきであるとの判断が要求される。」と述べる。

　信義則違反を理由に後訴を排斥した最判として、前記最判昭51・9・30は初期のものであったため、その要件をより慎重に考えて、後訴が長期間経過後にされたことを要件の1つとしたが、信義則違反の考え方が裁判例の中で定着するにつれて、前記最判平10・6・12に示された考え方のように変化していったものと思われる。

<u>建物明渡請求訴訟と土地明渡請求訴訟とを同時に提起するとの考え方について</u>

　もし両者を同時に提起するとすれば、選択的併合（民訴136）となるかという問題点があるが、求める主文が異なることから分かるように、両請求はその求める結論としての法的利益が正確には異なるので、選択的併合とはいえない[18]。

　本件でのⅠ訴訟は、建物明渡請求のみであるが、実務上、実情によっては、これに併せて土地明渡請求訴訟を提起することも考えられる。これは、建物の敷地（建物とは無関係の土地の占有があるときはそれは敷地ではない〔前記【2-7-3-3-Ⅱ-3】③の 説明 本件土地は本件建物の敷地〔193頁以下〕参照〕ので、同土地の所有権に基づく別の請求となる）上に、建物使用と無関係の資材が保管してあったようなときには、建物明渡しを命ずる判決のみでは、それを排除できないために必要となるものと考えられる。

　すこし細かいことをいえば、この場合の土地明渡しの対象となる土地の範囲は、建物の直下の部分は含まれないということになりはしないか。その部分は、本件では、建物明渡しの執行が完了することによって、同時に済んでいるということになるからである。

　その意味では、筆者としては、建物も土地も同一人である原告Ｄの所有であ

---

18)　梅本吉彦『民事訴訟法〔第4版〕』（信山社、2009）726頁参照。

るときは、Ⅱの建物退去土地明渡請求訴訟を1個提起すれば、建物の敷地上にある被告Eの動産（建物使用に無関係の動産であっても）も排除できるという意味で、より有用なのではあるまいか、と考えている。

　しかし、なかなか困難な問題であるので、この程度の説明に止め、断定を避けておきたい。

204　第2部　具体的紛争の解決

# 第8章
# 家事事件が問題となる事案【2-8】[1]

## 第1節　家事事件と要件事実論との関係についての検討
## 【2-8-1】

### 第1　はじめに【2-8-1-1】

**本章が本書第2部にある理由**

　まず、最初に述べておかなければならないのは、本書は、その題名の示すように「具体的紛争を解決するための」基礎を説くものであって、これまでの第2部各章は、「事実関係の概要」をまず掲げて、そこにみられる具体的紛争の解決をどのように説得的に考えるべきかという視点からの説明方法を採ってきた。

　ところが、本章はそのような説明方法とはまったく違うものとなっている。実は、このような内容の本章をここ第2部に収めることについては、筆者には、相当の迷いがあったが、次のような理由から、そうすることに決断した。読者各位のご了解を得ることができれば幸いである。

---

1)　本章は、伊藤『要件事実論の総合的展開』第3章「家事事件と要件事実」と基本的に同旨のものであるが、本書の性質に照らし、相応の補正をしている。できる限り文献・裁判例などについては、現時点にふさわしいものとなるように更新に努めた。

　そして、前記第3章は、またさらに伊藤滋夫編『家事事件の要件事実』法科大学院要件事実教育研究所報第11号（日本評論社、2013。同書は、2012年12月1日に開催された法科大学院要件事実教育研究所主催の「家事事件要件事実研究会」のすべての内容をまとめた成果物である。以下、本稿において『家事事件の要件事実』という）の筆者執筆や発言に係る関係部分と基本的に同旨のものである（1部分省略しているところもある）。

　本章において、「研究会」と表現されているのは、上記「家事事件要件事実研究会」を、「研究会報告論文・報告」などと表現されているのは、同研究会における関係各位の「報告論文」を意味している。

　各位のいわゆる肩書は、本章においては、現時点のものにしてある。そして、研究会の口頭の発言なども多く収録されている関係上、前記第3章では「先生」という呼称を多く使用していたが、本章では、いわゆる職名に改めている（必要に応じ当時のお立場が分かるような記載も併記した）。

第8章　家事事件が問題となる事案　205

　本書における理論上の体系に従えば、本来、本章の基本的部分は、「要件事実の考え方の汎用性」を説く後記第4部において採り上げるべきものである。しかし、第4部において、家事事件を民法の財産法関係事件とあたかもまったく別のもののように区別した上、同事件における要件事実の考え方の汎用性を説くことには、筆者としては大きな違和感があった。筆者にとっては、家事事件は、実体法としては同じ民法に定められている親族・相続関係の身近な事件であるからである。

　しかしながら、他方、家事事件においては要件事実の考え方はなじまないとの考え方もあって、具体例について説明する前に、家事事件においても要件事実の考え方が有用であるとの説明に多くの紙幅を割かざるを得なかった。具体例としての、「子との面会交流」に関する説明は、やや中途半端なものにならざるを得なかった、ということである。

#### 本章の構成

　第1節〜第3節は、通常の民事財産法に関する民事訴訟における要件事実論の考え方が、基本的には、家事事件においても同様に活用できることを検討しようとするものである。

　このうち、第1節の構成がやや分かりにくいので、ここで、その点について説明をしておく（「目次」も参照しながらお読み頂くとよいと、少しでも分かり易くなると思う）。

　第1節は、全体として、家事事件における要件事実の考え方の有用性をなるべく分かり易く説明しようとしたものである。すぐ次の【2-8-1-2】「家事事件における判断の構造」の中で、まず、【2-8-1-2-1】「家事事件における要件事実論の基本的位置づけ」において、家事事件においても、要件事実とそれ以外の事実を区別して考えないと法的判断ができないことを、「子の利益」という評価的要件における評価根拠・評価障害事実と間接事実における例も挙げて具体的に説明した（ここでは、やや議論が細かくなっているが、常に当面の問題が全体の議論の中で、どのように位置づけられているかを念頭に置きながら、考えて頂くことが必要である）。その上で、【2-8-1-2-2】「家事事件における要件事実論の視点から見た重要な考え方——民事事件と対比した場合の変容に留意して」において、そのような家事事件における要件事実の考え方

の特質が、民事事件と対比して、「訴訟物」、「主張責任」、「立証責任」、「裁判所による裁量的判断」などの問題において、どのように変容して現われてくるかを説明した。【2-8-1-3】「家事事件において留意すべきその他の問題点」において、その他の重要な問題点を補充的に説明し、最後にある程度の【2-8-1-4】「まとめ」をした。

第4節「現状と展望」【2-8-4】においては、第1節～第3節において説明したことについて、そのような説明より後の現在の状況を説明する。その説明の中で非常に重要なこととしては、本稿の校正中において、主として共同親権に関する部分の改正を内容とする「民法等の一部を改正する法律」(令和6年法律第33号)が成立したことである。もとより、そのために、家事事件が問題となる事案における要件事実の考え方の基本が変わるものではない。

本稿の理解のためには、民事訴訟における要件事実論の概要を理解することが必要であるが、その点については、前記【2-1】「民事訴訟の基本的構造とその実際において重要な基本的用語」(16頁以下)を参照されたい。

## 第2　家事事件における判断の構造【2-8-1-2】
### 1　家事事件における要件事実論の基本的位置づけ【2-8-1-2-1】
### (1)　はじめに【2-8-1-2-1-(1)】

以下に述べることは、すべて、家事事件というもの(本稿では、主として審判事件を念頭に置いて考察しているが、調停事件の場合には、その特質を考えて、ここで述べている考え方を応用することになる[2])の内容になっている紛争の特質に由来して留意が必要になることである。

民事事件は、例えば、売買契約の締結とそれに基づく代金請求権の存否といったように、紛争の内容が明確である場合が多いのに対して、家事事件は、圧倒的多数の事件において、紛争の内容の本質的な部分が、複雑・多様・流動的な(変化する)事実関係の中に組み込まれていて、これを明確に把握することがきわめて困難な場合が多い(もとより、民事事件においても、そうした事

---

2)　筆者は、調停事件だからおよそ要件事実論的思考は存在しないとは考えていない。そうした点については、伊藤『要件事実・事実認定入門〔補訂版・2刷〕』第6章「和解手続における要件事実論・事実認定論的思考」参照。

第8章　家事事件が問題となる事案　*207*

案はあるが、少なくともそれが多数とはいえないのに対し、家事事件は、すこし困難な事件は、すべての事件がそうであるといっても過言ではないくらいである）。家事事件における要件事実の考察は、まさにこの点に着目して行われなければならない。

　以下の(2)〜(4)の説明は、やや難解なところもあり、読者には実務を離れた観念論と感じられる向きもあるかもしれない。本章の読み方の一案としては、以下の(2)〜(4)の説明を大まかに読んだ上、後記【2-8-1-2-2-(5)】「裁判所による裁量的判断」（219頁以下）を理解してから、再度以下の(2)〜(4)の説明を読み直すとよいかもしれない。

(2)　**要件事実とそれ以外の事実とを区別して考える重要性【2-8-1-2-1-(2)】**

　家事事件においては、複雑・多様・流動的な事実関係が現れてくるため、過去においては、こうした事実の性質の区別を（さらには、事実と評価の区別も）必ずしも十分に意識しないで実務が行われていた時期があったと考える[3]（現在は改善されているであろう）が、そのような区別が重要であることをまず述べたい。

　「子の利益」という評価的要件における要件事実と間接事実の区別

　家事事件では、過去の一定の事実関係の確認が基本となる場合もないわけではないが、圧倒的多数の場合には、前記【2-1】「民事訴訟の基本的構造とその実際において重要な基本的用語」16頁以下）の説明がそのまま当てはまるものではない。しかし、家事事件も最終的には、法的判断によって解決されるものである以上、法的判断（法的評価。例えば、「子の利益」〔民766Ⅰ〕を尊重する親であること）の直接の根拠となる事実はなにかを検討し、その内容を確定する必要がある。そのように考えなければ、どのような事実がある場合にある法的判断（評価）をしてよいかを決めることができない。それは、家事事件では多くは**評価的要件**[4]に該当する具体的事実である。

---

　3）　拙稿「民事訴訟における事実認定に関する若干の考察——家事事件における調査事務との関連を念頭に置いて」調研紀要54号（1988年）3〜4頁参照。

　4）　「家庭裁判所における監護紛争の判断も、実体法の判断枠組を反映するものとなっている。すなわち、明確な要件・効果に基づく判断というよりは、むしろ、『子の福祉』という一般的な指針に基づいて、心理学などの近隣科学の知見をも基礎とした、将来予測を踏まえた裁量的判断が求め

208　第２部　具体的紛争の解決

　多様な事実のうち、例えば、妻は、きわめて多忙な常勤の仕事を抱えながら
も、定時退社の励行、有給休暇の活用などをして、子の保育園の送り迎えは欠
かさず常に妻自身がしていた事実であり、これは、民事訴訟においては法律効
果を発生させる要件に該当する具体的事実であるとされるものと同性質の事実
であって、これが**要件事実**[5] である。このように、なにが要件事実かを考える
に当たっては、事実をどのような形で考えるか——子供の前で飲酒をするとい
う事実があることを監護親として適切であるという評価の障害事実と考えるか、
子供の前で飲酒をしないという事実があることを監護親として適切であるとい
う評価の根拠事実と考えるか——は、要件事実の決定として不可分に必要なこ
とである（後記【2-8-1-2-2-(4)】「立証責任」〔217頁以下〕参照）も、結
論に差をもたらし得る重要なことである。

　なにが要件事実で、なにがそれ以外の事実（その事実は、間接事実である場
合もあるし、法的判断にまったく無関係な事実である場合もあろう）であるか
の、このような判別は困難なことが多い（したがって、ここでも後記【2-8-
1-2-2-(5)】「裁判所による裁量的判断」〔219頁以下〕が問題にはなる）が、
にもかかわらず（あるいは、「そうであるからこそ」というべきかもしれない）
その区別を意識して検討する必要がある[6]。そうでないと、必要な事実（例え

---

られている。これが、監護紛争の審判事項とされた理由であり、また、家庭裁判所に期待される後
見的役割の具体的内容である。」（小池泰「家事審判・家事調停の改革についての評価と課題——実
体法の視点から」法律時報83巻11号（2011年）29頁右欄）。この説明には、家事事件における評価
的要件の内容を考えるに当たって考慮すべき多様な問題が存在することが示唆されている。
　「評価的要件」については、後記注7参照。
5）　筆者は、かつて伊藤・前掲注3・16頁においては、家事事件の性質に照らして、家事事件にお
いては、「要件事実」という用語ではなく「直接事実」という用語を用いるべきであると提唱した
ことがあるが、現在は、要件事実という用語がかなり、各方面において使われるようになっている
ので、家事事件において要件事実という用語を使用することに、さほど違和感はない。また、そう
したほうが、他の分野における要件事実の理論との比較検討によって、家事事件における要件事実
の理論の特質を一層明確にすることができるので、家事事件の特質を十分に考慮に入れながら使用
するのであれば、家事事件においても「要件事実」という用語を使用して差し支えない（というよ
りは、そのほうがよい）と考えている。
6）　家事事件における、このような事実の区別のための作業は、民事事件における事実的要件につ
いての要件事実とそれ以外の事実の区別の作業と異なり、まことに至難のことであるが、そうした
作業は、民事事件における過失・正当事由などの評価的要件についてもされていることであり、不
可能とはいえない。結局は、当該制度の趣旨を考えて、ある事実が存在したら、原則として、当該
法条の定める効果を直接に発生させてよいものと考えるべきかどうかで決めるほかはない。そうし
たことに関する家事事件における具体例については、拙稿・前掲注3・18〜20頁参照。また、民事

ば、子に頻繁に暴力を振るう事実）を法的判断の基礎として考慮に入れなかったり、逆に無関係の事実（例えば、きわめて些細な両親の趣味の違い）を法的判断の基礎として考慮に入れたりすることになりかねない。

そして、このような要件事実は、これに争いがある場合にその存在を推認させる力を有する事実（例えば、妻の会社の出勤簿に上記のような保育園の送り迎えの事実と客観的に一致する出退勤時刻の記載のある事実）である**間接事実**（こうした事実は、ある要件事実の存在を推認するために1つで十分かもしれないし、その1つだけでは不十分かもしれない）とは性質の違う事実である。なぜなら、この事例において、この間接事実が認められたとしても、そのことから直接に「子の利益を尊重する親である」との法的判断を引き出すことはできず、そのことから上記のような保育園の送り迎えの事実を肯認することができて初めて、前記子の利益を尊重する親であることという判断ができるものであると考えられるからである（もとより、この場合でも、そうした評価を妨げる評価障害事実が認められることがあるが、それは、また別の問題である）。このことは、あたかも貸金返還請求訴訟事件において、被告が金銭に窮していながら、原告と会った翌日に当該貸付金額と同額の金銭を所持していたことなどの間接事実から直接に貸金返還請求権の発生があったと考えることはできず、同請求権発生の要件事実である金銭の交付および返還の約束の各事実を認めることができて初めて、同請求権の発生を判断することができる、ということと類似している。

まずは、こうした法的判断の直接の根拠となる事実とそうでない事実（それにも間接事実の意味を持つものとそうでないものとがある）など、事実の性質の違いを見出し、その性質に対応した考えをすることが大事である（ただ、家事事件においては、後記【2-8-1-2-2-(5)】「裁判所による裁量的判断」（219頁以下）で説明する裁判所の裁量の問題がある点が、通常の民事訴訟事件と異なるように思われる）。

---

事件における立証責任対象事実（すなわち、要件事実）の決定基準の基本については、後記第3部「要件事実（立証責任対象事実）決定の理論」（245頁以下）参照。

210 第2部 具体的紛争の解決

## (3) 複雑・多様な事実を内容とする評価的要件[7]の困難性【2-8-1-2-1-(3)】

家事事件においては、複雑・多様な事実を内容とする評価的要件が非常に多い（もとより、民事事件においても、評価的要件は、「過失」、「正当事由」をはじめとして少なからず存在する）ということがあるので、この点に着目して要件事実を考える必要がある。家事事件においても、困難な作業ではあるが、そうした評価的要件も含めて、要件に該当する具体的事実というものを観念しなければ、法的判断（評価）を導出することはできない。そして、既述のように、こうした事実を要件事実と呼ぶことに支障はない（ただし、要件事実と呼んでも、その事実は、民事訴訟におけるのと異なり、厳格な意味での主張責任

---

7) 民事事件においても、評価的要件というものについての要件事実の考え方については、古くから、異なった視点から多様な考え方が存在する。そうした点については、伊藤『要件事実の基礎〔新版〕』291頁以下参照。

評価的要件に関する要件事実についての考え方は、事実的要件に関する要件事実についての考え方と異なる面がある。その最も本質的なことは、評価的要件においては、事実的要件と異なり、その内容が一義的に確定していないということである。事実的要件では、例えば、売買契約の締結の事実というように、その内容が一義的に確定している。これに対し、評価的要件では、そこで意味をもつ評価というものは、ある一定の方向に向かって、常に量的なものである。例えば、借家契約の終了に基づく家屋明渡請求事件において請求原因として問題となる正当事由の主張は、常に正当事由の存在を基礎づける方向に向かってはいるが、相手方の争い方や相手方が抗弁として主張する正当事由の評価障害事実の内容によって、その内容は変化するし、弁論終結時での判断では結果的に不要となる正当事由に関する事実の主張も過剰主張として、直ちに排斥されるわけではない。こうした評価的要件については、前記【2-1-2-3】「攻撃防御方法としての要件事実の種類」評価的要件（21頁以下）も参照。

山本和彦教授は、筆者の間接反証否定論に賛成されるが、民事訴訟における理論として、評価的要件について、その法的評価（判断）の直接の根拠となる事実としての評価根拠事実として「準主要事実」という考え方の妥当性を肯定され、結局は、ここで述べるような私見とは異なる見解を採られる。例えば、準主要事実について主張責任を認めながら、同時に、そのすべてが立証されることは必ずしも必要ではないとされる（法的評価の直接の根拠として必要な性質の事実であるからこそ主張されなければならない、まさにその事実について、それが立証されなくても当該法的評価が発生するということになる――この点は、どこで線引きをするかといった性質のことではないように思われる――が、そうした考え方は、私としては理解がしにくい）ように思われる（山本和彦「総合判断型一般条項と要件事実――『準主要事実』概念の復権と再構成に向けて」河上正二ほか編『要件事実・事実認定論と基礎法学の新たな展開（伊藤滋夫先生喜寿記念）』〔青林書院、2009年〕76～84頁）。主張責任と立証責任が一致することの例外として、立証責任はあるが主張責任のない職権探知主義の場合があるが、このことは、当然に主張責任はあるが立証責任のない訴訟があるということにはならない（山本説〔同書75頁〕は、そう説かれるわけではないが、両責任の分離が論理的には可能であることを職権探知主義の説明から導出されているように思われるので、そうした考えと親和性のある印象を受ける）。

はない事実であることに留意すべきである）、と考える。近時の要件事実論の著しい深化は、この評価的要件についてされてきた[8]。ここにも、要件事実論の寄与すべき視点があると考える。

　評価的要件という考え方自体も、現在ではすっかり実務的にも定着し、家事事件に関するものではないが、最高裁判例の判示の中においても明言されている。すなわち、最判平30・6・1民集72巻2号88頁は、労働契約法20条にいう「両者の労働条件の相違が不合理であるか否かの判断は規範的評価を伴うものであるから、当該相違が不合理であるとの評価を基礎付ける事実については当該相違が同条に違反することを主張する者が、当該相違が不合理であるとの評価を妨げる事実については当該相違が同条に違反することを争う者が、それぞれ主張立証責任を負うものと解される。」（裁判所HP7〜8頁）と判示している（筆者は、ここで「規範的」というのは、特に意味がないと考える。「規範的」でない評価（例えば、「無資力」）でも、事の本質は同じであるからである）。

### 「子の利益」という評価的要件における評価根拠・評価障害事実と間接事実

　こうした要件事実というものを観念しなければならないという限りでは、すでに前記【2-8-1-2-1-⑵】で述べたところであるが、そこでは、要件事実とそれ以外の事実の区別が重要であるという点に主眼を置いて述べた。ここ（すなわち【2-8-1-2-1-⑶】）では、評価的要件を構成する評価根拠事実と評価障害事実（いずれもこれが要件事実）が、それを根拠としてされる法的判断（評価）とどのような関係に立つか、その間接事実はどのようなものか、要件事実についての判断の仕方と間接事実についての判断の仕方とどのように違うかということを、やや複雑な事例を取り上げて具体的に検討することにする。

　例えば、子の監護者の指定をめぐる事件において、親の一方であるＸが子（幼児）の監護者として適任であると判断（評価）することができるためには、多様な考え方があり得るであろうが、ここでは、その評価根拠事実の考え方について（評価障害事実についても、同事実自体の考え方については、評価根拠事実と同様である）例を挙げて考えてみよう（もっとも、なにごとも完璧を期

---

8）　例えば、伊藤滋夫編『要件事実の機能と事案の解明』法科大学院要件事実教育研究所報第10号（日本評論社、2012年）138〜140頁［高橋譲］、188頁、190頁［いずれも伊藤滋夫］参照。

212　第2部　具体的紛争の解決

することはできないのが世の常であるから、実際には、相対的に考えて、その充足程度について軽減して考えねばならぬことも多いであろうが、ここでの主目的は、判断の構造を示すことにあるので、そこまでの説明はしない）。

**評価根拠事実（要件事実）**

評価根拠事実（要件事実）として、次の各事実の存在が必要であり、かつ、次の各事実が存在すればそれで十分であると考えるものとする。

⒜　配偶者Xが子〔幼児〕の養育にふさわしい健康状態であることを示す具体的事実

⒝　配偶者Xが子〔幼児〕の養育にふさわしい人格・知識を保有していることを示す具体的事実。例えば、Xが幼児心理の勉強をし、その勉強の結果を日常生活の実際において使っているという事実9)

⒞　配偶者Xが子の養育をすることができる資力を有することを示す具体的事実

**評価障害事実（要件事実）**

例えば、評価根拠事実である⒝の事実に対する評価障害事実として強いていえば、そうした行動は、もっぱら自己の虚栄的な振る舞いであったことなどが考えられようか。

以上に述べたような考え方（この⒜、⒝及び⒞の各事実〔いずれも評価根拠事実〕のすべてが証明されて初めて、上記適任であるとの判断ができるという考え方）を前提として上記事案を考える限りにおいては、⒜、⒝および⒞の各事実のうち、その1つについてであっても、その証明が不十分であるとすれば、

---

9)　こうしたことも厳密に理論的にいうと、あるいは評価かもしれない。理論上は、言葉で表現した以上、それはすべて、ある意味で人間の評価を加えたものであって、純粋な事実ということはできない。

しかし、このようなことをいって、すべての日常的な用語で表される要件を、評価的要件と考え、その要件事実を、具体的な評価根拠事実・障害事実とに分ける考え方を採るとすると、要件事実論は、およそ煩瑣で実務での使用に耐えないものとなるに違いない。

そこで、私見によれば、普通の人が事実扱いをし、誰でも一般に共通のイメージをもち得るようなことは、それを事実扱いすることが実務上の適切な態度というべきであり、本文記載の⒝程度であれば、それを事実扱いしてよいと考える（本稿で扱っているような問題の考察において、「勉強」も「日常生活」も一種の評価であって、その評価根拠事実・障害事実と分けて考えるべきであるなどとは、私にはとても思えない）。

事実と評価の区別についての一般的説明については、前記【2-1-2-3】「攻撃防御方法としての要件事実の種類」評価的要件（21頁以下）、伊藤『要件事実の基礎〔新版〕』281頁以下各参照。

そのような判断はできない（評価障害事実も要件事実であるから、判断の構造は同様になる）。

これに対して、次の①〜④の各事実（間接事実）の場合には、考え方が異なってくる。

### ⓑの事実（要件事実である評価根拠事実）の間接事実

ⓑの事実（要件事実である評価根拠事実）の間接事実として、次の①〜④の各事実が考えられるものとする。

① Xが図書館で幼児心理の本を1週間に1回は借り出していること
② Xが地域の幼児教育のための母親学習会（月1回は開かれる）に参加していること
③ 大学生時代に幼児保育に関する小論文を書いたことがあること
④ 家庭の事情で親がよく面倒を見ることのできない近所の幼児の相手となって、毎日のように楽しく遊んでやっていること（当該の子との関係に直接関わる事実については、まさに争いになっていて直接には確定し難いとしよう）

場合により、上記具体的事実のうちの一部（例えば、③の事実）が証明されず、ほぼ確からしいという程度に留まっていたとしても、そうした状態をも1つの参考になる状態として考えた上、ⓑの事実（ⓑという評価根拠事実）の存在を推認してよいと考えることも可能である。

### この両者の違いの出る理由

前者（ⓑの事実に関する問題）は、法的判断の基礎としてどのような事実の存在が必要であり、かつ、存在すれば十分な事実であるかを考えた上、同事実がそうした事実であるという前提を置いて（ⓑの事実の存在が証明されたといえなければ、その前提が充たされないことになる）、それを出発点としている法的判断の問題であるのに対して、後者（③の事実に関する問題）は、いろいろに想定される多くの事実（①〜④）の証明に関する実情を前提として、それらの事実がどの程度の状態になったら、それらの事実によって、推認の対象となる事実（ⓑの事実）が証明されたと考えてよいかという事実認定の問題だからである。

以上の評価根拠事実を根拠とする判断の仕方について、もう少し詳しく説明

すると、次のようなことである。すなわち、子の監護者として適任であると評価できるためには、その評価根拠事実（法的評価の直接の根拠となる事実）の1つとして、ⓑ（配偶者Xが子の養育にふさわしい人格・知識を保有していることを示す具体的事実〔評価根拠事実〕）の存在することが必要であり、そのことを示す1つの具体的事実として、例えば「Xが幼児心理の勉強をし、その勉強の結果を日常生活の実際において使っているという事実」の存在が必要であり（その存在があったということにならなければ、いかにその存在に近いものがあっても意味がない）、かつ、それで十分であるという法的判断の枠組みについての考えを前提としている（その考え方の当否については議論があるかもしれないが[10]、ここでの判断の構造としては、そうした考え方を前提としている）。

なお、家事事件の場合には、こうした法的判断の直接の根拠となる事実があることによって当然にある法的効果が発生する（民事事件においては、売買契約締結の事実が売買代金請求権の発生を当然にもたらす）とは限らず、その上で、裁判所の形成作用がある（例えば、離婚後の配偶者のどちらが監護者にふさわしいかを直接に根拠づける事実の認定の上での裁判所による監護者の指

---

10) ここにある問題点は、「Xが幼児心理の勉強をし、その勉強の結果を日常生活の実際において使っていること」のみでは、Xが子の監護者として適任であるとするⓑという評価の根拠事実としては不十分ではないかという疑問、上記のようなことというのは事実ではなく評価であるから、ⓑの評価根拠事実ということはできないのではないかという疑問などの存在であろう。しかし、それらの疑問は、本文でした両種の事実の性質の違いを前提とした場合における、本文で論じた判断の構造自体が不相当であるとの結論を導くことにはならない。もしも、そうした疑問が正当であるとすれば、それを前提とした評価根拠事実を考えればよく（そのような点は、当該家事事件の多様な特質に応じて適切に検討すべきであるし、検討して同様に考えることもできる）、その判断の構造の性質は、本文で論じたものと同じことになるであろう。

　すなわち、まず第1の疑問については、ⓑの他の評価根拠事実として、「Xの性格は子供（幼児）に優しいとXを知る10人ほどの人から思われていること」（「Xの性格が子供（幼児）に優しいこと」ではなく、「……と思われていること」という事実の形で考えていることに留意のこと）などの他の評価根拠事実を併せて考えることによって答えることができよう。

　次に、第2の疑問については、例えば、本文記載の①～④の各事実が、ⓑの「配偶者Xが子〔幼児〕の養育にふさわしい人格・知識を保有していることを示す具体的事実として、その評価の評価根拠事実であることとなり、その場合には、①～④の各事実がすべて証明されなければならないことになるであろう。ただ、こうした区別は、いかにも微妙であり、そうした区別の仕方については、もちろん、人によって意見が分かれうるのであるから、その判断の相違は、裁判所による裁量的判断内のこととして扱うべきであろう（後記【2-8-1-2-2-(5)】「裁判所による裁量的判断」〔219頁以下〕参照）。

定）ことがあるが、このことは、なにがこうした判断の直接の根拠となる事実かを考えることの重要性を減殺することにはならない（民事事件においても、詐害行為取消事件において類似のことがあると考えられる）。

　以上のことを、民事訴訟における一般理論の問題として説明すると、次のようになる。すなわち、仮に要件事実としてＡ事実（貸主から借主への金銭の交付）とＢ事実（借主から貸主への返還の約束）の法的判断の枠組みが前提となるため、Ａ事実が証明が十分であっても、Ｂ事実について証明に至っていない場合には、いかにその証明に近い程度にまで、その存在が明らかになっていたとしても、Ｂ事実の証明があったとは扱われず、結局、当該法的判断の基礎となる事実が存在したと扱うことは常にできない（このことは、Ｂ事実の証明が十分であって、Ａ事実の証明に至っていない場合も同様である）[11]。

　これに反し、事実認定の問題の場合には、要件事実の判断の場合のような法的判断の枠組みは問題とならず、現実にある間接事実に関する状態（証明されている程度を含む）をそのまま前提として、事実の認定をすべきものなのである。例えば、複数の間接事実から要件事実の推認をする場合には、ある間接事実が十分に証明され、他の間接事実が証明に至らない程度にしかその確からしさが明らかになっていない場合においても、そうしたすべての間接事実についての確からしさが明らかになっている、あるがままの事実の存在の状態を前提として、要件事実の推認ができるかどうかを判断しなければならない（立証責任の考え方をそのまま適用して、証明に至っていない間接事実をまったくゼロとして無視し、それを前提として、当然に要件事実の推認ができないと断定してはならない）。そして、簡単にいえば、このような事実認定についての考え方を無視して、立証責任の考え方（一種の法的判断の枠組みを前提としている考え方）を間接事実についても適用して考えているのが「間接反証」の理論であり、筆者は、その考え方は相当でないと考えている[12]。

---

11)　もちろん、いま述べたようなオール・オア・ナッシング的判断の考え方については、「割合的認定」という異なる考え方もあるが、いま述べたような考え方が判例・実務・通説の採るところであり、筆者も同意見である。割合的認定という考え方には賛成できない（伊藤『事実認定の基礎（改訂版）』206頁以下参照）。

12)　間接反証批判の理論をここで述べることは省略する。その点については、伊藤『事実認定の基礎（改訂版）』101頁以下参照。

216 第2部 具体的紛争の解決

　当然ここで、なぜこの両者の事実を区別するかという問題があるが、それは、すでに述べたところから明らかなように、両者についてある、要件事実と間接事実という事実の性質を区別することからくる帰結なのである。そして、そのような区別の必要性については、前記【2-8-1-2-1-(2)】「要件事実とそれ以外の事実とを区別して考える重要性」（207頁以下）において述べたところである。

### (4)　常に流動する事実への対応の重要性【2-8-1-2-1-(4)】

　家事事件における事実関係は、前記(3)で述べたように、複雑・多様な事実を内容とするものであると同時に、その複雑・多様な事実が時の経過に応じて流動的であるということも見逃してはならない（もっとも、このことも民事事件において、占有状況の絶え間ない変化などに見られるように、ときに例がないわけではないが）。家事事件における要件事実を考えるに当たっては、この点にも十分に留意しなければならない（家事事件の審理の最終段階に至るまで、状況は動いているのであるから、ある時点における状況のみに固定して要件事実を考えるという態度では、正しく実態を把握した要件事実を構成することができない）。

## 2　家事事件における要件事実論の視点から見た重要な考え方——民事事件と対比した場合の変容に留意して【2-8-1-2-2】

### (1)　はじめに【2-8-1-2-2-(1)】

　家事事件における要件事実論は、前記【2-8-1-2-1】「家事事件における要件事実論の基本的位置づけ」（206頁以下）において、述べたようないくつかの留意すべき特徴をもっており、そうした特徴、特に、複雑・多様な事実を内容とする評価的要件が多いという特徴は、具体的な考察対象における考え方（主として、後記(3)、(4)、(5)）にも影響を及ぼすので、そうした点を次に考察する。

### (2)　訴訟物【2-8-1-2-2-(2)】

　家事事件においては、民事事件の訴訟物が売買代金請求権といえるようには、審判の対象が明確にはいえないものが多いが、それでも、その申立てに当たっては、申立書に申立ての趣旨及び理由を書かなければならず（家事事件手続法

49Ⅱ）、「同一の事実上及び法律上の原因」という考え方（同条Ⅲ）、「申立ての基礎」という考え方（同法50Ⅰ）があり、訴訟物という考え方とまったく無縁であるわけでもない。

⑶ **主張責任**【2-8-1-2-2-⑶】

家事事件においても、主張責任的な考え方は、ある程度取り入れられていると考える。家事事件手続法では、そうした考え方は、従来よりも強化されていると考えられる[13]。弁論主義の適用がないのであるし、主張責任といった厳格なものは考えにくいのではあるが、事実の調べ（事実の調査、証拠調べ）に先立ち（あるいは、少なくとも並行して）攻撃防御の方法の概要をそれぞれの立場でなるべく明らかにしたほうが、審理判断の重点が明らかになってよい（当事者の立場からも裁判所の立場からも）と考えられる。過度にその点を厳格に要求することは、民事訴訟と比べて、すでに（前記【2-8-1-2-1-⑶】「複雑・多様な事実を内容とする評価的要件の困難性」〔210頁以下〕、前記【2-8-1-2-1-⑷】「常に流動する事実への対応の重要性」〔216頁〕）述べたように、事実の性質に違いがあること（評価的要件の基礎となる複雑多様な事実が問題となることが多いこと及び問題となる事実が過去の確定した事実ではない流動的なものであることが多いこと）からして、不適切である。

⑷ **立証責任**【2-8-1-2-2-⑷】

家事事件でも、立証責任の考え方は必要である。職権探知主義においても、主張責任の考え方はないけれども、立証責任の考え方は必要である。裁判所がいくら懸命になって調べても、ある事実が存否不明の場合に、それをどちら側に不利益に考えるべきかという問題は避けて通れないからである。ただし、ここで注意を要するのは、立証責任の考え方の適用があるのは要件事実についてのみであることである（主張責任のない家事事件においては、要件事実は、換言すれば、立証責任対象事実そのものである）。

要件（事実的要件も評価的要件も含む）に該当する事実があるかを、諸般の

---

13) 家事事件手続法67条1項は申立書の写しの送付を必要としているが、このことは、家事事件においても基本的に、相手方に主張を知らせる必要のあることを意味する。そして、同法56条1項は証拠調べの申立権を認めている。同法68条は審問申出権を認めている。同法69条は事実の調査に立会権を認めている。こうした権利を有効に活用するためにも、相手方の主張がどのようなものであるかを知る必要がある。

218　第2部　具体的紛争の解決

事情を総合して考えるといっても、考察の対象となる事実をどのような形で考えるか（例えば、「扶養義務の履行としてすべき金銭の支払いをした」、「かつて同居中に夫が子供の前で飲酒をした」という事実が認められるかという形で考えるか、又は、「扶養義務の履行としてすべき金銭の支払いをしなかった」、「かつて同居中に夫が子供の前で飲酒をしなかった」という事実が認められるかという形で考えるか[14]）によって、そこから出てくる法的評価が違ってくる可能性があることに留意すべきである。

　仮に、当該事案の実情（例えば、当該離婚の原因が、夫の泥酔による妻への家庭内暴力の発生であったとする）に照らし、「子供の前で飲酒をする」ということが監護者として不適切な行為だと仮定すると、「子供の前で飲酒をしたことが明確にならない限り、監護者として適切である」という形で考えるか、「子供の前で飲酒をしなかったということが明確にならない限り、監護者として不適切である」という形で考えるかという考え方の問題となる。後者の形で考える方が、飲酒に対してより厳しい考え方ということになる。すなわち、要件事実をどのような形で考えるかは、最終的に、その事実関係をどのように意味づけて、総合判断の内容に取り込んで考えるかという面で、事案の具体的な状況によっては（事実関係が明確であれば、結論に差異を生じない）、総合判断の内容に差異を生じることもあり得る。

　そして、この場合の「立証責任対象事実」としてどのような事実を考えるべきかという問題は、それが家事事件における法的評価（例えば、「子の利益」〔民766Ⅰ〕）の直接の根拠となる事実となるという意味で（主張責任を伴わないという点で、民事訴訟における要件事実とは異なるが）、要件事実としてどのような事実を考えるべきかの意味を持つものであり、こうした要件事実としてどのような事実を考えるかは、既述（【2-8-1-2-1】「家事事件における要件事実論の基本的位置づけ」〔206頁以下〕）のように、家事事件においても不可欠であるといわなければならない。

---

14)　この問題は、「立証責任対象事実の決定」という問題である。一般に「立証責任の分配」という表現が用いられるが、私は、その表現は必ずしも適切ではないと考えている。むしろ、どういう形の事実を立証責任の対象である事実として考えるべきかという視点から考察すべきであると考えている（後記【3-2】「裁判規範としての民法説の中核をなす考え方」〔248頁以下〕参照）。

第8章　家事事件が問題となる事案　*219*

　家事事件における立証責任対象事実を考える場合には特に、最近、事実認定の問題として論じられている、「ある事実が相当程度存在する可能性があること」[15]を一種の立証責任対象事実として考えるべきかの問題も検討の必要がある。

### (5)　裁判所による裁量的判断【2-8-1-2-2-(5)】

　筆者が本稿においてこれまでにしてきた説明を読まれた多くの実務家の方は、そのような厄介な分析的思考は、複雑・多様・流動的な家事事件の具体的事案に応じて柔軟に対応することを不可能にする観念論であるとの感想を持たれるかもしれない。

　そうした私見に対する懸念を払拭できるかは、以下に述べる「裁判所による裁量的判断」の説明が適切である（裁量的判断の恣意性に歯止めをかけるとともに、具体的に妥当な判断ができるようにする方策を提案できている）かにかかっているように思われ、このことに関する説明は、非常に重要なことであると考えている（もとより、そうした方策は、要件事実に関するこの項での考え方のみによって対応できるものではなく、後記【2-8-1-3-3】「家事事件における事案の解明義務・釈明義務などの重要性」〔224頁〕）において述べることも非常に重要である）。

　家事事件においては、「裁量的判断」ということが重要になる[16]が、まずは、その「裁量的判断」ということがどういうことを意味するかを検討する必要がある[17]。具体的事案に応じてもとより、家事事件において裁量的判断が必要であるということから、当然に要件事実の考え方が不要であるということにはならないが、民事事件における要件事実の考え方及びそれに伴う事実認定の考

---

15)　伊藤『事実認定の基礎〔改訂版〕』18頁以下（注28を含む）、共同研究「医療と法の最先端を考える」ジュリ1344号（2007）42頁以下の諸論文各参照。

16)　親族法においては従来からそうした裁量的判断を内容とする規定が多かった。例えば、民法766条1項においては、子の利益の優先ということなどが強く打ち出されているが、これは一種の実体法における裁量的条項である。

17)　行政法関係でいわれる「要件裁量」、「効果裁量」という考え方の区別は、家事事件との関係では、行政法関係におけるほどの有用性はないと思われる。行政法関係では、国などの行う権力の行使の制約（国民の人権の保障）という観点から、どの程度裁量が許されるかの問題として、この考え方は重要であると思われる。
　　しかし、家事事件では、効果裁量は明文上も認められていることが多く、要件についても、その限度は問題であるが、ある程度の裁量を認めてよい場合が多いと考えられる。

220　第2部　具体的紛争の解決

え方に、かなりの変容を要請するものであると考える。

　この問題は、非常に困難な問題であって、なお検討を要するところであるが、今のところ、まずは、次のように考えている（他に、法的な判断〔形成的判断を含む〕における裁量性の本質など多くの、ここでは言及していない課題が残っている）。

　〔1〕裁量的判断を要件事実の面で見ると、要件事実としてどのような事実をどのような形で考えるかについても、家事事件では微妙なところが多く、そこに裁判所の判断の幅を認めるということが必要である。

　なお、この「幅のある判断」ということに関連して、館彰男「幅のある真実——合法性の原則の超克による租税訴訟における和解の許容性」判時2423号（2019）3頁以下がある。租税訴訟の特質などもありここで同論文について詳説することはできないが、同論文は、「幅のある」という視点で注目すべきものがある。ただ、本稿で論じている私見によれば、「純粋な法律解釈論に対して『幅』は認められない」（11頁第4段）については、「はたしてそうか」との疑問があるし、「時価は幅がある事実である」という考え方を肯定的に受け入れている記述（14頁第1段）については、「事実と評価の区別の視点からなお検討すべき点はないか」などの問題提起をしておきたい。

　民事事件では、第三者の認識の内容を要件事実として考えるか、考えるとしても、どのような形で、例えば、「善意の第三者は保護される」の形で考えるか「悪意の第三者は保護されない」の形で考えるかについて、見解は分かれる（民法の解釈についての見解が分かれるということである）としても、それが裁量的判断に任せられるわけではない。したがって、その考え方を誤れば、法令解釈の誤りとなる（場合により上告受理の理由ともなる。民訴318Ⅰ）。

　家事事件においては、そこで問題となる事実が複雑・多様・流動的であることから、仮にあるべき要件事実（実際には立証責任対象事実の内容・形で問題となる）について正しい1つの考え方があり得るとしても、その判断は、人によって異なり得るような事実があると思われる。子の監護に関する事件において、何が子の利益に最もかなうかについての評価的要件を構成する具体的事実の内容・形——例えば、前記【2-8-1-2-1-(3)】「複雑・多様な事実を内容とする評価的要件の困難性」評価根拠事実（要件事実）（212頁）において述べ

た「Xが幼児心理の勉強をし、その勉強の結果を日常生活の実際において使っているということ」のような例の場合には、たとえ立証責任対象事実として問題とすべき事実を取り上げず、また、取り上げて、その形（「事実の形」の意味については、前記【2-8-1-2-2-(4)】「立証責任」〔217頁以下〕で説明した）を誤ったとしても、それを法令解釈の誤りとして違法であるとして問題とするのは相当ではないように思われる。

他方、明らかに考慮すべきであると考えるような事実（その事実の形）を考慮に入れなかったり（子に常に暴力を振るうといったことを考慮に入れなかったり）、又は、明らかに考慮すべきではないと考えるような事実（その事実の形）を考慮に入れたり（スポーツが好きであるかどうかということではなく、スポーツのごく細部の種目の好みのわずかな感覚の違いがあることを考慮に入れたり）することは許されないであろう。

問題は、最初に挙げた、人によって判断が異なり得るような性質の事実とその次（すなわち、この段落の直前）に挙げたような性質の事実との分かれ目が、きわめて不明確な状況があり得ることであり、そのような場合には、たとえ、どちらの性質の事実であるかについての判断を誤っても、法令の解釈を誤った違法な判断である、とまではいえないであろう。

その限界を画する基準については、一応、次のように考えているが、なお検討を要するであろう。

結局は、①当該事実の性質が結論としての判断にどのような影響をもつ性質の事実であるか（その影響は無視し得る程度のものであるか）ということと、②その判断が微妙であって、人によって判断が分かれるのもやむを得ないものと考えるべきか[18]ということ（この両者は密接に関係することである）との複合的判断で決めるほかはない、と考える。上記のうち、①についての考え方は、次に述べる事実認定における裁量的判断についての考え方と類似性がある

---

18) 本文①、②に述べている考え方は、現行法条における、判決に影響を及ぼすことが「明らかな法令の違反がある」（民訴312Ⅲ）といえるか、当該法令の解釈に関する「重要な事項を含むもの」（民訴318Ⅰ）といえるか、当該法令の解釈に関する「重要な事項を含む」といえるか（家事事件手続法97Ⅱ）などの考え方に通ずるものがあるといえるのではあるまいか。

この点は、実際上は、判例による判断の統一ということがない限り、どれだけの数の人の間で判断が分かれるかといったようなことで決めるほかはないであろう。

222 第2部 具体的紛争の解決

と考えられる。

〔2〕裁量的判断を事実の認定の面で見ると、当該事実認定において、どのような事実までを取り上げて考えるべきか（考えなくてもよいか）という問題の裁量的判断を意味し、これは、当該事実がどの程度、結果に影響をもつ事実として考えるべきかの基準に関わる裁量的判断ということになる。これは、理論上は、当該事実が存在したら持つであろう重要性（当該事実と現在紛争の対象となっている事実との間にある因果関係の強さ）及び当該事実が実際に存在する蓋然性（又は可能性）の程度という両要素についての総合的な裁量的判断であって、民事訴訟における事実認定の理論にも関係がある[19]。その裁量の限界ということになると、さらに詳しい検討をする必要があることになろう。

このことに関係していえば、家事事件における事実の認定に必要な証明度は、民事事件における証明度より低いものでよいと考えられる。

〔3〕裁量的判断を最後の法的判断の面で見ると（前記〔1〕の見方と密接に関係し、区別の困難な面もある）、例えば、子の利益に関する評価根拠事実と評価障害事実を総合判断して、その結果、子の利益になると判断するか、そうではないと判断するか、その上でどのような具体的措置をとると決めるかなどの点についても、裁判官によって微妙に違い得るのであるから、ある程度の（まさに、この「ある程度」とは、「どの程度」かが問題になるのではあるが）判断の違いは、裁量的判断の範囲内であるとして、許容されるべきであり、その法的判断を誤りであるとすべきではないであろう。この場合には、行政事件などでいわれる裁量権の濫用、合理的裁量の範囲などの考え方も、ある程度参考になるであろう。

民事事件の処理にあっては、家事事件の処理よりも、明確な安定的処理のメリットを微妙な具体的妥当性のメリットに優先させて考えるべきである、との価値判断があるように思われる（民事事件にあっても、極言すれば、一種のフィクションを使用しているとすら思われるところがある——例えば、不動産の売買が不要式の諾成契約によって成立し、当該不動産の所有権が移転するということが、少なくとも原則であると考えるような考え方がそうであるように

---

19) すなわち、反対間接事実についての取り扱いの仕方と酷似している（伊藤『事実認定の基礎（改訂版）』116頁以下参照）。

思う）。この項、すなわち、「裁判所による裁量的判断」の説明は、さらに、具体的紛争の態様に即した具体的説明を補充し、合理的裁量といったものの本質を一層明らかにする必要があると考えるが、その点は、今後の検討課題とするほかはない。

　次に、以上に述べた「家事事件における判断の構造」についての補足的説明として、「家事事件において留意すべきその他の問題点」について、さらにすこし述べておきたい。

## 第3　家事事件において留意すべきその他の問題点
### 【2-8-1-3】

### 1　家事事件における種類の違いによって要件事実論の基本は異なるか【2-8-1-3-1】

　例えば、遺産分割事件と子の監護に関する事件とで、要件事実論の基本が異なるかということであるが、筆者は今のところ、それは、各事件の性質に応じて、その制度趣旨に合致するように要件事実論を考えればよいのであって、その基本的考え方に異なるところはないのではないか、と考えている。

　事件の類型だけによって画一的に考えることは困難で、それぞれの事件の中でも、性質の違った判断が多様に含まれているということにも留意が必要であろう。例えば、遺産分割事件においても、訴訟的事項と非訟的事項があったり、その本質は、遺産という財産関係の事件というよりも、関係相続人の間に存する根深い怨念の対立の解決をどのようにすべきかであることがあったり、また、子の監護に関する事件においても、ある意味で事実の認定の性質を有する判断と裁量に基づく評価が中心となる法的判断とがあったりするのではあるまいか。そのような事柄の詳細な検討は、ここでの守備範囲を超える。

### 2　家事事件は、人間関係諸科学の面からの深い検討が必要で、法律的処理になじまないか【2-8-1-3-2】

　家事事件において、人間関係諸科学（例えば心理学）の知見が重要であることはいうをまたない。他方、同時に、家事事件の審判にしても調停にしても、広くは、法的紛争の解決の一環として裁判所において行われるものであること

224　第2部　具体的紛争の解決

も忘れてはならない。人間関係諸科学は家事事件の処理において大いに活用されるべきである。他方、同時に、人間関係諸科学による結論自体がストレートに法的解決に反映されるものではなく、それが何らかの意味での法的評価を通して（その判断の枠組みは、やはり、要件事実の確定とその評価という枠組みである）行われることにも留意すべきであろう。

　例えば、夫婦間の事件で「自分は相手とは金輪際一緒にやっていけない気分である。」とのある当事者の発言があったこと、また、子の監護をめぐる事件で、「自分はこの子の顔など2度と見たくもない。」とのある当事者の発言があったことは、それぞれ非常に重要なことではあるが、長い間における夫婦関係、親子関係において、そうした発言のもつ重みは、人間関係諸科学の知見に照らして十分に検討されなければならない（そうした発言をした人の気持ちが、何かのきっかけや時の経過で変わることもあるのではないか〔あるいは、そもそも、そのような発言がその言葉通りの気持を反映しているのかどうか〕などといったことは、心理学の知見にも照らして十分に検討されなければならない）。その上で、当該当事者の感情が、夫婦間の調整や子の利益という視点から、最終的にどういう意味を持った事実として、法的評価の根拠となるべきか（又は、法的評価の根拠となる事実と繋がるべきか）を検討する必要があると考える。

## 3　家事事件における事案の解明義務・釈明義務などの重要性【2-8-1-3-3】

　以上に述べてきた家事事件における事実の特質に鑑み、2011年度の「要件事実の機能と事案の解明・研究会」において論じられたような、上記両義務の問題の検討がなお一層重要となると思われる[20]。

## 第4　おわりに【2-8-1-4】

　民事訴訟においては、圧倒的に多くの事件において、あらかじめ争点整理に

---

20)　その詳細は、伊藤滋夫編『要件事実の機能と事案の解明』法科大学院要件事実教育研究所報第10号（日本評論社、2012）―例えば、36頁以下―参照。民事訴訟における「事案の解明義務」の問題については、伊藤『要件事実の基礎〔新版〕』58頁以下参照。

よって事実関係が整理され、それによって決まった要件事実（過去の一定の事実）について、それに対応する具体的事実が実際にあったかを証拠調べをして確認していく作業が行われる。

しかし、家事事件については、そのように考えるべきではないことを、本節【2-8-1】を終えるに当たって強調しておきたい（すでに述べたことと重複するが）。家事事件における要件事実をそのような性質のものとして考えると、家事事件における要件事実の考え方を理解することが非常に困難になると考える。この関係で特に留意すべき2つの点を次に述べることとする。

**家事事件における要件事実の特徴——ある程度の幅を持った判断の可能性**

まず、民事訴訟においては、一般に、要件事実とされるものが過去の一定の事実（例えば、YがXに対して、ある代金額である物を売ったという事実）であり、それを根拠として一定の法律効果（例えば、その物の引渡請求権）が発生すると考えられているため、同事実を認めることができなければ、同法律効果はまったく発生しない（何かそれに代わる代替的効果の発生が認められるということもない。その事案の実態に応じて、異なった要件事実で別の請求権の発生を考えることはあり得る）ということになる。

家事事件においては、複雑多様な事実関係が問題とるが、そのような事実関係の調査の結果、わかる範囲内の事実を評価根拠事実として、それに対応する法的判断も幅をもったものとして変化するということも考えられると思われる。例えば、面会交流の頻度をどれくらいにするかということは、評価根拠事実（子の心情の安定度などの子の利益に関する具体的事情など）の認定についての考え方によっては、月に1回程度が適切であると考えるべきであるようにも思われるが、間違いなく認定できると考えられる評価根拠事実からは2カ月に1回程度に止めるのが適切であると考えておくのが無難である、ということもあるかもしれない。このことを比喩的にいえば、民事訴訟においては、特定の要件事実と特定の法的効果の発生が、いわば1対1の関係で結びついた形で対応しているといってよいのに対し、家事事件では、広狭ないしは濃淡のある評価根拠事実（要件事実）があり、それに応じて、それに対応した程度の法的判断（評価）があるという形で結びついている、というべきであるように思われる。

226 第2部 具体的紛争の解決

**家事事件における要件事実の特徴──法的判断をする時点の直前まで変化**

次に、家事事件における要件事実の特徴として、以上とは性質の異なる次のようなことにも注目しなければならない。

家事事件においては、基本的に[21]、要件事実として法的判断の直接の基礎となる事実関係が、過去にあった一定の事実（例えば、XがYに対し、2021年10月10日に、200万円を弁済期を2022年10月10日として貸し付けたという事実）というのではなく、流動的に変化するものであることから、ギリギリは、最終的に裁判官が法的判断を決断する直前まで変化し得るものである、といっても過言ではない（だからこそ、そのための透明性の確保、手続保障の重要性が、家事事件手続にとりわけ必要なものとして強調されるわけである）。例えば、面会交流の時間設定にしても、ある段階までは、同居親・非同居親の諸般の具体的事実が評価根拠事実（要件事実）となって、それと対応する法的判断としての面会時間が、午後1時〜午後7時といった時間帯の中のどこか便利な2時間（それは当事者間の協議によって定める）という形で考えられていたもの[22]が、その後の事情の急な変化（例えば、ある時間帯中の便利な2時間ということでは、当事者間で特定の時間帯を協議によって定めることができないほど、当事者間の関係が悪化してしまったこと）のため、それが、午後2時〜午後4時といった時間帯の形で考えられることになるかもしれないのである。

**家事事件でも要件事実論は有用**

今述べたことを含め、これまでいろいろと述べてきたことに照らして考えれば、民事訴訟における要件事実論が、そのまま家事事件において通用するものではないことは間違いないが、他方、民事訴訟における要件事実論的視点（場合により、事実認定論的視点）は、家事事件の特質を考えてこれを活用する限

---

21) もちろん、家事事件においても、例えば離婚関係事件、遺産分割関係事件などにおいて、過去に特定の不貞の事実があったか、誰が特定の土地をいつ誰から買ったかなどという一定の事実の存否が問題になることがあるのは当然である。しかし、まさに家事事件における、民事訴訟における要件事実と異なった特徴を有する要件事実として注目すべきは、本文記載のようなものである、と考える。

22) 現在の実務では、面会の頻度のみを基本として定めて、面会時間・時間帯などは当事者間の協議によるものとする例も多いと思われ、それが可能な当事者間の関係が存在すれば、もとより、それはそれでよいことである。ただ、今後、当事者の権利意識の変化などもあるであろうから、そうした点はなお十分に注視をしていく必要があると考える。

りにおいては、一定の有益な視点を提供するものであることも間違いないものと考えられる。

## 第2節　家事事件における主張事実と認定事実との同一性[23]の必要【2-8-2】

　家事事件における要件事実の考え方については、前記【2-8-1】「家事事件と要件事実論との関係についての検討」204頁以下）において、すでに詳しく述べたところであり、繰り返す必要はないが、その最重要な骨子の1つは、前記【2-8-1-4】「おわりに」家事事件における要件事実の特徴——ある程度の幅を持った判断の可能性（225頁）において述べたように、比喩的にいえば、民事事件においては、一般に、特定の要件事実と特定の法的効果の発生が、いわば一対一で結びついた形で対応しているといってよいのに対し、家事事件では、広狭ないしは濃淡のある評価根拠・障害事実（要件事実）があり、それに応じて、それに対応した程度の法的判断（評価）があるという形で結びついている（さらにいえば、要件事実は細部にわたる法的判断の内容を規定しないこともあるのであって、それで不都合はない[24]。）、というべきであるということである、と思われる（この点に関連して多くの検討すべき問題が生ずる）。

### 山本和彦教授意見

　まことに残念なことには、以上で骨子として述べた点について、畏敬する山本和彦教授と最後まで、次に述べるような意見の食い違いが残ってしまった。山本教授は、家事事件においても、同教授のお考えになる、民事事件における総合判断型における判断の構造（ここでは、事実認定の対象になる事実について主張責任があること——同事実が主張責任対象事実であること——を明確に認められる）とまったく同旨が妥当する（下線は筆者が付した。ただし、家事

---

23)　この「同一性」という考え方は、幅のあるものであることに留意しなければならない。それを、いわば物理的に細部にわたってまで寸分違わないことのように思うと、大きな誤解につながる。この点については、本節末尾から3番目の段落（230頁）の説明参照。

24)　この点については、前記【2-8-1-4】「おわりに」（224頁以下）で挙げた面会交流の時間の設定の仕方（例えば、実務でされていると考えられる、午後という時間帯の中での「当事者間の協議によって定める時間とする」といった仕方）を見ても明らかであると考える。筆者は、研究会の席上でも、「家事では要件の場合も効果の場合も、細かい部分までは要件事実がきっちりしていない」という発言をしていて、そうした考えを明らかにしている（『家事事件の要件事実』76頁）。

228　第２部　具体的紛争の解決

事件においては、上記のような主張責任対象事実を認められるわけではない）とされている。ギリギリ審理終結の段階において具体的に定まった、その段階における要件事実（まさに、その段階で立証の対象として定まった、その要件事実[25]――後に問題となる「ある当事者が5,000万円の預金を有していること」というのは、「要素」ではなく「事実」である、と筆者は考える）について証明がなくても（事実の証明があったもの、不十分なもの、不明なものなど、どのようになっても）差し支えはなく、そうしたあるがままの事実状態を前提として法的判断をすればよいと考えるべきであって、この要件事実について立証責任を観念するとオール・オア・ナッシングの判断になって不当である、といわれる[26]。

### 私見

　研究会の席上、筆者が前記のような山本教授の見解に賛成できないとして、要件事実を、5,000万円の預金の存在という形で固定して考えるべきではなく、3,000万円、2,000万円などいろいろな状態の預金の存在（場合によっては、預金の存否が不明な状態）を想定した柔軟な要件事実を考えるべきであり、それぞれの、そうした要件事実を前提とした法的判断をすべきであると述べたのに

---

25)　山本教授は、「事実（要素）」という表現も用いられ（山本報告『家事事件の要件事実』120頁）、その趣旨が必ずしも明確ではないのであるが、研究会の上記意見交換の段階における筆者の指摘にお答えになって、「伊藤先生がいわれるように、訴訟手続を進めていって最後の段階では何らかの要件効果型のルールといいますか、そういうものが固まっていくということはありうるだろうというふうには思っています。」（同書11頁）と述べられるので、こういうような審理の最終段階で、何らかの具体的な事実が要件事実として定まることを肯定しておられるのではないかと思われる。
　　評価的要件に関係する評価根拠事実や評価障害事実に関して、事前にいろいろな組み合わせをすべて考えて要件化することは困難であるとしても、このギリギリ審理終結の段階では、さまざまにフィードバックしながら、結論を出すための具体的要件のあり方を決めざるをえない（それは可能であるし、現実の裁判において、そのようにされているはずである）。しかしながら、もしも、山本教授が、この最後の段階でも、一種の「要素」（例えば、年齢・職業・資力など）を認めるだけで、「事実」（例えば、「ある当事者が5,000万円の預金を有していること」）という形では考えないといわれるのであれば（そうはいわれないはずであるが）、それは、審理の最終段階においても、当事者の攻撃防御の対象としての要件事実を考えず、しかも、その事実認定の態様も自由であるということを認めることを意味し、手続保障の面で大きな疑問が生ずることとなる。
26)　研究会における山本発言『家事事件の要件事実』9頁以下、山本報告『家事事件の要件事実』118〜121頁。そして、山本教授は、遺産分割事件において、例えば、「ある当事者が5,000万円の預金を有していること」という事実を要件事実の１つとして考え、かつ、それを固定したものと考えて、その上で、事実の証明がさまざまになるという状態を想定として考えられる（山本報告・同書120頁）。

対して、山本教授は、5,000万円の預金の存否というのは例が悪かったので、「5,000万円のダイヤモンド１個の存否」という不可分な例を挙げて、説明を補充されるが、このように例を変更することによっては、同教授の理論の本質的な部分を正当化することは困難ではなかろうか。なぜなら、預金5,000万円の場合と異なり、当該ダイヤモンド１個を3,000万円、2,000万円などと分けることは不可能であっても、そのダイヤモンドの存在については、その存在の蓋然性・相当程度の可能性・ほんの少しの可能性があること、さらには、その存在が存否不明であることなど、その多様な態様を考えることができるのであって、ギリギリ審理終結の段階において、そうした状態を想定した柔軟な要件事実を考えることによって、これに対応できるから、この場合であっても、立証責任を考えること（もとより、可能性自体は、厳密には可能性の評価根拠事実からの法的判断というべきものである）によって、決して、山本教授のいわれるようなオール・オア・ナッシングの解決しかできないわけではないからである[27]。

　こうした意見に対して可能性の存在を要件事実（換言すれば、立証責任対象事実）として考えるというのは奇妙な考え方であるとの疑問が出されることは容易に想定されるところであるので、筆者は、そのことを考えて、前記注15とその本文において、「ある事実が相当程度存在する可能性があること」（これを簡単に「相当程度の可能性の存在」といっても意味は変わらない）を一種の立証責任対象事実として考えることができるかを検討すべきであることだけを指摘し、伊藤『事実認定の基礎〔改訂版〕』とそれ以外の参考文献を挙げておいたが、ここでは、その点について少しだけ説明を補充しておきたい（詳細はそうした文献を参照されたい）。

　それらの参考文献では、「相当程度の可能性の存在」といった考え方が詳しく検討されており、そこでは、そうした可能性の存在を認めた（同可能性が証明された）と判断したと考えられる最判平成12・9・22民集54巻7号2574頁も、認めることはできない（「相当程度の可能性の存在が証明されたということはできない」という表現で判示している）とした最判平成17・12・8判タ1202号249頁も紹介されている。これらの各最判の判断の仕方は、「相当程度の可能性

---

27)　研究会席上での以上の趣旨の意見交換の内容については、『家事事件の要件事実』6〜11頁（「5,000万円のダイヤモンド１個の存否」の例は11頁）参照。

の存在」を一種の立証責任対象事実とした（立証責任対象事実としては、もとよりその評価根拠・障害事実を考えるべきである）上で、その事実の存在が証明された場合と証明されたとはいえない場合（いわゆる存否不明の場合）とで、事案についての結論を異にしている。私見も同旨であって、そうした判断の仕方がおかしいとはいえないと考える。

　次に、民事訴訟において、主張事実と認定事実の同一性と、ときにいわれる問題（正確には、どのような事実を当事者が主張していると考えるべきかという問題、すなわち主張事実の同一性の問題）を説明しておかなければならない。最判昭和32・5・10民集11巻5号715頁の判示するように、「当事者の主張した具体的事実と、裁判所の認定した事実との間に、態様や日時の点で多少のくい違いがあっても、社会観念上同一性が認められる限り、当事者の主張しない事実を確定したことにはならない。」（そうした同一性が認められる限り、その認定した事実について当事者の主張があると考えてよい〔23頁以下参照〕という趣旨の判示である、と筆者は考える）。これは、直接には民事事件においていわれることであって、家事事件においていわれる裁量の統制の問題とは関係がない。このような主張された事実の同一性が認められるかについては、家事事件というものの特質（それについては、前記【2-8-1】「家事事件と要件事実論との関係についての検討」〔204頁以下〕参照）を考えて、柔軟に考える必要性がある。しかし、あくまで主張事実の同一性という枠を外れて判断することは許されない。山本教授の見解では、民事事件においても、家事事件においても、主張された事実と認定事実（証拠によって認定されたあるがままの状態の事実状態）との間の同一性については、こうした枠による制限はないことになる（前記注25・26とそれの付された本文参照）ので、場合により結果が私見と異なってくるであろうことに留意すべきである[28]。

　確かに、家事事件においては弁論主義の適用はない（「主張」という観念がないことを意味するわけではないことも、研究会では異論がなかったと考える）が、研究会で異論なく強調されている手続保障の観点からいっても、ギリギリ審理の最終段階において当事者が主張し、かつ、裁判所も同じように認識

---

28)　ここで「同一性」の問題について詳論はできないが、民事訴訟における問題としては、司法研修所編『増補　民事訴訟における要件事実　第1巻』（法曹会、1986）13頁の説明が参考になる。

していることを当事者に示した（この「示した」という点が、もしも現在の実務では不十分であるとすれば、できる限りそうすべきではなかろうか）要件事実と同一性のある事実の認定の上に立って、法的判断がされる（こうしたことが順守されてこそ、当事者と裁判所の認識の共有[29]ということの実質的意味があるのである）ことがきわめて重要である、と考える。もちろん、それだけで手続保障として十分か、裁量の統制は十分かという問題が解決するかはなお検討を要するところである（だからこそ、筆者も前記【2-8-1-2-2-(5)】「裁判所による裁量的判断」〔219頁以下〕において、きわめて困難な問題であるとしながら、裁量性の問題を論じているわけである）。

　研究会における他の参加者の方々のお考えについてであるが、杉井静子報告・近藤ルミ子報告は、主張立証という表現を使用されていて、主張の対象事実と立証の対象事実とは同一であるとされるように思われる。垣内秀介報告は、「法的観点指摘義務の機能としては、主として、それによって特定された直接事実ないし要件事実を対象とした攻撃防御の機会を十分に保障することが想定されていることになる。」（『家事事件の要件事実』140頁）と述べられること、垣内報告・同書141頁注53における山本説の取り上げ方などから、要件事実とは異なる事実の認定を認めることについて消極的であるように思われる（各位の「家事事件要件事実研究会を終えて」[30]においては、研究会での議論を踏まえて、より明確な考えが明らかになる可能性もあるのではなかろうかと、研究会当時は考えたが、そこにおける各意見についても、本書の執筆に当たって、新たに言及するまでの必要はない〔上記各報告の基本的趣旨の変更はない〕ように思う）。

---

29）「当事者と裁判所の認識の共有」ということの重要性については、一般論として研究会において異論はなかった。そして、今論じている問題について直接関連して、そのことに言及したものとして、例えば、伊藤発言『家事事件の要件事実』8〜9頁参照。
30）　各位の「家事事件要件事実研究会を終えて」という論稿は、『家事事件の要件事実』187〜209頁に登載されている。こうした論稿は、研究会終了後にそれぞれの執筆者が執筆し、互いに閲読して反論するという機会はない性質のものである。

232　第2部　具体的紛争の解決

# 第3節　請求原因説と抗弁説
## ──面会交流の事件に関連して【2-8-3】

### 理論上の対立

　この問題に関して、杉井静子説と近藤ルミ子説とは、その報告論文で見る限り明らかに、その立場は違うし、研究会の席上でも、その違いは、この問題についての意見開陳の当初の段階（『家事事件の要件事実』47〜49頁）では明らかであった。すなわち、杉井弁護士は、「要件事実としていうならば、面会交流を求める申立人は、子の利益にかなう面会交流を裏付ける事実として、申立人とそしてその子供とが面会交流するのがその子供にとって健全な成長にとって不可欠であることなどをきちっと要件事実として主張すべきである。その上で、今度それに対してどうして会わせられないかというふうになったときに相手方のほうからまだまだ子供がいまだに恐怖心をもっているなどの子の不利益に関係する事実を主張する。私はそこは抗弁事実だというふうに認識している。」旨を明確に述べておられる（その際、同旨を記載した杉井報告『家事事件の要件事実』151〜152頁の記載にも注意してほしいと述べておられる）。もとより、杉井弁護士は、面会交流を求める当事者が、非同居親であるというのみで、面会交流が認められるのが原則であるなどとは考えてはおられない（その点は、筆者が、研究会の席上で、確認をしているところである。『家事事件の要件事実』68頁）。

　これに対し、近藤弁護士（元東京家裁判事）は、非同居親であるということだけで、原則として、面会交流が認められ、それが子の利益を害する特段の事情（いわば抗弁事実）が認められるときに限って、例外として、面会交流が否定されるという考え方である（近藤報告『家事事件の要件事実』173〜174頁。近藤発言・同書47〜49頁）。裁判所における実務がその趣旨で運用されており、それが妥当であると山本佳子氏（東京家裁家事調停委員〔研究会当時：東京家裁次席家裁調査官〕）も、人間関係諸科学の専門家である家裁調査官の立場から述べられる（同書51頁）[31]。

---

31)　この両説の対立に関しては、実務が上記の通りであるからといって、それが当然に正しいと断定することも困難ではないかと思う。現に、西希代子教授は、子の利益とは何かを考えるについて

第8章　家事事件が問題となる事案　　*233*

### 実務上で両説の違いの持つ意味（杉井説・近藤説）

　ところが、筆者が、上記杉井説を請求原因説、上記近藤説を抗弁説と名づけて、請求原因説を採る場合には、まず請求原因事実の正当性が明らかにならない限り、抗弁事実の存在について考える必要はないと述べたところ、近藤弁護士のみならず、杉井弁護士も、実務では、請求原因事実も抗弁事実も一緒に同時に問題となるのであり、私見のように分けて考えるのではないとの意見を述べられたところから、筆者は、上記のように順序づけた審理を前提とする私見を、実務の現状に反するという理由で、その限りでは撤回した（『家事事件の要件事実』62〜63頁）。その結果、その点に関しては、子の利益になることも不利益になることも、総合判断の形で行うのだというところに議論の流れがいったように感じる。

　そこで、筆者としては、筆者が訂正したのは、審理を区分して順序立ててやることに関する部分を撤回したのみで、面会交流を認めるためには、非同居親であるということのみでは不十分であり、これに加えて、面会交流を認めることが子の利益になるとの、何らかの具体的事実の存在も必要であると考えるのか、そうではなく、面会交流を認めることが、非同居親であるということさえ明らかになれば、それで原則として、子の利益になると考えるのか、という立場の違いは、上記両説の間には存在することを強調したのであった。その点について、総合判断した場合にも、両説の違いが出るのではないかとの垣内教授の適切なご発言（『家事事件の要件事実』63頁）もあったが、議論全体の流れとしては、上記両説の違いが鮮明にならないまま、終わってしまった、という感じが強い（上記全体の議論の様子については、『家事事件の要件事実』47〜68頁）。

### 実務上で両説の違いの持つ意味（私見）

　そこで、筆者は、ここで改めて、両説の違いは、総合判断という形で判断をするときにおいても、最終判断をするときにおいて、全体として、申立人が非

---

慎重な考え方を提示されており（『家事事件の要件事実』50頁）、その考え方いかんによっては、本文で現在の実務の運用とされるやり方に疑問をもつ上記の杉井弁護士のような考え方があっても、それを当然に不相当とはいえないのではなかろうか。2011年の民法改正前の、やや古いものではあるが、河村浩（判事）「家事事件における『説得の基礎』──要件事実論・事実認定論を手掛かりに」判タ1151号（2004）42頁のように、請求原因説を採るものもあるのである。

234 第2部 具体的紛争の解決

同居親であるということのほかに、子の利益になるとの事実関係が認められるという証拠状況にならなければ、面会交流を認めることはできないのか、申立人が非同居親であることさえ認められれば、面会交流を認めることが子の不利益になるとの事実関係が認められるという証拠状況にならなければ、面会交流を認めることができるのか、という形で現れるのであるから、審理の順序を区別しないとの実務の上記運用の現状だけで、決して問題が解決されたことにはならない、ということを強調しておきたい、と考える。

これに加えて、上記実務の運用についても、若干の改善の余地があるように思われるので、その点についても述べる。

まず、現在の実務の運用とされる前記の現状と異なり、面会交流を認めるためには、非同居親であるということのみでは不十分であり、これに加えて、面会交流を認めることが子の利益になるとの、何らかの具体的事実の存在も必要であるとする立場（前記請求原因説）を採るのであれば、審理のある段階で（それは審理の冒頭に近い場合にもあり得る）、請求原因事実を認めることができる可能性がないといえる証拠状況になった場合には、それ以上、抗弁事実についての審理を継続して、その存否を確定しようとする必要はない、と考えるべきである。この段階で、申立ては棄却されるべきである。抗弁事実の存在が確定しても、同事実の不存在が確定しても、同事実が存否不明になっても、結果に影響はないからである。

次に、現在の実務の運用とされる前記の現状のように、面会交流を求める申立人が非同居親であることのみで、原則として面会交流を認めるべきであるとの立場（前記抗弁説の立場）を採るのであれば、審理のある段階で（それは審理の冒頭に近い場合にもありうる）、抗弁事実（面会交流を認めることが子の不利益になる特段の事情）を認めることができる可能性がないといえる証拠状況になった場合には、それ以上、抗弁事実についての審理を継続して、その不存在を確定したり、その存否不明の状態を確認したりする必要はない、と考えるべきである。この段階で、申立ては認容されるべきである。さらに審理を継続して、抗弁事実を認めることができない理由が、以上のどちらの理由によるものであるかを確定してみても、抗弁事実を認めることができないことに変わりはなく、結果に影響はないからである（もとより、上記の「可能性がない」

との判断は、家事事件の特質に照らし、事案の実情を深く洞察して、慎重にされなければならない〕。

研究会の席上で述べられた口頭の意見では、杉井説も近藤説も、実務においては、請求原因事実も抗弁事実も同時に主張されるとされたことから、筆者は、私見（請求原因に当たる事実が立証されなければ、それ以上、抗弁事実を考える必要はないとの、順序づけた審理を前提とする意見）を、そうした実情に合わないとして、その限りにおいて撤回した。しかし、上記理論上の両説の違いは、あくまで存在するのであるから、実務においても、その運用の仕方によっては、実務の運用に改善の余地があるとして、この直前に述べた私見が意味を持つこともあり得るし、最終的総合判断の段階においては、異なる結果となる場合があることは明らかである（研究会の席上の垣内発言とこれに対する筆者の説明『家事事件の要件事実』62～63頁参照）。

要件事実に関するこの両説の違いは、以上のように、単に理論的違いだけではなく、事件の実際の取り扱いの上においても、重要な違いをもたらすものであることを忘れてはならない、と考える。

# 第4節　現状と展望【2-8-4】

## 第1　その後の家事関係法の改正と要件事実論【2-8-4-1】

民法の親族法・相続法関係部分は、家事関係法ということができるが、その部分に関する重要な改正（家事審判法の改正もある）としては、民法及び家事事件手続法の一部を改正する法律（平成30年法律第72号）が2018年7月6日に成立し、2020年4月1日までに、すべて施行されている。

同改正法による改正の趣旨は、国会提出時の法律案提出理由によれば、「高齢化の進展等の社会経済情勢の変化に鑑み、相続が開始した場合における配偶者の居住の権利及び遺産分割前における預貯金債権の行使に関する規定の新設、自筆証書遺言の方式の緩和、遺留分減殺請求権の金銭債権化等を行う必要がある。」ためである（遺留分減殺制度の改正については、言及されることが比較的少ないようにも思われるが、それについても重要な改正がされている[32]ことを重要な改正がされている ことを見落としてはならない）。

このように非常に重要な改正であるが、家事事件手続法に関しては、上記民法の改正に伴い、必要な家事事件の手続に関する改正を行うものであって、前記第1節〜第3節において論じているような問題とは、関係がない。

周知の民法（債権関係）改正法（平成29年法律第44号）は、もとより大改正であるが、家事関係法としてみると、前記第1節〜第3節において論じているような問題とは、関係がない。

### 法制審議会における審議状況と改正法

法務省ウェブサイトによると、法務大臣から、「父母の離婚に伴う子の養育への深刻な影響や子の養育の在り方の多様化等の社会情勢に鑑み、子の利益の確保等の観点から、離婚及びこれに関連する制度に関する規定等を見直す必要があると思われるので、その要綱を示されたい。」との諮問第113号が発せられ、2021年2月10日開催の法制審議会第189回会議に付されて、その後、同年3月から同審議会家族法制部会で審議がされてきた。その後中間試案の取りまとめも行われた後、2023年8月29日開催の家族法制部会第30回会議において、「家族法制の見直しに関する要綱案の取りまとめに向けたたたき台」 家族法制部会資料30−1 （後記「たたき台(1)」）が出され、その補足説明付きのもの 家族法制部会資料30−2 も出されている。

そこでの論点は多岐にわたり、かつ、多様な意見があり得ることが理解でき、とても今の段階で、これまでに扱ってきた面会交流の問題について具体的指針を得ることは難しいようにも思われる。ただ、同たたき台(1)（5頁）第4「親子交流に関する規律」1「子と別居する親と当該子との交流」(1)に記載されているように「子の利益を最も優先して考慮しなければならない」、また、上記補足説明2頁3、4行目のいうように、「子の利益の観点を中心に置いた議論をすることが重要であると考えられる。」ことは間違いのないところであろう。

また、同たたき台(1)（5頁）第4「親子交流に関する規律」2「裁判手続における親子交流の試行的実施」(1)は、「家庭裁判所は、子の監護に関する処分の審判事件（子の監護に要する費用の分担に関する処分の審判事件を除く。）において、子の心身の状態に照らして相当でないと認める事情がない場合で

---

32) 西希代子「日本遺留分法の誕生——継受法からの脱却」法曹時報72巻1号（2020）1頁以下参照。

あって、事実の調査のため必要があると認めるときは、当事者に対し、父又は母と子との交流の試行的実施を促すことができるものとする。」と定めている。これは、従前の 部会資料29 （22頁）の第2の2(1)における「『親子交流の実施が当該子の心身に害悪を及ぼすおそれがない限り』という消極的要件について、子の心身に害悪を及ぼすおそれがない限り、原則として試行的実施をすべきであるとの誤解を与えるおそれがある」との指摘もあって、表現が改められたものである（前記 部会資料30－2 （23頁）の補足説明）、とのことである。2023年11月14日の家族法制部会の第33回会議でもこの点について議論がされた。

　以上のような審議の流れを受けて、2024年1月30日、法制審議会家族法制部会の第37回会議において、「家族法制の見直しに関する要綱案」が取りまとめられ、同要綱案は、2024年2月15日、法制審議会の第199会議において要綱として決定され、同要綱に基づく内容が、同年3月8日「民法等の一部を改正する法律案」として第213国会（常会）に提出された。同法案は、衆議院において審議の上、一部修正されて、参議院に送られ、2024年5月17日、民法等の一部を改正する法律（令和6年法律33号）として成立した（施行日についての説明は省略する）。

　本稿でこれまでに取り上げた事項（親子間の面会交流に関する事項）に関係する部分について、同法律が新たに定めた主要な部分は、次の通りである。

　「父母が協議上の離婚をするときは、その協議で、その一方を親権者と定めなければならない。」と定める民法第819条第1項を見直し、「父母が協議上の離婚をするときは、その協議で、その双方又は一方を親権者と定める。」とした。

　家事事件手続法に、（審判前の親子交流の試行的実施）第152条の3第1項（第2項、第3項は略）として、「家庭裁判所は、子の監護に関する処分の審判事件（子の監護に要する費用の分担に関する処分の審判事件を除く。）において、子の心身の状態に照らして相当でないと認める事情がなく、かつ、事実の調査のため必要があると認めるときは、当事者に対し、子との交流の試行的実施を促すことができる、」を新設した。

　衆議院における本法の修正で、本稿の視点から注目すべきことは、不本意な形で共同親権に合意させられる恐れがあり得ることに対応する措置が、附則19

条1項に「政府は、施行日までに、父母が協議上の離婚をする場合における新民法第819条第1項の規定による親権者の定めが父母の双方の真意に出たものであることを確認するための措置について検討を加え、その結果に基づいて必要な法制上の措置その他の措置を講ずるものとする。」と定められたことである。

このような制度の基礎にある考え方は、面会交流に関する前記【2-8-3】「請求原因説と抗弁説——面会交流の事件に関連して」（232頁以下）における抗弁説とは相入れにくい（非同居親との交流が子の利益を害することがあり得るとの警戒心が根底にある）もののように思われると同時に、請求原因説そのものでもなく、この請求原因説・抗弁説との関係では、そのどちらでもないいわば「総合的事情考慮説」とでもいうべきものになっているように思われる。

親子間の面会交流に関する審判事件における請求原因・抗弁となるべきものを考えるに当たっては、これまでに考えた私見の考え方と同様に、「総合的事情考慮説」のもとで、その制度趣旨を考慮して、これまでの考え方を適用して、最小限必要でかつ十分な審判の対象となる事実（すなわち、要件事実としての請求原因・抗弁となる事実）を考えればよいことになる。

<u>まとめ</u>

結局、現段階において、前記【2-8-1】～【2-8-3】における私見との関係で、基本的には、その変更を必要とするような法規の改正ないしはその明確な方向付けはないように思われる。


### 第2　その後の判例・学説の進展と要件事実論【2-8-4-2】

判例については、下記東京高決以外にも、若干の検討すべき裁判例がある（後記注33参照）。

新しい最高裁判例としては、監護親に対し非監護親が子と面会交流をすることを許さなければならないと命ずる審判に基づき間接強制決定をすることができる場合について判示した最判平25・3・28民集67巻3号864頁などがあるが、ここでの問題について直接に参考となるものではないように思う。

<u>家事事件における裁量統制について</u>

山本和彦「家事事件手続における職権主義、裁量統制、手続保障（家事法研究会（7）家事事件手続法に関する諸問題）」判タ1394号（2014）60頁以下が

あり、『家事事件の要件事実』における議論にも触れて、有意義な説明をするが、本書における要件事実論の説明に直接には関係しない、と考える。

### 面会・交流に関して

　この問題については、前記【2-8-3】「請求原因説と抗弁説──面会交流の事件に関連して」（232頁以下）で請求原因説と抗弁説について説明している。当時の実務は抗弁説であったのかもしれない（筆者は、そうした実務の状況について、前記注31において「実務が上記の通りであるからといって、それが当然に正しいと断定することも困難ではないかと思う。」などと述べ、若干の疑問を呈している。

　しかし、東京高決平30・11・20判時2427号23頁（原審・千葉家庭裁判所松戸支部平成30年（家）第233号）は、

　「父母が別居しても、子にとっては親であることには変わりはなく、非監護親からの愛情も感じられることが子の健全な成長のために重要であり、非監護親と子との面会交流が実現することにより、別居等による子の喪失感等が軽減されることが期待できるから、子の福祉に反しない限り〔下線は筆者伊藤記〕、非監護親と子との面会交流は認められるべきである。そして、面会交流の可否については、非監護親と子との関係、子の心身の状況、子の意向及び心情、監護親と非監護親との関係その他子をめぐる一切の事情を考慮した上で、子の利益を最も優先して判断すべきである（民法766条1項参照）。」と説示する。この決定登載の判例時報の冒頭コメントも、この決定の説示を肯定的に紹介し、それが、現在の一般的考え方であると述べる。このような考え方は、基本的には抗弁説に立つものと考えられる[33]。

　ただ、筆者は、実務の現状においては、同居親と非同居親との対立が激しくなり、従来の抗弁説に基づく運用に対する批判もあり、請求原因説に親和的な

---

33）　最近の裁判例としては、どの説に立っているかは別として、東京高決令1・8・23判時2442号61頁、大阪高決令1・11・8判時2447号5頁もある。

　なお、大阪高決令元・11・20家庭の法と裁判34号（2021年10月号）87頁（未成年者らとの直接交流が相当ではなく、未成年者らを撮影した写真の送付及び未成年者らに対する手紙の送付などの間接的な面会交流が相当とされた事例）及び同頁以下の解説の趣旨は、現在の家裁実務が「面会交流原則実施論」という考え方では必ずしもないことを示すものとして注目される。さらに、東京高決令4・8・18判時2555号5頁も、諸般の事情の総合的考慮をした事例といえよう（少なくとも、単純に「面会交流原則実施」を相当とはしていないと思われる）。

運用も見られる傾向があるとの話も実務家から聞いており、実務の現状を断定するだけの材料を持ち合わせてはいないが、前記東京高決平30・11・20ないし同決定についての判例時報の冒頭のコメントについては、なお賛成しきれない思いを持っている[34]。

　かならずしも新しい文献とはいえないが、次のような近藤ルミ子弁護士（元東京家裁判事で『家事事件と要件事実』に登場した方と同じ方）の次のような発言も注目されるべきである。「原則面会交流実施、つまり面会交流は原則として子のためになるものであるという考え方自体は、家裁実務は一貫しているんですね。……基本的な考え方は変わってないんです。ただ、子の福祉とは何か、子の利益は何かということについては、社会の考え方が変わってきています。それに沿って家裁実務も一般的に監護親と子の生活の平穏を重視して面会交流実施についてどちらかというと慎重であったものが、事案ごとに具体的に検討する姿勢へと変化してきたのです。ですから、面会交流原則実施が是か非かという議論はあまり意味がないように思います。[35]」

　このような考え方であれば、やや意味の採り難い点もあるものの、考え方としては筆者も違和感は少ない（具体的事案を検討する際に、評価根拠・評価障害事実をどのように考えるかが特に問題になるということではあるが）。

　元裁判官が面会交流に関して実務を踏まえて詳しく説明した有意義な書物として、松本哲弘『面会交流――裁判官の視点にみるその在り方』（新日本法規出版、2022）があるので、ここに紹介しておく。

　次に、最近の家裁実務の現状を家裁調査官の立場から詳細に分析した研究結果の要旨を示すものとして（原研究は膨大であるので）、小澤真嗣ほか「平成29年度家庭裁判所調査官実務研究（指定研究）結果要旨　子の利益に資する面会交流に向けた調査実務の研究」総研所報 16号（2020）61〜64頁を挙げておきたい。同稿の説くところの全体的趣旨は、含蓄の深いものであり、簡単にいうのは避けるべきであるが、結局は、面会交流の意義を考えるに当たっては、重要な諸般の具体的事情を慎重に検討すべきであるとするものと思われる（そ

---

34)　吉川昌寛「面会交流事件と要件事実論に関する一考察」判タ1469号（2020）36〜39頁は、実務の運用が、面会交流原則実施論であることに疑問を呈するように思われる。

35)　座談会「子どもの面会交流」LIBRA Vol.17 No.5（2017/5）6 頁左欄における発言。

して、そのような具体的事情を類型をも考えながら詳しく検討している）。前記「総合的事情考慮説」（238頁）ともいえようか。

なお、最近の学界では、面会交流権を、子の有する権利として把握する考え方もあるようであるが、そのような考え方に立った場合でも、原則としてどのような権利があると考えるべきかを、事柄の本質・実態に照らして、適切に判断することによって、すでに述べたような要件事実論の視点から適切に対応することができると考えている。

最後に、いずれも比較的最近の論文である吉川論文・前掲注34と下馬場直志「面会交流と要件事実論〜非訟事件性（後見性）、職権主義との理論的整合性等の観点から」甲斐哲彦編著『家庭裁判所の家事実務と理論——家事事件手続法後の実践と潮流』（日本加除出版、2021）129頁以下に触れておく。

<u>吉川論文について</u>

面会交流事件と要件事実論について、詳しく論じているが、筆者としては、まことに恐縮ながら、同稿においては、要件事実論がやや固定的に捉えられているように思われる。特に、家事事件の特性や実態に十分に配慮した、家事事件における柔軟な要件事実の内容の捉え方をしている私見に十分な留意がされない（筆者が強調している、そうした点に関する伊藤滋夫「家事事件と要件事実論との関係についての問題提起」『家事事件の要件事実』84頁以下における説明についての検討がほとんどない）まま、伊藤『要件事実の基礎（新版）』における、通常の民事事件における要件事実についての事実に対する悉無律（オール・オア・ナッシング）の説明や通常の民事事件における評価的要件の説明を主に引用してされる筆者の家事事件における要件事実論に対する批判については、疑問を感じる。

その辺りの吉川論文の考え方は、例えば、「要するに、面会交流事件の判断は、評価根拠事実と評価障害事実とを総合考慮して面会交流の方法や時間、頻度とが定められるといったようなシンプルなものではな」いという（35頁左欄）ところにも典型的に現れている。そして、「ある事実につき、一面では評価根拠事実的に働く要素もあり、他面では評価障害事実的に働く要素もあるといった事態すら生じ得るのである。」と述べる（35頁右欄）。

評価的要件の考え方は、さまざまに多様な状況に柔軟に対応できる考え方

（評価的要件の内容は、きわめて複雑多様なもの）であって、多様な流動的な事情が常に問題となり、個別案件による特徴があり、人間関係諸科学の知見等の活用も十分に必要な家事事件（まさしく筆者はそのように思っている）においても十分に対応可能な考え方である、と筆者は思う。ある事実が評価根拠・障害の両様に働きうることも別に異とするに足りない（その場合でも、結局どちらに働く事実かを困難ではあっても検討しなければ、例えば、「子の利益」に関する法的判断はできない。もしも〔あくまでも「もしも」ということであるが〕、完全に同じ程度に両様に働くのであれば、その事実は法的判断において、なんらかの意味を持つものとして考慮に入れることのできない事実と考えるほかはない）。「将来の予測に関する」こと（35頁左欄）であっても、評価的要件の考え方で十分に対応できる（民事訴訟においてよく問題となる「信義則」に関する評価においても、将来において当該関係者の態度がどのように変化するかなども重要な考慮要素となる）。

なお、前記【2-8-1-2-1-⑴】「はじめに」冒頭（206頁）において明言しているように、本稿は、また前記伊藤「問題提起論文」は、主として審判事件を念頭に置いて論じたものである（『家事事件の要件事実』85頁参照）ことにもご留意頂きたい。

通常の民事事件における評価的要件については、前記【2-1-2-3】「攻撃防御方法としての要件事実の種類」評価的要件（21頁以下）参照。

下馬場論文について

同論文にも、吉川論文と同様の問題点があり、その点についての同様の指摘は繰り返さないが、筆者として感じる、下馬場論文についての大きな疑問点（吉川論文にも通底する疑問点であるが）は、「家事事件の審理において主張立証責任を認めることは、……と整合しない。」（133頁）、「要件事実論（主張立証責任）を導入すること」（133頁）、「面会交流事件に要件事実論（主張立証責任）」（141頁）、「主張立証責任を観念した当事者的な手続的運営」（141頁）、「当事者主義的な主張立証責任を取り入れた手続運営」（141頁）という、繰り返してみられる表現に表れている思考方式である。

家事事件における要件事実論の有用性を説く考え方を、民事訴訟における要件事実論とまったく同じような主張立証責任論を家事事件においても説くもの

として（私見もそのようなものであるとされていると思われる）、これに強く反対していることである。筆者は、本章における説明からも十分に分かるように、そのような考え方を提唱しているわけではまったくない。

<u>まとめ</u>

結局、現段階において、前記【2-8-1】～【2-8-3】における私見との関係で、その変更を必要とすると考えられるような、その後の判例・学説の動向はないように思われる。

# 第3部

## 要件事実
## （立証責任対象事実）
## 決定の理論〔3〕

246 第3部 要件事実（立証責任対象事実）決定の理論

---

# 第1章
# はじめに【3-1】

---

　「はしがき」で述べたように、本書では、なんらかの既成の理論を「総論」としてまず学び、その理論を「各論」としての具体的事例に当てはめて解決していくという過程ではなく、具体的紛争の解決を考えることによって、民事訴訟において有用な理論を修得するという過程を重視している。

　とはいえ、第2部の第2章以下で問題とする「事実関係の概要」に現れる具体的紛争の解決を図るためには、そのために最小限必要な約束事を知らなければならない。そこで、まず、前記【2-1】「民事訴訟の基本的構造とその実際において重要な基本的用語」（16頁以下）において、そのような事柄を簡潔に説明した。

　そして、そのような趣旨で、前記【2-1-2-2】「要件事実」（17頁以下）においては、分かり易い説明として、具体的イメージに基づく説明をした上、「『要件事実』というものは、表現を変えれば、民事訴訟の場においては、そうした法律効果が発生すると裁判所によって認められるために、その法律効果の直接の根拠として、立証（通常の民事訴訟においては、「弁論主義」といわれる考え方が採用されているため、立証だけでなく当事者によって主張も）されなければならない事実、すなわち、立証責任対象事実（弁論主義が働く訴訟においては、主張立証責任対象事実）であるわけである。こうした主張立証責任対象事実とは、ごく簡単にいえば、その事実が主張立証されないと、それを根拠とする法律効果が認められないという不利益を受けることとなる事実である。」と説明した。しかし、この説明では、用語としての「要件事実」の意味をその結果としての機能から説明しているだけであって、そのような「要件事実」というものをどのような考え方を基礎にして、どのような基準で決定するかを説明はしなかった。そこでは、「この『要件』（入れ物）をどのような形で考えるかということが重要な問題であるが、そのことは、まずは、第2部『具

体的紛争の解決」において、具体的紛争の解決の過程において修得するように努めて頂きたい。その理論的説明は、後記【3】『要件事実（立証責任対象事実）決定の理論』において説明することにする。」(18頁) としていた。

そこで、ここでその点について説明をする。

248 第3部 要件事実（立証責任対象事実）決定の理論

# 第2章
# 裁判規範としての
# 民法説の中核をなす考え方〔3-2〕

　以下の考え方は、裁判規範としての民法説といわれる考え方（私見）による
要件事実の決定基準に関する中核をなす考え方である[1]。この考え方は、要件
事実論に汎用性を与える基本となる考え方であって、きわめて重要な考え方で
ある。

　民事訴訟において、要件事実論の考え方は、必ず必要である（このことは、
前記【2-1-1】「民事訴訟の基本的構造」（16頁）における説明から明らかで
あって、その理由をここで繰り返す必要はないであろう）。そうなると、この
ような要件事実をどのような基準で決定するかが重要なことになる。その方法
を次に述べる。

　基本的な原理となる方法は、課題となる問題（例えば、債務不履行）の本質
を考えて、その問題に関係する実体法の制度趣旨が、立証ということが問題と
なる訴訟の場において、最も適切に実現できるようにするために、適切な原
則・例外の規範構造を決することである。その際の具体的方法を次に述べる。

　まず、実体法（ここでは、問題となる実体法を民法とする）の当該制度の趣
旨を常に考慮しながら、立証という問題を考慮に入れないで、民法全体を体系
的に検討し、民法の規範全体のもつ相互関係を基準として、なにが原則でなに
が例外かという点に留意しながら、なにが正しい民法の規範構造かを判断する。
例えば、その規範構造は、次の⑦と①の2通りあり得る。

---

1）　この考え方の詳細は、伊藤『要件事実の基礎（新版）』126頁以下（特に229頁以下）参照。
　　裁判規範としての民法説の受け入れられ方については、同書276頁以下参照。
　　もっとも、民法におけるように実定法上の規範構造を比較的明確に判断できる法分野のみではな
　い（例えば、租税法などの行政法分野では、そうした、規範構造が、少なくとも基本的には不明確
　である）。そうした場合における考え方の基本については、拙稿ビジネス法務2020年5月号142頁参
　照。

$\boxed{ア}$ AはBに対して、Bがこの請求を妨げるいかなる権利も有しないときは、〇〇を請求する権利を有する。$\boxed{イ}$ AはBに対して〇〇を請求する権利を有する。ただし、Bが△△の権利を有するときは、この限りでない。

その次には、そのようにして決まった民法の規範構造を、立証の困難性を考慮に入れてもなお維持できるかを検討する。要件事実（ここでは、立証責任対象事実といったほうが分かりやすい）の決定のための最終的基準は、立証の公平（立証責任の負担の公平と同じ意味である）に適うことであり、そうするためには、当該実体法である民法の制度趣旨が、立証ということが問題となる訴訟の場において、最も適切に実現できるようにすることが必要である。したがって、前記の第1次的にした検討の結果がそのままでこの最終的基準に適合するときには、前記民法の規範構造を維持して立証責任対象事実を決定するが、前記の第1次的にした検討の結果がそのままではこの最終的基準に適合しないときには、前記民法の規範構造を、立証の困難性を考えて、当該民法の制度趣旨を訴訟の場において最も適切に実現できるように変更し、そのように変更された民法の規範構造に従って立証責任対象事実を決定することになる。

すなわち、仮に、まず前記の第1次的にした検討の結果が$\boxed{ア}$の規範構造であったとして、もしも、この規範構造が、立証の困難性を考えて、前記趣旨に適うために、$\boxed{イ}$の規範構造に変更すべきであるときは、$\boxed{イ}$の規範構造に変更して考え、これに従って、立証責任対象事実を決定することになる。逆に、仮に、まず前記の第1次的にした検討の結果が$\boxed{イ}$の規範構造であったとして、もしも、この規範構造が、立証の困難性を考えて、前記趣旨に適うために、$\boxed{ア}$の規範構造に変更すべきであるときは、$\boxed{ア}$の規範構造に変更して考え、これに従って、立証責任対象事実を決定することになる[2]。

---

2) このような立証責任対象事実の決定基準についての以上のような説明及び具体例による検討としては、伊藤『要件事実論の総合的展開』4頁以下参照。

250　第3部　要件事実（立証責任対象事実）決定の理論

## 第3章
# 修正法律要件分類説など〔3-3〕

　民事訴訟における要件事実（ここでは、直接には、立証責任対象事実）の決定基準についてはもとより前記私見以外に幾つかの考え方がある。規範説（旧法律要件分類説）、証明責任規範説、利益衡量説、修正法律要件分類説、現在の司法研修所説（かつての司法研修所説は、修正法律要件分類説であるといわれていたが、現在の司法研修所説は、私見によれば、曖昧であって、それが何説であるかをいうことは、困難である）などである。その各説の詳細な説明は、本書の刊行趣旨を超えるものであるので、筆者が、他に述べているところ[1]を参照されたい。

　ただ、現在も、通説といわれる（筆者は、そういえるかについても、強い疑問を持っているが）ことが多い修正法律要件分類説（単に、法律要件分類説といわれることもあるので、注意が必要である）については、ここで一言しておく必要があるであろう。なぜなら、修正法律要件分類説の基本にある考え方は、私見である裁判規範としての民法説とは両立の困難な考え方であるが、それにもかかわらず、修正法律要件分類説は、現実にはなお民事訴訟法の世界の中で強い影響力を持ち続けているように思われるからである。

　修正法律要件分類説とは、規範説（旧法律要件分類説）を修正した説という意味である。規範説は、民法の条文の構造（形式）のままに（例えば、旧民法415条における「債務者の責めに帰すべき事由」の条文の文言そのままに）その事実（又は、その評価の根拠となる具体的事実）を立証責任対象事実とすることになる説であり、そのように、少なくとも常に立証責任対象事実のことを考えて決められているわけではない旧民法、民法[2]の下では、成り立たない説

---

　1）　例えば、伊藤『要件事実の基礎〔新版〕』264頁以下参照。
　2）　旧民法ではなく、民法の下における、条文の構造（形式）と立証責任対象事実の決定基準との関係も、最終的には、程度の差はあるとしても、旧民法の下におけるのと変わりはない。こうした

であった。現在では、文字どおりの規範説を採る論者はいないといってよい。

修正法律要件分類説といわれる説（実は、それが正確にはどのような説がそうなのか、現状でいうのは難しいのだが）は、規範説（旧法律要件分類説）を修正した説という意味であるが、一般には、民法の条文の規範構造を基本的には尊重しながら、それでは結果として適切な決定基準とならない場合に、多様な基準でそれを修正して考える説である、ということができよう[3]。

---

点については、伊藤編著『新民法の要件事実Ⅰ』序章第２「新民法（債権関係）が要件事実論に及ぼす影響」２頁以下〔伊藤滋夫〕参照。

3）　修正法律要件分類説の詳細については、伊藤『要件事実論の総合的展開』９頁以下、拙稿ビジネス法務2020年９月号153頁以下各参照。

## 第4部

# 要件事実の考え方の汎用性
——知的財産法における要件事実
を題材として〔4〕

# 第1章
# はじめに【4-1】

　すでに（前記【3-2】「裁判規範としての民法説の中核をなす考え方」〔248頁〕以下）述べたように、要件事実（立証責任対象事実）の決定基準として、基本的原理となる方法は、課題となる問題（例えば、債務不履行）の本質を考えて、その問題に関係する実体法の制度趣旨が，立証ということが問題となる訴訟の場において，最も適切に実現できるようにするために、適切な原則・例外の規範構造を決することである。この原則となることが当該制度の本質となる部分であり、例外となることは、その段階では、当該制度の本質とはならない部分である[1]。

　このような考え方によれば、要件事実の決定基準となる考え方（以下単に「要件事実の考え方」という）は、その考え方の原点となっている民法とは異なる法域の多様な実体法（例えば知的財産法）にも通用する性質を有することになる。課題となる問題の本質を考えるということは、どの法域における実体法においても可能であり、かつ、必要なことであるからである。これは、民法とは異なった法域における多様な実体法においても要件事実の考え方が同様に通用するという意味において、要件事実の考え方に汎用性があることを示していることになる。

　そしてさらに、ある法域（例えば知的財産法）において、異なった種類の法律（例えば特許法、著作権法、商標法）がある場合においては、それら異なった種類の法律において課題となる問題の本質を考えることによって、当該法域

---

1）　しかし、原則に対して最初に例外とされたものについて、次の例外を考えるという段階になると、最初に例外とされたものの本質的部分とはならない部分が、さらに次の例外となることになる。こうした関係は、理論上はさらに続いていくという関係になる。この点はなかなか理解が困難な点であるが、そのような関係は、請求原因と抗弁、抗弁と再抗弁などの関係において具体的に表れるので、その点に関する具体的説明（前記【2-1-2-3】「攻撃防御方法としての要件事実の種類」〔18頁以下〕）を見ると理解がしやすいと思う。

に属する法律において共通する本質（そのような法律の特質・特徴）はなにか
を見出すことができるはずである。これは、ある法域における異なった種類の
法律において要件事実の考え方が同様に通用するという意味において、要件事
実の考え方に汎用性があることを示していることになる。

　以下では、要件事実の考え方が上記2つの意味の汎用性を有することを例証
するものとして、民法とは異なる法域に属する知的財産法の分野における異
なった法律（特許法、著作権法、商標法）について、ある程度具体的に検討す
ることにする[2]。

---

　2）　以下の説明は、伊藤『要件事実論の総合的展開』97〜99頁と同旨である。それ以上に、特許法、
　　著作権法、商標法の各法についての具体的な説明は、同書99〜132頁参照。

256 第4部 要件事実の考え方の汎用性

## 第2章
# 知的財産法の各法域に共通する 本質的考え方〔4-2〕

　以下に述べる私見のような考え方をすることによって、知的財産法の各分野にある困難な問題を通じて、一貫した理論的説明をすることが可能になり、そのことによって、従来されてきた説明の不相当性が明らかになったり、従来気づかなかった問題点の発見につながったりすることがあるように思う。

　本稿は、知的財産法（ここでは、不正競争防止法を含まない意味で使用しており、かつ、実際に検討している対象は、特許法、著作権法、商標法のみである）では、多様な技術的区別はあるものの、知的財産法すべてに共通の基準は、ある意味での「新しさ」（「新規性」、「進歩性」などという既定の用語は、それに特有の既定の意味がある[1]ので、これらをあえて使用しない）の存在ではないかと考えた上、その「新しさ」を要件事実の考え方の中核をなす考え方である、原則（本質）・例外（その段階における非本質）の考え方に従って検討するものである。

　前記の「新しさ」という考え方が、特許法・著作権法・商標法のいずれの分野についても、基準となりうることを次に述べる。

### 特許法について

　特許は「発明」というものがあってはじめて、それについて観念しうる（特許法29条）ものであるから、特許は、この「新しさ」があることを本質的要素とすることに問題はない。

### 著作権法について

　著作権については、無方式主義である（著作権法17条2項）から、著作権に特許と同じ意味での「新しさ」が必要といえるか問題がある。しかし、他の著

---

　1）　例えば、特許法29条1項、2項参照。その説明について有斐閣『法律学小辞典〔第5版〕』「新規性（特許法上の）」の見出し語の下における説明719頁参照。

作物に拠っていることがないということ（このことをどのような評価根拠事実で示すかという困難な問題がある）[2] を「新しさ」の内容と考えることによって、著作権にも、ここでいう「新しさ」があることを本質的要素とすることを肯定できる。

### 商標法について

商標については、既知で特に新規性がなく、その内容が公知のものであっても、商標として登録されてしまえば（もちろん、商標法の定めるように、その性質上登録に適しないものがある）、商標権の対象として保護されるとされている商標法（同法3条、4条参照）の考え方に照らし、商標に以上で述べてきたと同じ意味での「新しさ」が必要といえるか、一応は疑問が生じる。しかし、その内容となるものを商標として登録しても意味のないと誰もが考えて今まで登録申請をしなかったものについて、当該申請者が商標としての価値があると考えて申請すれば保護される（先願主義）のであるから、そこに、その商標を保護する価値となる「新しさ」があると考えることができよう。そして、いったん、ある内容が商標として登録された後においては、その商標との比較において、ここでいう「新しさ」が必要であることになる。

### 小括

そして、その保護される仕方は、そうした保護されるものと本質的に同一であるものの作成（使用）を、上記各権利の発生後には認めないという点で通底するものである。

### 「新しさ」の判断手法としての「本質的に同一であること」──評価的要件

このような特徴をもつ知的財産法の検討をするに当たっては、要件事実の考え方の視点からいうと、評価的要件に関する理論にぜひ注目する必要がある。知的財産法においては、「AとBとが本質的に同一である」という命題の成否が問題になることがきわめて多い。この「本質的なものである」、「同一である」という命題（そして当然のことながら、その複合命題である「本質的に同一である」という命題）は、典型的な評価的命題であり、この命題を要件の内

---

2) その正確な意味については、伊藤『要件事実論の総合的展開』第4章第1節第4「著作権法における翻案権と依拠性に関する要件事実の構成」（109頁以下）における説明参照。

258 第4部 要件事実の考え方の汎用性

容とするものは、評価的要件である[3]。

　評価的要件に注目する場合においては、当然のことながら、評価的要件を構成する評価根拠事実と評価障害事実という考え方に注目する必要がある。 a ＋（プラス） b （いずれも、評価根拠事実）という構造で考えるか、 a （評価根拠事実）←（マイナス） b （評価障害事実）という構造で考えるかは、その各事実の存否不明の場合を考えると訴訟においては非常に重要なことである。このことは、例えば、著名な最判平成10・2・24民集52巻1号113頁（ボールスプライン事件）の均等論における複雑な要件をどのように階層的に考えるべきかを思うだけでも明らかなことではなかろうか。

　筆者は、以上のような基本的考え方に立って、知的財産法の異なる分野の諸課題を評価的要件の考え方で整合的に説明することができる、と考えている。その分かり易い一例として（前記「均等論」についてはやや難解な詳細な説明を要する）、商標法4条1項の場合がある。同項が変則的評価的要件であると考えると、その10号～14号と15号との関係が、前記「新しさ」の視点から分かり易く適切に説明できる。

　商標法4条1項15号が総括的規定であり、10号～14号がその典型的例についての個別規定であることは、ここでの変則的評価的要件の基礎になる考え方であるが、そうした考え方は、なにも筆者独自の考え方ではない。最判平成12・7・11民集54巻6号1848頁〔25〕（レールデュタン事件）の調査官解説658頁〔髙部眞規子〕は、「商標法4条1項は、典型的に混同を生ずるおそれのある例を具体的に規定し（10号ないし14号）、それ以外で混同を生ずるおそれがある商標について登録を排除するため、一般条項ないし総括規定として、15号を設けている。」と述べる。

　そうであるとすれば、10号～14号に一応該当する場合であっても、15号の趣旨に照らし例外的に、そうでない場合が出てくるはずである、と筆者は考える。しかし、このような発想は、この「解説」では、まだされていないように思われる（10～14号における文言は15号と同一ではなく、15号の方がより本質的であるのに）。10号～14号との関係で15号に言及する基本的趣旨は、15号が制度

---

3）　評価的要件についての基本的説明は、前記【2-1-2-3】「攻撃防御方法としての要件事実の
　　種類」評価的要件（21頁以下）参照。そこで変則的評価的要件についても説明している。

趣旨の本質を示す意味を持つ規定であると考えるべきであり、そのような視点を持つことが、10号～14号と15号との関係を正当に理解する所以である、と考えるからである。そうすると、10～14号に一応当たるものであっても15号の本質を備えていないものは、結局は、例外として、10～14号に該当しないということに気づくはずである（ここに、要件事実の考え方の原則（本質）・例外（非本質）という考え方が如実に現れている）。そして、これが変則的評価的要件の考え方ということになる。

**典型的評価的要件**とは、評価に関する要件の内容が「過失」、「正当事由」などの評価そのものであり、その評価根拠事実・評価障害事実となる事実は法条の上には示されていないものである。**変則的評価的要件**は、評価根拠事実及び（又は）評価障害事実となる事実（商標法4条1項10～14号は事実とはいえないがこの役割をなすものである）が法条の上で定められているものである。

民法での分かり易い例として、民法770条がある。民法770条1項1号と5号の場合には、「不貞な行為があったが、その時期が10年も前の1回だけのことであって、その後、他方配偶者がそれを知りながら、それを許し円満な家庭生活を送ってきたこと」は、不貞な行為があったが婚姻を継続し難い重大な事由がない特段の事情があるときに該当する、と考えることもできよう。そう考えた場合にも、不貞な行為がなかったことになるわけではなく、それが婚姻を継続し難い重大な事由に当たらないといえると判断されるのであるというところが重要である。

商標法に関する具体的事件でいうと、最判平成9・3・11民集51巻3号1055頁〔17・三村量一〕（小僧寿し事件）の判旨（特に、解説17の379～382頁引用部分）を念頭に置いた説明が参考になると思われるので、以下にそれを試みる。

「本件は、『小僧』という登録商標を有するXが、全国規模の持ち帰り鮨のフランチャイズチェーンである『小僧寿しチェーン』に加盟するYに対して、その使用する標章がXの商標権を侵害すると主張して、標章の使用差止めと損害賠償を求めた訴訟である。」（解説17の記載による）

分かり易くするため、やや不正確になることを恐れずに、まったく簡単にいうと、たしかに「小僧寿し」の標章はXの商標「小僧」と類似している（11号該当）点もあるが、「小僧寿し」の標章によるチェーン店の営業があまりにも

260　第4部　要件事実の考え方の汎用性

社会に知れ渡っていて（取引の実情）、世間の人が一般に、「小僧寿し」の標章の対象となる商品とXの「小僧」の商標の対象となる商品とを混同するはずはなく、「小僧寿し」の標章がXの「小僧」の商標権を侵害することにはならない、と判断した（「取引の実情」という点に重点が置かれているように思われる）、と考えるのが事案の本質と商標法の制度趣旨に適合した考え方である、と思う（最高裁の判示自体は、15号に言及することなく、11号の「類似」の観念の中での解釈をしているように、少なくとも表面的には見える）。

　以上のような考え方は、本章冒頭（256頁）において述べた「新しさ」ということとの関係でいえば、「混同を生ずるおそれがあるもの」は、「新しさ」がない、ということになる[4]。

---

　4）　以上の説明は、『伊藤『要件事実論の総合的展開』113〜118頁以下、121頁以下の趣旨を要約して、説明順序なども変えて、簡単に分かり易く説明したものである。正確には、前記関係頁をご覧頂きたい。
　　　さらに、特許法・著作権法・商標法の各分野にわたって、くわしい説明は、同書99頁以下においてしている。

# 索　引

## あ行

| | |
|---|---|
| 明渡しの相手方の明示 | 181 |
| 新しさ | 256 |
| アポイントメントセールス | 112 |
| 雨漏りの状態 | 72 |
| 一応の完成 | 118 |
| 逸失利益 | 153 |
| 意味のある間接事実 | 56 |
| 違約金 | 81 |
| 違約金条項に基づく訴訟 | 78 |
| 違約罰 | 103 |
| 因果関係 | 114, 115 |
| ——についての事実摘示 | 118 |
| インターネット取引 | 79 |
| 請負契約 | 9, 106, 115 |
| 請負人の担保責任 | 117 |
| 動かし難い事実 | 26 |
| 噂の信用度 | 57 |
| 運転者の責任 | 145 |
| 「a＋b」の関係 | 124 |
| オープン理論 | 19 |

## か行

| | |
|---|---|
| 解除権を認めない定型約款 | 90 |
| 各自支払え | 150 |
| 拡大損害 | 119 |
| 家事関係法 | 235 |
| 家事事件 | 10, 204 |
| ——と人間関係諸科学 | 223 |
| ——と要件事実論との関係 | 204 |
| ——におけるある程度の幅を持った判断 | 225 |
| ——における裁量統制 | 238 |
| ——における主張責任 | 217 |
| ——における訴訟物 | 216 |
| ——における判断の構造 | 206 |
| ——における要件事実論の基本的位置づけ | 206 |
| ——における要件事実論の有用性 | 226 |
| ——における要件事実論の有用性への批判的論文 | 241 |
| ——における立証責任 | 217 |
| ——における立証責任対象事実 | 218 |
| ——における流動的な変化 | 226 |
| ——の種類の違いと要件事実論 | 223 |
| 家事事件手続法第152条の3 | 237 |
| 過失相殺 | 123, 127 |
| 形だけの売買契約書 | 162 |
| 価値の均衡 | 66 |
| 監護者として適任との判断 | 211 |
| 間主観性 | 171 |
| 完成 | 118 |
| 間接反証 | 28 |
| 間接反証否定論 | 210 |
| 企画・実施会社の責任 | 140 |
| 規範説 | 250 |
| 基本的な原理となる方法 | 248 |
| 客観性 | 171 |
| キャッチセールス | 111 |
| キャンセル料 | 81 |
| 求釈明権 | 29 |
| 業者としての信用性 | 55 |
| 共同不法行為責任 | 9, 137 |
| 共同不法行為の基礎としての一体性 | 138 |
| 共同不法行為の成立 | 153 |
| 業務に対する監督の仕方 | 155 |
| 議論の正当性 | 67 |
| クーリングオフ | 112 |
| 具体性を重視した事実摘示 | 99 |
| 具体的な規定 | 258 |
| 経験則 | 25, 57 |
| 景品表示法 | 110 |
| 契約解除の場合の違約金 | 95 |
| 契約説（意思推定説） | 84 |
| 契約内容との不適合 | 117 |
| 契約の取消権 | 111 |
| 欠陥 | 145 |
| 欠陥現象 | 75 |
| 原告勝訴の結論となる場合 | 21 |

## 索 引

原告敗訴の結論となる場合 …………………… 21
現在の給付の訴え ……………………………… 71
原状回復義務 …………………………………… 46
原則・例外（本質・非本質）という思考方式
　………………………………………………… 156
原則・例外の規範構造 ……………………… 248
限定的占有説 ………………………………… 189
権利抗弁説 …………………………………… 172
権利自白 ……………………………………… 183
広告会社の責任 ……………………………… 139
衡平 …………………………………………… 123
公平 …………………………………………… 123
抗弁 ……………………………………………… 19
抗弁と再抗弁などの組合せによる効果 ……… 20
抗弁の内容となっているか ………………… 156
ゴールド運転免許 …………………………… 133
小僧寿し事件 ………………………………… 259
異なる利害の適切な調整 …………………… 137
子の保育園の送り迎え ……………………… 208
子の利益における要件事実と間接事実の区別
　………………………………………………… 207
混同を生ずるおそれ ………………………… 260

### さ行

最近の家裁実務の現状 ……………………… 240
債権者「側」の過失 ………………………… 123
再抗弁不要説 ………………………………… 157
裁判規範としての民法説の中核をなす考え方
　………………………………………………… 248
裁判所の形成作用 …………………………… 214
債務不履行 ……………………………… 9, 105
　　──と慰謝料 …………………………… 119
裁量的判断 …………………………………… 219
　　──と事実認定 ………………………… 222
　　──と法的判断 ………………………… 222
　　──と要件事実 ………………………… 220
　　裁判所による── ……………………… 219
錯誤と詐欺 ……………………………………… 43
サブリース契約 ………………………………… 69
事案の概要 ……………………………………… 33
時期が古い ……………………………………… 62
敷地 …………………………………………… 193
事実関係の概要 ………………………………… 33
　　──による検討方法 ……………………… 35

事実的因果関係 ……………………………… 114
事実的要件 ……………………………………… 22
事実命題の持つ表示価値 ……………………… 22
執行不能 ……………………………………… 196
実施会社の責任 ……………………………… 142
実体法と民事執行法の適切な調整 ………… 199
実務上で請求原因説と抗弁説の違いの持つ意味
　………………………………………………… 233
自動車損害賠償保障法 ……………………… 144
死亡による慰謝料 …………………………… 154
死亡による慰謝料請求権の相続 …………… 154
社会通念 ……………………………………… 190
借地借家法32条1項の事情 ………………… 66
借地借家法32条の基本的趣旨 ……………… 66
釈明 …………………………………………… 29
釈明義務 ………………………………… 28, 30
釈明権 ………………………………………… 28
　　──の行使 …………………………… 54, 56
修正法律要件分類説 ………………………… 250
住宅の品質確保の促進等に関する法律 ……… 76
主張事実と認定事実の同一性 ………… 227, 230
主張事実の同一性 …………………………… 230
主張の解釈・同一性 …………………………… 23
主張立証責任対象事実 ………………………… 17
出勤簿の記載 ………………………………… 209
順次取得説 …………………………………… 186
準主要事実 …………………………………… 210
常識 …………………………………………… 190
使用者の責任 ………………………………… 142
消費者契約法 ………………………………… 112
　　──9条 …………………………… 91, 103
　　──10条 ………………………………… 91
　　──4条 ………………………………… 112
　　──との関係 ……………………………… 44
商標法 ………………………………………… 257
証明度（間接事実について） ………………… 28
証明度（要件事実について） ………………… 26
将来の給付の訴え ……………………………… 71
所有権が侵害された場合の効果 …………… 167
所有権の内容 ………………………………… 166
所有していた …………………………………… 182
知ることができた ……………………………… 54
新規性 ………………………………………… 256
信義則による後訴の排斥 …………………… 201

索　引　*263*

請求原因 ………………………………… 18
請求原因説と抗弁説——面会交流 ………… 232
請求原因と抗弁の組合せによる効果 ……… 20
制限説 ……………………………………… 173
製造業者等の過失 ……………………… 146
製造物責任法 …………………………… 145
正当性の根拠の明示 …………………… 39
正当な利益を有する第三者 …………… 173
制度趣旨による解釈 …………………… 170
選択的併合 ……………………………… 202
選任及び事業の監督についての無過失 …… 158
占有移転禁止の仮処分 ………………… 180
占有肯定説 ………………………… 189, 190
占有についての自白の成否 …………… 183
占有は評価 ……………………………… 183
占有否定説 ……………………………… 190
総括規定 ………………………………… 258
総合的事情考慮説 ……………………… 238
相当因果関係 …………………………… 114
相当賃料額 ……………………………… 67
相当程度の可能性の存在 ……………… 229
組織上の過失 …………………………… 136
訴訟上の権能の失効 …………………… 202
訴訟物 …………………………………… 17
　　　——の決定 …………………………… 36

## た行

対応債務の均衡 ………………………… 73
対抗関係に立つ関係者間の利害の実質的調整
　……………………………………………… 169
「対抗」という言葉の意味 …………… 168
第三者抗弁説と権利抗弁 ……………… 171
第三者による詐欺 ……………………… 44
第三者の範囲——賃借人は入るか …… 173
貸借型理論 ……………………………… 64
　　　——と司法研修所の考え方 ……… 65
建物明渡請求権 ………………………… 177
建物占有者による土地の占有 ………… 189
建物の所有を目的とする土地の賃借権 …… 194
建物を退去して ………………………… 191
多様な態様の要件事実 ………………… 229
遅延損害金計算のための率 …………… 52
遅延損害金請求についての実務 ……… 48
遅延損害金との関係で留意すべき債務の性質

………………………………………………… 49
遅延損害金の性質 ……………………… 48
中古マンション ………………………… 58
注文者の指図 …………………………… 121
調停の申立て …………………………… 67
直接事実 ………………………………… 208
著作権法 ………………………………… 256
直感 ……………………………………… 42
直観的な印象の意味 …………………… 42
賃借人のする訴訟告知 ………………… 179
賃借人の責めに帰することができない事由 …… 74
賃借物の一時的使用収益不能 ………… 73
賃借物の確定的使用収益不能 ………… 73
賃貸借契約 ………………………… 8, 58
賃料額と使用収益との均衡 …………… 74
賃料額の確認 …………………………… 63
賃料債務の発生 ………………………… 72
賃料の増減額請求権 …………………… 63
賃料の増減額の効果 …………………… 63
賃料不払いの主張立証不要 …………… 72
通信販売の特質 ………………………… 96
常に流動する事実 ……………………… 216
定形取引 ………………………………… 86
定形取引合意 …………………………… 86
定型約款 …………………………… 9, 78
　　　——と消費者契約法との関係 …… 90
　　　——による契約の拘束力 ………… 86
　　　——による契約の成立の特質 …… 97
　　　——の定めの新設 ………………… 85
　　　——の内容の表示 ………………… 87
定型約款準備者 ………………………… 86
　　　——の主張立証責任対象事実 …… 101
定型約款の変更 ………………………… 88
　　　——があり得ることの予告 ……… 100
　　　——の実施方法 …………………… 100
　　　——の実施対象者 ………………… 100
典型契約の種類 ………………………… 6
典型的評価的要件 ………………… 23, 259
転売禁止 ………………………………… 80
　　　——の合理性 ……………………… 92
転売禁止特約違反の違約金の定めの性質 …… 93
転売禁止特約の内容の加重 …………… 102
等価値の理論 …………………………… 75
当事者の主張の摘示の要否 …………… 157

264　索　引

特定商取引法 ························· 95, 111
特別損害 ································ 119
特別の人間関係 ·························· 67
土地明渡請求権 ························ 188
土地所有権の及ぶ範囲 ················· 167
特許法 ································· 256
取引条件の提示 ·························· 80

### な 行

日常家事代理権と民法110条 ··········· 122

### は 行

背信的悪意者 ······················ 174, 187
　——の典型例 ························· 175
売買価格が時価の3倍 ··················· 55
売買契約 ······························ 8, 31
売買代金返還請求権 ······················ 45
バスの横転事故 ························ 132
バランスの取れた利害の調整 ············· 89
評価的要件 ······················ 21, 22, 207
　——の困難性 ························· 210
被用者の選任及びその事業の監督 ········· 142
フィードバック ····················· 36, 150
フェード現象 ······················· 145, 158
複雑・多様・流動的な事実関係 ··········· 207
不自然なこと ··························· 54
物権的請求権 ··························· 10
物権変動 ······························ 10
フットブレーキ ························ 134
　——の欠陥 ························· 134
不動産所有権 ·························· 160
不動産の売買契約が成立したことの法的意味
 ····································· 168
不当条項規制 ··························· 87
不当利得の特則 ·························· 46
不当利得の類型論 ······················ 47
不特定多数の顧客 ······················ 83
不法行為 ····························· 130
　——と同一の原因による利益の発生 ······ 154
　——の近親者の固有の慰謝料 ········· 120
　——の複数の行為者 ················· 149
ブランダイス・ブリーフ ·················· 37
ブレーキの欠陥 ························ 157
併合審理 ······························ 76

返還請求権 ··························· 167
変則的評価的要件 ················· 23, 259
弁論主義 ······························ 24
弁論の全趣旨 ··························· 25
妨害排除請求権 ························ 167
妨害予防請求権 ························ 167
法制審議会における審議状況と改正法 ······· 236
法定承継取得説 ························ 186
法的判断の構造 ························· 35
法律の理論（法理論）というものの持つ意味
 ····································· 170
法律要件分類説 ························ 250
法律論 ······························· 190
法理論 ······························· 171
補足意見 ······························ 64
本質対非本質（原則対例外）という考え方 ·· 18
本質的に同一 ························· 257
本書の基本的構成 ····················· 4, 6
本書の最大の目的 ····················· 2, 3

### ま 行

民事執行法168条1項 ··················· 181
民事執行法170条1項 ··················· 178
民事執行法の運用の実務 ················· 196
民事訴訟における一般理論 ··············· 215
民事訴訟の基本的構造 ··················· 16
民法176条と177条との関係の理論的説明 ··· 170
民法611条1項の「その他の事由」·········· 74
民法709条の損害賠償請求権と民法719条1項の
　損害賠償請求権との関係 ··············· 148
民法711条に基づく慰謝料請求権 ·········· 155
民法719条1項後段 ···················· 138
民法96条2項 ·························· 54
民法819条1項を見直し ················· 237
民法等の一部を改正する法律
　（令和6年法律33号）················· 237
民法における主要な分野 ·················· 6
民法の規範全体のもつ相互関係 ·········· 248
面会・交流 ··························· 239
　——に関する実務の現状 ············· 239
最も適切な紛争の解決 ···················· 3
問題の本質 ··························· 248

## や行

約款について従来からあった理論 ……………… 84
約款による取引の特徴 …………………………… 84
要件事実 …………………………………………… 17
要件事実の考え方の汎用性
　　──ある法域における …………………… 254
　　──異なった法域における …………… 254
　　──知的財産法における要件事実 ……… 253
要件事実（立証責任対象事実）決定の理論
　……………………………………………………… 245
予備的抗弁 ……………………………………… 185
　　──の意味 ……………………………… 186

## ら行

立証責任対象事実 ………………………………… 17
立証の困難性の考慮 …………………………… 249
両債務の均衡 ……………………………………… 62
ルンバール事件最高裁判決 …………………… 27
レールデュタン事件 …………………………… 258
連帯して支払え ………………………………… 150
労働契約法20条 …………………………… 21, 211
論証責任 …………………………………………… 57
　　──（憲法訴訟） ……………………… 38
　　──の問題 ……………………………… 67
論証責任論 ………………………………………… 36
　　──（憲法訴訟）から学ぶべきこと … 39, 40
　　──の前倒し …………………………… 37
論証の程度 ………………………………………… 40

《著者紹介》

**伊藤　滋夫**（いとう・しげお）

【主要経歴】

1954年名古屋大学法学部卒、61年ハーバード・ロー・スクール（マスターコース）卒業（LL.M.）、94年博士（法学）名城大学。56年東京地家裁判事補、以後、最高裁判所司法研修所教官（民事裁判担当・2回）などを経て、東京高裁部総括判事を最後に、95年依願退官。この間、法制審議会部会委員なども務める。現在は、弁護士、創価大学名誉教授、法科大学院要件事実教育研究所顧問。

【主要著書等】

『要件事実論の総合的展開—その汎用性を説き論証責任論に及ぶ』（日本評論社、2022年）
『事実認定の基礎—裁判官による事実判断の構造〔改訂版〕』（有斐閣、2020年）
『要件事実の基礎—裁判官による法的判断の構造〔新版〕』（有斐閣、2015年）
共著『要件事実で構成する所得税法』（中央経済社、2019年）

具体的紛争を解決するための
## 要件事実・事実認定・論証責任の基礎

2024年9月20日　第1版第1刷発行

| | |
|---|---|
| 著　者 | 伊　藤　滋　夫 |
| 発行者 | 山　本　　　継 |
| 発行所 | ㈱中　央　経　済　社 |
| 発売元 | ㈱中央経済グループ パブリッシング |

〒101-0051　東京都千代田区神田神保町1-35
電話　03 (3293) 3371 (編集代表)
　　　03 (3293) 3381 (営業代表)
https://www.chuokeizai.co.jp
印刷／㈱堀 内 印 刷 所
製本／㈲井 上 製 本 所

© 2024
Printed in Japan

＊頁の「欠落」や「順序違い」などがありましたらお取り替えいたしますので発売元までご送付ください。（送料小社負担）
ISBN978-4-502-49611-0　C3032

JCOPY〈出版者著作権管理機構委託出版物〉本書を無断で複写複製（コピー）することは，著作権法上の例外を除き，禁じられています。本書をコピーされる場合は事前に出版者著作権管理機構（JCOPY）の許諾を受けてください。
　JCOPY〈https://www.jcopy.or.jp　eメール：info@jcopy.or.jp〉

## 〈書籍紹介〉

伊藤滋夫 著
### 具体的紛争を解決するための
### 要件事実・事実認定・論証責任の基礎
A5判・292頁・ソフトカバー

伊藤滋夫・岩﨑政明・河村 浩 著
### 要件事実で構成する所得税法
A5判・372頁・ハードカバー

伊藤滋夫・岩﨑政明・河村 浩・向笠太郎 著
### 要件事実で構成する相続税法
A5判・348頁・ハードカバー

河村 浩 著
### 行政事件における要件事実と訴訟実務
■実務の正当化根拠を求めて
A5判・504頁・ハードカバー

河村 浩 著
### 個別行政法の要件事実と訴訟実務
■行政法各論における攻撃防御の構造
A5判・520頁・ハードカバー

中央経済社